Frauke Adrians

Der Dreißigjährige Krieg

Zerstörung und Neuanfang in Europa

Inhalt

Seite 2: Die Schlacht am Weißen Berge, Gemälde von Pieter Snayers (Ausschnitt)

Einleitung

Wer heute die Gedenkstätte auf dem Schlachtfeld von Lützen besucht, kann sich dort einen paarminütigen Film ansehen. Er erzählt die Lebensgeschichte des schwedischen Königs Gustav II. Adolf, der 1594 in Stockholm geboren wurde und keine 38 Jahre später, am 16. November 1632, in dieser herben Gegend nahe Leipzig fiel. Der König habe einen schnellen Vormarsch geplant, einen Überraschungsangriff seines 19 000-Mann-Heeres auf die Armee Wallensteins. Jedoch: »Die Überquerung der Rippach dauerte zu lange.« Dazu zeigt der Film die Rippach heute, ein Rinnsal unter der Autobahnbrücke der A9, Zwanzigtonner donnern im Fünfsekundentakt darüber hinweg. Es sind solche Momente, in denen jeder Versuch, sich in die Zeit des Dreißigjährigen Krieges zurückzuversetzen, an seine Grenzen kommt. Ein Bach, der heute unter dem Schwerlastverkehr verschwindet, war vor fast 400 Jahren ein ernst zu nehmendes Hindernis. Vor fast 400 Jahren war hier ein Schlachtfeld. In einer Gegend, in der heute nur noch eine Minderheit irgendeiner Religionsgemeinschaft angehört, wurde bis zum Tod um den Glauben gekämpft.

Um den Glauben, um die Konfession. Worum noch? Andere Kriegsgründe scheinen zeitloser und substanzieller: Es ging um Macht und ihre Verteilung, um Landbesitz und Seehoheit. Um Geld und Einnahmequellen, selbstverständlich. Das 17. Jahrhundert war reich an Kriegen und Aufständen, als würde sich Europa gewaltsam häuten. Viele der Konflikte, aber nicht alle, hatten mit der Reformation und dem Aufkommen neuer Konfessionen zu tun; viele, aber nicht alle, mit dem Erstarken von Ständen und Schichten, die sich eine Universalmacht nicht oder nicht mehr bieten lassen wollten. Kriege verwoben sich; der Dreißigjährige Krieg hätte schwerlich enden können, wäre 1648 nicht auch unter den Achtzigjährigen ein spanisch-holländischer Schlussstrich gezogen worden. War der Dreißigjährige Krieg also nur ein Krieg unter vielen – oder vier Kriege unter vielen? Es ist üblich, ihn in vier Abschnitte unterteilt zu betrachten. In jedem Abschnitt wechselten einige Akteure, nach jedem gab es mehr oder weniger gute Chancen auf Frieden. Ist der »Dreißigjährige Krieg« ein Konstrukt von Historikern, eine willkürliche Zusammenfassung unterschiedlicher Konflikte? Nein, denn zum einen zählten schon die Zeitgenossen die dreißig Jahre dieses »teutschen Krieges«, zum anderen resultierte jeder Teilkrieg aus dem vorangegangenen.

400 Jahre nach dem Prager Fenstersturz sind die Kriegsgründe von damals nicht leicht zu verstehen. Die wechselnden Allianzen und Feindschaften nachzuvollziehen, ist noch schwerer. Unfassbar aber sind die

Dimensionen des Krieges selbst. Er forderte Millionen von Opfern, dezimierte die Bevölkerung Deutschlands um mehr als ein Drittel und vernichtete Sachwerte und Kunstschätze in unschätzbarem Ausmaß. Auch wer die Schlachtfelder nicht kennt, verbindet mit dem Dreißigjährigen Krieg einen Namen: Magdeburg. Auf uns mögen Berichte über die Erstürmung und Plünderung dieser Stadt im Mai 1631 wie Zeugnisse schlimmster Barbarei wirken, eines Gemetzels aus einer Welt vor der Zivilisation. Dem Schriftsteller Tilman Röhrig genügte 1983 ein Buchtitel, um etwaige Überlegenheitsgefühle spätneuzeitlicher Nachgeborener zurechtzustutzen: »In 300 Jahren vielleicht«, hoffen die Helden seines gleichnamigen, im Jahr 1641 spielenden Romans, wird Frieden sein. Sie können nicht ahnen, dass 1941 längst wieder Krieg herrschen und die Barbarei in Deutschland neue Ausmaße erreichen wird.

Im »Dritten Reich«, aber auch schon rund hundert Jahre zuvor wurde der Westfälische Frieden von der nationalistischen Geschichtsschreibung geschmäht: Er sei ein Machwerk des französischen »Erbfeindes« und habe das Entstehen einer starken deutschen Nation verhindert. Bis heute sind die Friedensverträge von Münster und Osnabrück einerseits ihren schlechten Ruf nicht ganz los, während manche Politologen sie andererseits zum Vorbild für nahezu alle internationalen Friedensschlüsse erklären. Gewiss, die Kriegsparteien waren nach Jahren und Jahrzehnten des Kampfes erschöpft und daher kompromissbereiter denn je. Aber was die Diplomatie damals zustande brachte, kann man am ehesten ermessen, wenn man sich die Voraussetzungen für einen Frieden im Nahen Osten ausmalt.

Es war das Ende der religiösen Rechthaberei, das Ende der eifernden Unversöhnlichkeit. Die Vorstellung, dass Andersgläubige Ketzer seien und unterdrückt, zwangsbekehrt, verjagt oder gar getötet werden müssten, lebte zweifellos in vielen Köpfen fort, aber sie war nicht mehr Staatsräson und Kriegsgrund. Die Bekenntnisfreiheit war 1648 noch weit, aber niemand konnte mehr gezwungen werden, den Glauben seines Landesherrn anzunehmen. Vergleicht man das mit den Bestimmungen des Augsburger Religionsfriedens von 1555, erkennt man den Fortschritt.

Dieser Fortschritt – und ein nicht besonders langlebiger Frieden in Teilen Europas – wurde teuer erkauft. Ein geringer Anlass genügte, um 1618 die Lunte am Pulverfass Europa zu entzünden; jahrelange Anstrengungen und ein gewaltiger Machtbalanceakt waren nötig, um den Krieg dreißig Jahre später zu beenden. 2018 ist ein guter Zeitpunkt, um daran zu erinnern.

Vorboten der Katastrophe

1555 bis 1618

Der Historiker Peter Milger nannte den Dreißigjährigen Krieg »einen Krieg um Land und Leute, der gegen Land und Leute geführt wurde«. Meine Geschichtslehrerin nannte ihn das große europäische Durcheinander. Aus großer zeitlicher Ferne wirken die Jahre von 1618 bis 1648 wie ein unentwirrbares Knäuel aus Allianzen und Egoismen, Siegen und Niederlagen, kleinen und großen Potentaten, ehrgeizigen Heerführern und machtbewusster Geistlichkeit. Der Dreißigjährige Krieg – dieser Name beschwört aber vor allem Bilder in Blut- und Feuerrot herauf, Bilder von brennenden Dörfern und Städten, von nicht enden wollenden Gemetzeln mit Piken und Hellebarden, Kanonen und Vorderladern, von roher Gewalt gegen die Zivilbevölkerung, von Hunger und Seuchen.

Es ist populär, den Dreißigjährigen Krieg als Religionskrieg zu bezeichnen: Katholiken gegen Protestanten. Aber das ist zu einfach. Glaube und Konfession spielten zwar eine große Rolle, so war die Rekatholisierung der an die Reformation »verlorenen« Gebiete insbesondere für Kaiser Ferdinand II. während seiner gesamten Regierungszeit von 1619 bis 1637 ein wichtiges Kriegsziel. Doch die entscheidende Front verlief zwischen zwei katholischen Herrscherhäusern: Habsburg und Bourbon. Der internationale politische Konflikt zwischen den spanischen und deutschen Habsburgern sowie den französischen Bourbonen überlagerte den konfessionellen. Katholische Machthaber gingen Bündnisse mit Protestanten ein, um anderen katholischen Potentaten zu schaden und sich selbst Vorteile zu verschaffen – und weil Europas Mächte schon im 17. und nicht erst an der Schwelle zum 20. Jahrhundert einen prekären Balanceakt um Vormachtstellungen und Einflusssphären vollführten, blieb es nicht aus, dass nahezu alle europäischen Staatengebilde in den Krieg eintraten, direkt oder mittelbar.

So musste der Dreißigjährige Krieg zur Katastrophe von europäischem Ausmaß werden. Ausgetragen jedoch wurde er fast ausschließlich auf dem Boden des Heiligen Römischen Reiches Deutscher Nation. Die Zeitgenossen, die den Krieg erlebt und überlebt hatten, nannten ihn den »teutschen Krieg«, wenn sie nicht die schon damals bekannte Bezeichnung Dreißigjähriger Krieg wählten. Und tatsächlich hatte er auch eine rein »teutsche«, innenpolitische Komponente: den Streit zwischen dem habsburgischen Kaiser, der nach uneingeschränkter Herrschaft strebte, und den Fürsten, denen es um die Wahrung ihrer »Libertät« ging, ihrer föderalen Machtansprüche und Rechte.

Rund fünf Millionen Menschen im Reichsgebiet – manche Schätzungen liegen noch höher – kamen zwischen 1618 und 1648 auf den Schlachtfeldern, durch Gewalt, Hungersnot oder Seuchen ums Leben. Ganze Landstriche wurden buchstäblich verheert und entvölkert; am schlimmsten traf es die Regionen entlang der Nordost-Südwest-Achse Pommern–Mecklenburg–Thüringen–Hessen–Pfalz. Was an materiellen Werten vernichtet wurde, lässt sich kaum ermessen. An ein Ende kam der Krieg erst, als alle Kriegsparteien erschöpft waren und niemand mehr glaubte, durch die Fortführung der Kämpfe noch einen Vorteil gewinnen zu können.

Wer den Anfang des Dreißigjährigen Krieges datieren will, wählt meist den 23. Mai 1618, den Tag des Prager Fenstersturzes. Keiner der Beteiligten in Böhmen konnte jedoch damals ahnen, welche Folgen ein regionaler Streit um kirchlichen Grundbesitz und weltliche Machtverteilung zeitigen sollte. Aber dass es früher oder später zu einem großen bewaffneten Konflikt kommen würde, das ließ sich im Prag, Wien, Paris und wohl auch im London, Madrid und Rom des frühen 17. Jahrhunderts durchaus vorhersagen. Denn der Dreißigjährige Krieg hatte nicht bloß eine Vorgeschichte, sondern viele.

Kleine Eiszeit, große Not

Kriege sind keine Naturkatastrophen, die ausbrechen wie Vulkane, aber Naturkatastrophen verursachen Hunger und Not, die zu Unruhen und Kriegen führen können. Das Phänomen, das später als Kleine Eiszeit bekannt wurde, war im 17. Jahrhundert nicht neu. Bereits 300 Jahre zuvor hatte ein Klimawandel – wahrscheinlich ausgelöst durch Vulkanausbrüche oder eine nachlassende Wärmeabstrahlung der Sonne – den Menschen zu schaffen gemacht. Deshalb gab es im Spätmittelalter selbst in Städten wie London und Paris viele Hungertote. Doch um 1570 erreichte die Kleine Eiszeit ihren Höhepunkt und brachte nasse, kalte Sommer und lange, bitterkalte Winter mit sich. Das Jahr 1611 beispielsweise bescherte dem Reich Kälteeinbrüche noch Anfang Mai, worunter die Vegetation stark litt. Im folgenden Jahr gab es gegen Jahresende schwere Stürme und 1614 war das kälteste Jahr seit Menschengedenken; das Getreide verfaulte unter dem Schnee. Im Jahr darauf erfroren im Frühjahr Weinstöcke und Obstbäume, unter der Eisschicht versiegten die Brunnen. Der Sommer war so trocken, dass die Bäche kaum noch Wasser führten und die Wassermühlen nicht liefen. Es waren Jahre der Missernten, die schließlich zu Wirtschaftskrisen führten.

Verschärft wurde die Lage durch ein starkes Bevölkerungswachstum. Das Heilige Römische Reich Deutscher Nation verzeichnete nicht zuletzt wegen des Augsburger Religionsfriedens von 1555, der für Protestanten vergleichsweise günstige Bedingungen geschaffen hatte, eine vermehrte Zuwanderung. Die Landwirtschaft warf kaum genug ab für die etwa 15 Millionen Menschen, die Anfang des 17. Jahrhunderts in Deutschland lebten. Um das Jahr 1600 breitete sich der Hunger sowohl auf dem Land als auch in der Stadt immer weiter aus. Das Getreide war so teuer, dass Stadtbewohner einen immer größeren Anteil ihres Einkommens für Lebensmittel ausgeben mussten und kaum Geld für handwerkliche Produkte übrig hatten; Arbeitslosigkeit unter Handwerkern – mit Ausnahme derer, die Lebensmittel produzierten – war die Folge. Die Bauern konnten von dem Preisanstieg für Nahrungsmittel nicht profitieren, weil sie nur wenig mehr ernteten, als sie zum Überleben und zur Aussaat brauchten. Gewinne machten neben Müllern, Metzgern, Bäckern und Zwischenhändlern vor allem Grundbesitzer, die die in Naturalien gezahlten Abgaben der Bauern mit Gewinn verkaufen konnten.

Winter, Gemälde von David Teniers d. J., 1. Hälfte 17. Jahrhundert

Zu größeren Hungerrevolten und Aufständen kam es in Deutschland dennoch nicht. Zu tief wurzelte noch die mittelalterliche Weltsicht, wonach Hunger, Seuchen und selbst Krieg gottgesandte Plagen und Prüfungen waren, die es zu erdulden galt. Die allgemeine Not löste jedoch eine tiefe Verunsicherung aus. Ob die im Konfessionsstreit befangenen Kirchen ihren Gläubigen viel Trost boten? Eher lieferten sie düstere Endzeitvisionen; Gemälde und Flugblätter mit drohenden Darstellungen des Jüngsten Gerichts zeugen davon. Und nur sehr wenige weltliche und geistliche Autoritäten wandten sich gegen die Hexenverfolgungen, zu denen es in protestantischen und katholischen Gemeinden gleichermaßen kam, wenn verängstigte und wütende Menschen nach Schuldigen für ihre Misere suchten.

Muskelspiele in Spanien, Frankreich und den Niederlanden

In diesen unsicheren Zeiten schienen immerhin zwei große internationale Konfliktherde vorerst erkaltet zu sein. Zum einen herrschte ab 1606 Frieden zwischen Habsburg und dem Osmanischen Reich, nachdem die Türken zuvor immer wieder versucht hatten, in Ungarn, Kroatien oder der Walachei Territorien zu erobern; 1529 war auch Wien vergeblich belagert worden. Zum anderen einigten sich Spanien und die Vereinigten Niederlande 1609 auf einen zwölfjährigen Waffenstillstand, der eine Atempause im Achtzigjährigen Krieg bedeutete.

Doch die Feindseligkeiten zwischen Frankreich und Spanien schwelten unterdes weiter. Frankreich rieb sich im 16. Jahrhundert nicht nur in acht aufeinanderfolgenden Hugenottenkriegen auf, es litt auch unter dem, was in der Geschichtsschreibung als Einkreisungskomplex bezeichnet wird: Es fühlte sich von den disparaten Teilen des spanisch-habsburgischen Königreiches an allen seinen Grenzen umzingelt. Der spanische König Philipp II. mischte sich bis zu seinem Tod 1598 in die konfessionellen Angelegenheiten des Nachbarlandes ein, indem er die französischen Adligen tatkräftig im Kampf gegen ihre zum Calvinismus übergetretenen Standesgenossen unterstützte. Doch dem französischen König Heinrich IV. gelang es, den Konfessionsstreit im gleichen Jahr mit dem Edikt von Nantes vorläufig beizulegen. Sogar mit Spanien handelte er einen Frieden aus, der allerdings nicht lange anhielt.

Das Königreich Spanien war seinerzeit ein gewaltiges Imperium, das nicht nur die Iberische Halbinsel, sondern auch Süditalien und Teile Norditaliens sowie die Niederlande umfasste, von den überseeischen Besitzungen in der Neuen Welt ganz zu schweigen. Dieser Koloss wirkte allein aufgrund seiner Größe unbezwingbar. In Wahrheit war Spaniens enorme Ausdehnung auch sein größtes Problem: kaum ein Konflikt auf europäischem Boden, der nicht spanische Interessen berührte. Dies führte dazu, dass sich das in dauernder Wehrbereitschaft befindliche Königreich

Der Achtzigjährige Krieg 1568–1648

Als der »teutsche Krieg« begann, herrschte bereits seit 50 Jahren Kriegszustand zwischen dem Königreich Spanien und Teilen der Niederlande. Die insgesamt 17 niederländischen Provinzen – sie umfassten die heutigen Benelux-Staaten und einen Teil Nordfrankreichs – gehörten zum Heiligen Römischen Reich und standen unter der Verwaltung der spanischen Habsburger. 1564 kam es zum Aufstand gegen König Philipp II., der die ständischen Rechte der Niederländer eingeschränkt und die Inquisition vorangetrieben hatte. Diese Rebellion, die vor allem von den Calvinisten ausging, konnte Spanien noch niederschlagen. Der »Blutrat von Brüssel« unter Führung des Herzogs von Alba, Fernando Álvarez de Toledo, verurteilte ab 1567 Tausende zum Tode. Ein Jahr später wurden die Grafen von Egmont und Hoorn hingerichtet und der niederländische Unabhängigkeitskrieg begann mit der Schlacht von Heiligerlee. 1572 eroberten Kaperschiffer Holland und Zeeland, Wilhelm von Oranien wurde Statthalter der befreiten Provinzen, während sich die südlichen Niederlande zu Spanien bekannten. 1581 schlossen sich die sieben abtrünnigen, überwiegend calvinistischen Provinzen Holland, Zeeland, Groningen, Utrecht, Friesland, Gelderland und Overijssel als Vereinigte Niederlande oder Generalstaaten zusammen und kämpften fortan für ihre Unabhängigkeit – schließlich erfolgreich: Mit dem Westfälischen Frieden endete 1648 nicht nur der Dreißigjährige, sondern auch der Achtzigjährige Krieg. Die Republik der Vereinigten Niederlande wurde international als souveräner Staat anerkannt.

»Leo Belgicus« – Allegorie auf den 1609 geschlossenen zwölfjährigen Waffenstillstand im Achtzigjährigen Krieg. Die nördlichen und südlichen Niederlande sind in Form eines Löwen mit versiegeltem Schwert dargestellt, zeitgenössischer kolorierter Kupferstich.

bei seinen militärischen Muskelspielen permanent finanziell verhob, auch wenn es unter allen europäischen Mächten die höchsten Staatseinnahmen verbuchte. Auf Spaniens Konto gingen zwischen 1557 und 1647 nicht weniger als sechs Staatsbankrotte.

Gegen die aufständischen nördlichen Niederlande verbuchte das Königreich zwar seit Mitte des 16. Jahrhunderts mehrere Siege, dennoch gelang es Spanien nicht, diesen Teil seines Herrschaftsbereichs wieder vollständig zu unterwerfen. Als sich die niederländischen Nordprovinzen als Vereinigte Niederlande zusammenschlossen, war neben Frankreich auch das protestantische England Geburtshelfer. 1600 gelang es der niederländischen Republik erstmals, die spanische Streitmacht – landläufig Flandrische Armee genannt – zu schlagen. Die Bedingungen des Waffenstillstandes von 1609 waren für Spanien äußerst unvorteilhaft. Doch die Niederländer befürchteten – zu Recht, wie sich zeigen sollte –, dass Philipp III. die zwölf Jahre der Waffenruhe nutzen würde, seine Armee zu konsolidieren und weiter aufzurüsten.

Um seine in den Niederlanden stationierten Truppen zu versorgen, brauchte Spanien den »Camino Espagnol«, die Spanische Straße, die von Oberitalien über die Alpen via Savoyen, Lothringen und Luxemburg bis ins heutige Belgien führte. Die Versorgung der Flandrischen Armee über diese Lebensader war teuer und der Nachschub ständig bedroht, weil Frankreich daran gelegen war, die spanische Aufrüstung zu behindern. Der Seeweg war theoretisch schneller, galt aber wegen häufiger Stürme und Attacken feindlicher Schiffe als zu unsicher und verlustreich. Die permanenten Nadelstiche Frankreichs führten dazu, dass Spanien seinen »Camino« immer weiter nach Osten verlagern musste. Als die Route schließlich über das Herzogtum Jülich-Kleve-Berg führte, drohte der erkaltete Krieg zwischen Spanien, Frankreich und den Vereinigten Niederlanden wieder heiß zu werden.

Denn Heinrich IV. von Frankreich hatte beschlossen, mit einer Armee an den Niederrhein zu ziehen, um die Ausweitung der spanischen Einflusssphäre militärisch zu unterbinden. Seine Ermordung 1610 machte diese Pläne hinfällig. Doch die Vereinigten Niederlande griffen ihrerseits ein und besetzten die Festung Jülich. Schließlich verhinderte der Vertrag von Xanten 1614 eine kriegerische Eskalation: Der zum Katholizismus konvertierte Wolfgang Wilhelm von Pfalz-Neuburg und der zum Calvinismus übergetretene, vormalig lutherische Brandenburger Kurfürst Johann Sigismund beerbten den 1609 verstorbenen Herzog von Jülich-Kleve-Berg. Die Ländereien wurden unter ihnen aufgeteilt und keine konfessionelle Partei konnte das gesamte Herzogtum beherrschen.

Krieg an Nord- und Ostsee

Auch im Ostseeraum war die politische Lage zu Beginn des 17. Jahrhunderts alles andere als ruhig. Geprägt wurde sie von den Gegensätzen der Linien des Hauses Wasa. Der polnische Zweig wandte sich gegen protestantische Strömungen in seinem Herrschaftsbereich, der auch Litauen und einen großen Teil des heutigen Weißrussland einschloss, und orientierte sich an Habsburg; der schwedische bemühte sich ab der Jahrhundertwende um eine Festigung des lutherischen Glaubens. Dieser Teil der Familie saß noch nicht allzu lange auf dem Stockholmer Thron, als der Dreißigjährige Krieg ausbrach: Erst 1599 hatten sich schwedische Adlige gegen den polnisch-schwedischen Wasa-König Sigismund III. erhoben und ihn abgesetzt. In den folgenden bewaffneten Auseinandersetzungen zwischen Polen und Schweden zog der neue schwedische König Karl IX. immer wieder den Kürzeren.

Christian IV. (1577-1648), König von Dänemark und Norwegen, Kupferstich von Matthäus Merian d.Ä.

Das ermutigte den dänischen König Christian IV., zu dessen Herrschaftsbereich auch ganz Norwegen und Teile des heutigen Schweden gehörten, das Nachbarland anzugreifen. Kopenhagen allein kontrollierte den Öresund und profitierte von den dortigen Zolleinnahmen, doch Schweden strebte ebenfalls nach einem ertragreichen Zugang zur Nordsee und dokumentierte diesen Anspruch mit der Gründung der Stadt Göteborg. Zur Überraschung Karls IX. griffen die dänischen Truppen 1611 nicht diese Stadt an, sondern belagerten Kalmar. Die Schweden kamen zu spät, um die Festung zu entsetzen, und wurden von den dänischen Truppen geschlagen.

Karl starb Ende 1611, sein Sohn und Nachfolger Gustav II. Adolf musste 1613 mit Christian IV. einen Frieden schließen, der für Schweden desaströs war. Die Insel Ösel, die Stadt Kalmar und weitere Gebiete fielen an Kopenhagen, zudem hatte Schweden hohe Abgaben

Das Ringen um das Dominium Maris Baltici
Die Machtverteilung im Ostseeraum 1618

dorthin zu entrichten. Der dänische König feierte einen Triumph auf ganzer Linie und manifestierte die Vormachtstellung seines Reiches als Beherrscher des Ostseeraumes. Daraus folgerte er, als Feldherr im ganz großen Kriegstheater mitspielen, vielleicht sogar Großmachtträume verwirklichen zu können. Das sollte sich zehn Jahre später als Fehleinschätzung erweisen.

Wankender Religionsfrieden

Die Niederlande, Spanien, Frankreich, das von Habsburg und Bourbon als Einflusssphäre begehrte Oberitalien, der Nord- und Ostseeraum: In den Nachbarländern des Heiligen Römischen Reiches Deutscher Nation brodelten mehr als genug Unruheherde. Doch auch innenpolitisch wuchsen die Spannungen. Der 1555 geschlossene Augsburger Religionsfrieden hatte dem Reich mehrere Jahrzehnte Ruhe beschert. Doch die Generation, die die

Konfessionskriege in der ersten Hälfte des 16. Jahrhunderts erlebt hatte, starb langsam aus, und ihre Nachkommen waren forscher und weniger kompromissbereit. Das galt nicht zuletzt für den adligen katholischen Nachwuchs, der – wie der spätere Kaiser Ferdinand II. – von den mit der Gegenreformation befassten Jesuiten erzogen worden war.

Zudem enthielt das Augsburger Vertragswerk Ungenauigkeiten, Widersprüche und Diskriminierungen, die in den konfliktreichen Anfangsjahren des 17. Jahrhunderts scharf hervortraten. So sollte der »ewige Landfrieden« für die katholische und die lutherische Konfession gelten und deren friedliches Nebeneinander festschreiben, bis die Kirchenspaltung, die man für einen vorübergehenden Zustand hielt, überwunden

Lutheraner und Calvinisten

Die Vertreter der beiden wichtigsten protestantischen Konfessionen teilten viele Überzeugungen. Sowohl Luther als auch Calvin wandten sich gegen den Ablasshandel, die Käuflichkeit kirchlicher Ämter und eine Kirche, die als lehrende Autorität zwischen Gott und den Menschen steht. Beide Reformatoren setzten eine Kirche ohne Hierarchien und das Priestertum aller Getauften dagegen, ferner stellten sie das Wort Gottes ins Zentrum des Glaubens – Gott offenbare sich nur durch die Heilige Schrift (»sola scriptura«). Die Verehrung der Gottesmutter oder »heiliger« Personen hatte im Protestantismus keinen Platz.

Gegensätze lagen im Verständnis des Abendmahls – laut der lutherischen Lehre waren in Brot und Wein Christi Leib und Blut tatsächlich gegenwärtig, laut der calvinistischen nur symbolisch-spirituell – und in den Heilsauffassungen: Während Luther lehrte, der sündige Mensch werde allein durch Gottes Gnade erlöst, müsse sich aber in der Welt durch gute Werke rechtfertigen, war Calvin überzeugt, dass Errettung oder Verdammnis jedes Einzelnen von vornherein feststehe. Ob er zu den Erwählten gehöre, könne der Mensch jedoch an den Erfolgen seines irdischen Lebens erkennen.

Die Entzweiung der Lutheraner und Calvinisten lag wohl vor allem in der politischen Situation begründet. Im Augsburger Religionsfrieden von 1555 wurde nur der lutherische Glaube als dem katholischen gleichwertig anerkannt. Der sich erst später im Reich verbreitende Calvinismus gefährdete in den Augen der Lutheraner den Frieden und die mühsam errungene Duldung des Protestantismus.

Urkunde des Augsburger Religionsfriedens vom 25. September 1555

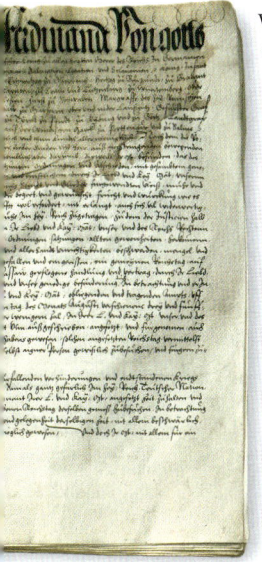

wäre. Von den Täufern beispielsweise, aber auch von den Anhängern Ulrich Zwinglis und Jean Calvins war in den Bestimmungen keine Rede. Das war seinerzeit kein großes Problem, weil der Calvinismus auf dem Reichsgebiet noch kaum vertreten war. Doch im Laufe der nächsten Jahrzehnte bekannten sich immer mehr Menschen, auch Reichsstände, zu dieser Glaubensrichtung; und so wurden die Diskussionen darüber, ob der Landfrieden auch die Calvinisten einschließen könne, immer dringlicher.

Die bekannteste Bestimmung des Gesetzeswerks war das »ius reformandi«, das später in der populären Formel »cuius regio, eius religio« zusammengefasst wurde: Wer regierte, bestimmte auch die Religion der Untertanen. Das bedeutete einen Triumph der fürstlichen föderalen Rechte, der sogenannten Libertät, über das Reich und den Kaiser. Religionsfreiheit für jedermann oder gar religiöse Toleranz beinhaltete dies keinesfalls: Das Recht, das Bekenntnis frei zu wählen, galt nur für die Territorialherren. Das »ius emigrandi« legte zwar fest, dass jeder Untertan das Recht habe, in ein Gebiet seiner Konfession auszuwandern. Doch so mobil waren zu Beginn des 17. Jahrhunderts nur wenige; Fremden begegnete man zudem meist mit Misstrauen. De facto bedeutete »cuius regio, eius religio« also insbesondere für die Landbevölkerung den Zwang, die Konfession ihres Landesherrn anzunehmen.

Noch mehr Konfliktpotenzial enthielt das »reservatum ecclesiasticum«. Dieser »geistliche Vorbehalt« legte fest, dass der Grundsatz »cuius regio, eius religio« für geistlichen Landbesitz nicht galt: Wenn ein geistlicher Landesherr zum Protestantismus konvertierte, musste er sein Amt und sein Territorium abgeben und bekam nichts davon wieder, falls er später zum katholischen Glauben zurückkehrte. So zementierte der Augsburger Religionsfrieden den Katholizismus als Reichsreligion und schob der Säkularisierung geistlicher Besitztümer einen Riegel vor. Der Gleichberechtigung des katholischen und des lutherischen Bekenntnisses, die der Augsburger Religionsfrieden eigentlich garantieren sollte, lief das zuwider.

Die protestantischen Stände hatten dem wohl nur deshalb zugestimmt, weil Kaiser Ferdinand I. den protestantischen Reichsstädten, Gemeinden und niederen Adligen in geistlichen Herrschaftsgebieten Religionsfreiheit zusicherte. Diese als »Declaratio Ferdinandea« bezeichnete Ergänzung war jedoch nicht Bestandteil des Reichstagsabschieds, also des offiziell beschlossenen Gesetzwerkes. Deshalb wurde sie von den Katholiken in den Jahrzehnten nach dem

Friedensschluss immer heftiger bestritten, während sich die Protestanten ihrerseits weigerten, den »geistlichen Vorbehalt« zu akzeptieren.

Gefährlich unklar war auch, welche Bedeutung das Jahr 1552 für den Reichstagsabschied hatte. Eine Bestimmung des Religionsfriedens legte fest, dass alles Kirchengut, das bis zu diesem Jahr unter protestantische Landeshoheit gekommen war, säkularisiert blieb und nicht zurückgegeben wurde. Die katholische Seite deutete dies im Umkehrschluss so, dass jede Einziehung von Kirchenbesitz durch die Protestanten nach dem »Stichjahr« 1552 ungesetzlich sei. So konnten um jeden Karpfenteich, der einst zu einem Kloster gehört haben mochte, und um jedes Stück Weideland aus Kirchenbesitz erbitterte Streitereien ausgefochten werden. Unter katholischen Gelehrten verbreitete sich alsbald eine noch viel grundsätzlichere Kritik am Religionsfrieden: Protestanten waren Ketzer – war man denn da überhaupt verpflichtet, sich an alte Abmachungen mit ihnen zu halten? Umgekehrt fragten Protestanten: Konnte man den Katholiken, die sich an keinen Vertrag gebunden fühlten, noch über den Weg trauen?

Niedergang der Reichsverfassung

Mit dem Augsburger Religionsfrieden gerieten auch die Verfassung des Reiches und seine innere Machtbalance ins Wanken. Eine Krise wurde bereits in den 1580er-Jahren sichtbar. Damals saß mit Rudolf II. ein entscheidungsschwacher und wegen seiner wohl krankhaften Stimmungsschwankungen nahezu regierungsunfähiger Kaiser auf dem Thron, der nicht imstande war, über den »geistlichen Vorbehalt« hinwegzusehen, selbst wenn Diplomatie und Reichsräson es geboten. Das führte dazu, dass protestantische Administratoren, die auf früheren Bischofsstellen saßen, ihr Stimmrecht beim Reichstag verloren. Zudem wurde eine Deputation arbeitsunfähig, die eigentlich das Reichskammergericht beaufsichtigen sollte. In den kommenden Jahren fällte das Gericht in vier wichtigen Prozessen Urteile gegen protestantische Landesherren sowie gegen die Reichsstadt Straßburg und verpflichtete sie, ehemalige Klostergüter an die katholische Kirche zurückzugeben. Die Unterlegenen weigerten sich. Versuche des Reichstags-Hauptausschusses, den Konflikt beizulegen, scheiterten im Jahr 1601. Aus Protest gegen die katholische Mehrheit verließ die Kurpfalz das Gremium, die übrigen protestantischen Mitglieder folgten.

Der Hauptausschuss und de facto auch das Reichskammergericht, das eingerichtet worden war, um politischen Zwist zwischen den Fürsten friedlich beizulegen, waren damit macht- und bedeutungslos geworden. Als alternatives Gericht auf Reichsebene blieb allein der Reichshofrat in Prag übrig, der aber in konfessionellen Fragen eine strikt antiprotestantische Linie vertrat. Für die evangelischen Fürsten kam er damit als Appellationsinstanz für konfessionspolitische Streitfälle nicht infrage. Die Regierungs-

Reichstage

Seit 1495 waren Reichstage eine feste Einrichtung des Heiligen Römischen Reiches, ein Gesetzgebungsorgan, das ein ständisches Gegengewicht zur Zentralgewalt des Kaisers darstellen sollte. Dass der Reichstag 1613 scheiterte und der nächste erst 1640 tagte, zeigt, in welch schlechter Verfassung sich das Reich schon vor dem Krieg befand und wie schwer es war, wieder Vertrauen zwischen Kaiser und Ständen sowie zwischen den Konfessionen herzustellen.

Im Reichstag vertreten waren die Reichsstände – alle machthabenden Organe, die unmittelbar Kaiser und Reich unterstanden. Sie waren aufgegliedert in den Kurfürstenrat, den Reichsfürstenrat, dem die weltlichen und geistlichen Fürsten sowie Reichsgrafen, -freiherren und -prälaten angehörten, und den Städterat der rund 50 Reichsstädte. Bis 1567 tagten die Reichstage, die monatelang dauern konnten, an wechselnden Orten, danach fast immer in Regensburg.

Einen Reichstag einzuberufen, war Privileg des Kaisers, die Kurfürsten mussten jedoch zustimmen. Der Erzbischof von Mainz, der als Reichserzkanzler dem Kurfürstenrat vorstand, war stets auch »Reichstagsdirektor« und stellte alle auf dem Reichstag verabschiedeten Gesetze in einem langen Text, dem Reichsabschied, zusammen. Im 16. Jahrhundert wurden auf Reichstagen mehrfach richtungsweisende Beschlüsse gefasst: 1547/48 scheiterte in Augsburg der Versuch Karls V., das Luthertum niederzuwerfen und eine starke Zentralmacht zu etablieren. Am selben Ort wurde 1555 der Religionsfrieden verabschiedet.

Der Augsburger Religionsfriede zwischen den katholischen und protestantischen Reichsständen. Der Kupferstich zeigt Kaiser Ferdinand I. (1503–1564) und die sieben Kurfürsten sowie Theologen und Rechtsgelehrte.

zeit Rudolfs II. dauerte noch bis 1612, doch zu echtem Regierungshandeln war der Kaiser nicht mehr fähig. Seine Untätigkeit verschärfte die Krise nur. So kam bei der Reichstagsversammlung 1603 lediglich ein Beschluss über eine »Türkensteuer« zustande. Ein Versuch des Kaisers, die lahmgelegten Reichsgremien wiederzubeleben, scheiterte.

Provokationen in der Pfalz …

Auf dem Reichstag von 1603 war es wieder die Kurpfalz, die mit ihrer Abreise und also mit der Sprengung der Versammlung drohte. Fünf Jahre später, auf dem Reichstag in Regensburg, sollte sie diese Drohung in die Tat umsetzen, weil es im Streit um die Auslegung des Augsburger Religionsfriedens wieder zu keiner Einigung kam. Damit waren auch dem wichtigsten Verfassungsorgan des Reiches die Hände gebunden – aus einer Verfassungskrise wurde ein Verfassungskollaps.

Dass gerade die Pfalzgrafen den konfessionellen und politischen Konflikt auf die Spitze trieben, ergab sich aus ihrem religiösen Bekenntnis. Schon bald nach dem Friedensschluss von Augsburg wandte sich Kurfürst Friedrich III. dem Calvinismus zu, sehr zum Missfallen der lutherischen Fürsten, die die widerspenstige Pfalz alsbald mithilfe der katholischen Reichsstände politisch isolierten. Vorerst ließ der Kaiser die dem Haus Wittelsbach angehörenden Pfalzgrafen jedoch gewähren; auf dem Reichstag von 1566 wurde Friedrich diplomatisch zum »Verwandten« der »Confessio Augustana«, also des im Religionsfrieden anerkannten Luthertums, erklärt.

Dass sie von den lutherischen und katholischen Reichsständen zwar toleriert, jedoch nie vollständig akzeptiert wurden, hielt Friedrich III. und seine Nachfolger nicht davon ab, sich aktiv in den französischen Hugenottenkonflikt einzuschalten und auch in den Niederlanden mit Söldnertruppen einzumarschieren. Unter dem Kurfürsten Ludwig VI. wurde die Pfalz für wenige Jahre lutherisch; Mitte der 1580er-Jahre kehrte sein Bruder und Nachfolger Johann Casimir jedoch zum Calvinismus zurück und unterstützte im »Truchsessischen Krieg« den Kölner Erzbischof Gebhard Truchsess von Waldburg, der zum Protestantismus konvertiert war und versuchte, Kurköln zu säkularisieren. Dieser Krieg, so unbedeutend und räumlich begrenzt er auch schien, schuf einen unheilvollen Präzedenzfall: Religiöse Streitigkeiten wurden mit Waffengewalt entschieden. Die Kurwürde des Erzbistums Köln ging daraufhin an die katholische Linie des Hauses Wittelsbach: ein weiterer Machtzuwachs für diese ohnehin äußerst einflussreiche Dynastie.

Deren protestantische Verwandte in der Pfalz scheuten derweil keine Konfrontation. Auch der nächste Pfalzgraf, Friedrich IV., kämpfte mit politischen Manövern gegen den seiner Meinung nach ungerechten und überholten Augsburger Religionsfrieden an, unterstützt und angespornt von einem Gremium aus Heidelberger Regierungsräten, das auf die Ausweitung des calvinistischen Glaubens und Herrschaftsbereichs weit über die Region hinaus hoffte.

Die Rheinschifffahrt bescherte dem Kurfürstentum zwar vergleichsweise hohe Einnahmen, doch für die Expansionspläne, die Friedrich IV. mit seinen Räten schmiedete, war das Land weder groß noch mächtig genug. Deshalb dachte Friedrich darüber nach, die Säkularisierung der Kurfürstentümer Mainz und Trier zu betreiben und auf diese Weise die Kontrolle über zwei weitere Kurstimmen zu gewinnen – eine Machtkonzentration, die der Reichsverfassung vollkommen zuwiderlief.

Vier Jahre nach Friedrichs IV. frühem Tod 1610 wurde sein Sohn für volljährig erklärt und übernahm als Friedrich V. die Regentschaft. Seine Hochzeit mit der englischen Prinzessin Elisabeth Stuart 1613 weckte bei den Calvinisten, wenn nicht auch bei zahlreichen Lutheranern, Hoffnungen auf ein großes nordwesteuropäisches Bündnis gegen das katholische Habsburg.

… und in Donauwörth

Während in der Pfalz die calvinistische Partei provozierte, waren es in der schwäbischen Reichsstadt Donauwörth Katholiken, die den zerbrechlichen Religionsfrieden aufs Spiel setzten. Donauwörth war lutherisch, doch die katholische Minderheit witterte Anfang des 17. Jahrhunderts Morgenluft, weil Herzog Maximilian von Bayern und der Bischof von Augsburg ihr glaubensbrüderliche Unterstützung signalisierten. Die Benediktinermönche eines Donauwörther Klosters klagten gegen das 1605 vom Stadtrat verhängte Verbot ihrer Markustags-Prozession und bekamen vor dem Prager Reichshofrat recht. Am Markustag des Folgejahres zogen sie daher wieder durch die Stadt, woraufhin erzürnte Protestanten den Zug auseinandertrieben. Mit Vorbedacht hatten die Mönche jedoch einen

Die sogenannte Bartholomäusnacht, das am 23./24. August 1572 verübte Massaker an französischen Calvinisten in Paris, zeitgenössische, nachträglich kolorierte Radierung von Franz Hogenberg

Die Hugenottenkriege

Die acht Hugenottenkriege wurden zwischen 1562 und 1598 in Frankreich ausgetragen. Bereits 1547 hatte Heinrich II. die »Chambre ardente« eingerichtet, eine Institution, die die calvinistischen Hugenotten verfolgte. 1562 wurde unter der Regentschaft Katharinas de Medici zwar ein mäßigendes Religionsedikt erlassen, doch das Massaker von Wassy, angestiftet von dem konkurrierenden Herzog von Guise, machte die Hoffnung auf Aussöhnung zunichte und löste den ersten Hugenottenkrieg aus.

Mit Ende des dritten Krieges 1570 gestand König Karl IX. den Hugenotten vier sichere Orte zu, darunter La Rochelle, woraufhin der Hugenottengeneral Gaspard de Coligny auf eine friedliche Koexistenz hoffte. Als er zur Hochzeit des Hugenottenführers Heinrich von Navarra mit des Königs Schwester Margot im August 1572 nach Paris kam, ordnete Karl, vermutlich angestiftet durch seine Mutter Katharina de Medici, ein Gemetzel unter den Hugenotten an. Landesweit wurden 13 000 Menschen ermordet, darunter auch Coligny. Heinrich überlebte die Bartholomäusnacht, indem er zum Katholizismus übertrat.

Im achten und längsten Krieg ging es von 1585 bis 1598 nicht nur um die Konfession, sondern um die Krone: Im »Krieg der drei Heinriche« kämpften König Heinrich III., der wieder protestantisch gewordene Heinrich von Navarra und Herzog Heinrich I. von Guise um die Herrschaft. Nach der Ermordung des Königs 1589 durch einen fanatischen Mönch bestieg Navarra als Heinrich IV. den französischen Thron. 1598 erließ er das Edikt von Nantes, das die Hugenottenkriege beendete. Der Frieden hielt jedoch nur bis 1621.

Notar des Augsburger Bischofs zu ihrer Prozession gebeten, der seinem Landesherrn schriftlich Bericht von den »Kreuz- und Fahnengefechten« erstattete und nicht unerwähnt ließ, dass Protestanten Sakralgerät entweiht und Prozessionsfahnen in den Staub getreten hätten.

Der Bischof verklagte die Stadt vor dem Reichshofrat, und als die Ratsherren von Donauwörth die Prozession 1607 unterbanden, sprach das Gericht die Reichsacht gegen die Stadt aus. Mit der Exekution wurde Maximilian von Bayern beauftragt; die Reichsstadt wurde zur bayerischen Landstadt und alsbald rekatholisiert. Zahlreiche evangelische Donauwörther Bürger zogen in lutherische Gegenden. Von den Protesten evangelischer Reichsstände gegen das harte Vorgehen in Donauwörth ließ sich Rudolf II. nicht beeindrucken, sehr zur Freude der katholischen Reichsstände. Der Kaiser hatte jedoch verfassungswidrig gehandelt, denn zuständigkeitshalber wäre es Sache des lutherischen Herzogs von Württemberg gewesen, in Donauwörth einzugreifen. Bei den Protestanten ging die Angst um, der Kaiser plane die gewaltsame Ausmerzung des Protestantismus im Reich. Wenn die kursächsischen Gesandten vom Reichstag in Regensburg 1608 an ihren Landesherrn berichteten, sicherlich werde »in Kurzem ein greulich Blutbad angerichtet«, dann hatten diese Befürchtungen einen realen Hintergrund: Das Massaker an den Hugenotten in der französischen Bartholomäusnacht lag erst 36 Jahre zurück.

Bruderzwist im Hause Habsburg

Auf dem Reichstag 1608 trat die Krise offen zutage; dass die Pfalz die Tagung sprengte, machte überdeutlich, in welchem Zustand sich das Heilige Römische Reich befand. Hinzu kam ein scharfer Konflikt innerhalb des Herrscherhauses. Bei dem glücklosen Kaiser Rudolf II. waren schon vor der Jahrhundertwende Symptome von Geisteskrankheit – »gefährlichen Gemüthsblödigkeiten« – aufgetreten, der Widerstand gegen seine Herrschaft wurde selbst innerhalb der eigenen Familie immer stärker. 1606 ernannten die österreichischen Erzherzöge Rudolfs jüngeren Bruder, Erzherzog Matthias, offiziell zum Oberhaupt des österreichischen Herrscherhauses. Eingefädelt wurde die Wahl von Kardinal Melchior Khlesl, dem wichtigsten Berater Matthias'. Die Auseinandersetzung der schon seit Längerem verfeindeten Brüder um die Vorherrschaft innerhalb der Dynastie dramatisierte Franz Grillparzer Mitte des 19. Jahrhunderts in seinem fünfaktigen Trauerspiel »Ein Bruderzwist im Hause Habsburg«.

Matthias' Ziel und das seiner Unterstützer war es, Rudolf abzusetzen. Doch dafür brauchte man Bundesgenossen, auch auf protestantischer Seite. Rudolfs harte Linie gegen den Protestantismus hatte nicht zuletzt in Ungarn die

Krone des Königreiches Ungarn, die sogenannte Stephanskrone, aus dem späten 12. Jahrhundert evangelischen Stände gegen Habsburg aufgebracht. Matthias, der im Königreich Ungarn wegen der fortschreitenden Krankheit seines Bruders de facto die Entscheidungsgewalt innehatte, berief einen ungarischen Reichstag ein und sagte den Ständen im Gegenzug für ihre Unterstützung Konfessionsfreiheit zu. Rudolf versuchte derweil, sich mit ähnlichen Zugeständnissen in einem Majestätsbrief der Bündnistreue der böhmischen Protestanten zu versichern.

Am 25. Juni 1608 einigten sich die Brüder unblutig auf den Vertrag von Lieben: Rudolf blieb König von Böhmen und behielt die Kaiserkrone, Matthias wurde Herrscher über Österreich, Ungarn und Mähren. Nach einer militärischen Niederlage gegen Matthias musste Rudolf 1611 auch die böhmische Krone sowie Schlesien, die Ober- und die Niederlausitz abgeben. Als er 1612 in Prag starb, war er nur noch nominell Herrscher: ein Kaiser ohne Land.

Matthias war als Sieger aus dem Bruderzwist hervorgegangen. Doch letztlich hatte ihm die Auseinandersetzung lediglich die Macht eingetragen, die ihm früher oder später ohnehin zugefallen wäre. Die eigentli-

Kaiser Rudolf II. (1552–1612) übergibt 1608 seinem jüngeren Bruder und Nachfolger auf dem Kaiserthron, Erzherzog Matthias (1557–1619), die ungarische Krone, Kupferstich von Matthäus Merian d.Ä., 1630

chen Gewinner waren die Stände jeglicher Konfession, denen beide habsburgische Brüder zahlreiche Zugeständnisse hatten machen müssen. So bestätigten die ungarischen Stände, selbstbewusster denn je, im Jahr 1613 Bethlen Gábor als Fürsten von Siebenbürgen, einen scharfen Gegner der Habsburger. Die Stände Böhmens, Ungarns und Österreichs verbündeten sich de facto gegen Matthias, vor allem, um ihn zur Einhaltung seines Versprechens auf Konfessionsfreiheit zu zwingen.

Als Kaiser war Matthias ähnlich schwach wie sein älterer Bruder. Er verlegte den Herrschaftssitz von Prag nach Wien; damit rückte der Kaiserhof zwar näher an das rebellische Ungarn heran, entfernte sich aber vom nicht minder unruhigen Böhmen. Zunehmend litt Kaiser Matthias unter dem Problem, keinen Sohn und Thronfolger zu haben, und adoptierte schließlich seinen Neffen Ferdinand von Innerösterreich. Damit schickte sich nach dem teils aus Schwäche, teils aus Einsicht kompromissbereiten Matthias ein katholischer Eiferer und Jesuitenschüler an, den Kaiserthron und die Königswürden in Böhmen, Mähren, Ungarn und Schlesien zu erringen. Neue Konflikte mit den Protestanten im Reich und in den angrenzenden Königreichen schienen unvermeidlich.

Protestantische Union, Katholische Liga

In den Jahren 1608/09 gründeten sich die beiden Beistands- und Militärbündnisse, die zehn Jahre später bei Ausbruch des Dreißigjährigen Krieges Kriegsparteien bilden sollten. Die Protestantische Union entstand früher als ihr katholischer Gegenpart, die Liga. Doch Letztere blieb nicht nur deutlich länger bestehen, sie war auch der weitaus wichtigere Kriegsakteur. Beide Bündnisse entsprangen dem wachsenden gegenseitigen Misstrauen der Konfessionen, während der Augsburger Religionsfrieden zusehends zerfiel.

Die Ereignisse in Donauwörth und das anschließende Scheitern des Reichstages bestärkten die Protestanten in ihrem Argwohn, der Kaiser vertrete nur noch die Interessen des eigenen Herrscherhauses und der katholischen Kirche, nicht mehr die des Reiches. Und so kamen die protestantischen Fürsten Süddeutschlands Anfang Mai 1608, nur wenige Tage nach dem Reichstagsdebakel, auf Einladung des Ansbacher Markgrafen Joachim Ernst in Auhausen zusammen und unterzeichneten am 14. Mai die Gründungsurkunde der Union. Friedrich IV. von der Pfalz ließ sich von seinem Berater Christian von Anhalt vertreten; weitere Gründungsmitglieder waren Württemberg, Kulmbach, Baden-Durlach und Pfalz-Neuburg, das allerdings nach dem Übertritt des Pfalzgrafen Wolfgang Wilhelm zum Katholizismus wieder austrat. Bis 1610 schlossen sich zahlreiche weitere lutherische und calvinistische Reichsstände der Union an, darunter 17 protestantische Reichsstädte, mehrere Fürsten und

Landgrafen. Doch die Union blieb innerlich uneins, da die Gegensätze zwischen Lutheranern und Calvinisten unüberbrückbar waren. Der sächsische Kurfürst, ein unversöhnlicher Calvinistengegner, trat der Union gar nicht erst bei. Die Katholische Liga wurde 1609 in München als Reaktion auf die Gründung der Union ins Leben gerufen. Die Mitglieder verpflichteten sich, einander im Notfall zu helfen; trat der Verteidigungsfall ein, wollte man nur gemeinsam auftreten. Die Liga, der bald die katholischen Kurfürstentümer, mehrere Hochstifte und andere geistliche und weltliche Reichsstände angehörten, stellte aus Beitragszahlungen eigene Truppen auf. 1616 schien das Bündnis am Ende, weil der Bayernherzog im Streit mit seinem Bundesgenossen aus Vorderösterreich sein Amt als Bundesoberst der Liga niederlegte. Doch in den Krieg, der 1618 in Böhmen ausbrach, griff die Katholische Liga alsbald mit Macht ein – Seite an Seite mit dem Kaiser und unter Führung von Herzog Maximilian von Bayern.

Skandal in Böhmen

Das Königreich Böhmen, zu dem auch Mähren, Schlesien und die Lausitz gehörten, war eine Wahlmonarchie: Die Stände, also Adel und Städte, hatten das Recht, ihren König zu küren. Nach Tradition und Gewohnheitsrecht setzten sie jedoch stets einen Habsburger auf den böhmischen Thron. Das war auch im Juni 1617 nicht anders, als die überwiegend protestantischen Stände Erzherzog Ferdinand von Innerösterreich wählten und so vorzeitig die Nachfolge des amtierenden Kaisers und böhmischen Königs Matthias absicherten. Ferdinand war nicht nur Vetter und Adoptivsohn von Matthias, sondern auch dessen designierter Nachfolger auf dem Kaiserthron.

Vor dem Wahltermin hatten nicht wenige Vertreter der protestanti-schen Partei damit geliebäugelt, einen Gegenkandidaten aufzustellen. Doch der eine infrage kommende Kandidat, Friedrich V. von der Pfalz, war blutjung und als Calvinist nicht mehrheitsfähig unter den über-wiegend lutherischen Ständen; der andere, Johann Georg von Sachsen, reagierte gar nicht erst auf die Avancen seiner böhmischen Glaubensbrü-der. Zur Wahl Ferdinands gab es also keine Alternative.

Während des habsburgischen Bruderkrieges hatte Matthias' Bruder und Vorgänger Rudolf II. den böhmischen Ständen in seinem Majestätsbrief weitgehende Freiheiten in religionspolitischen Fragen zugestanden und Matthias hatte diese Vorrechte bestätigt. Die Konfessionsfreiheit war in Böhmen ein besonders eifersüchtig bewachtes Vorrecht, denn seit den Hussitenkriegen hatten verschiedene protestantische Bekenntnisse hier besonders viel Zulauf erfahren. Die Mehrzahl der böhmischen Klöster war säkularisiert worden und erst die Gegenreformation ab den 1580er-Jahren, befördert von Habsburg und den Jesuiten, hatte diese Entwicklung gestoppt und schließlich umgekehrt. Deswegen knüpfte eine gemeinsame Institution aller böhmischen Protestanten, die Brüderunität, Kontakte zu den Calvinisten in Westeuropa, um sich nahe am habsburgischen Herr-schaftssitz dennoch gegen die katholische Macht zu behaupten.

Der neue böhmische König Ferdinand hielt sich nur widerwillig an die Zugeständnisse seiner Vorgänger. Die Aufgabe eines katholischen Mo-

narchen sah der von Jesuiten erzogene Habsburger darin, den protestantischen Irrglauben auszumerzen. Doch eine offene Provokation der Stände
wollte er vermeiden. Er hoffte darauf, dass die protestantische Partei früher
oder später in ihre vielen Fraktionen und Glaubensrichtungen zersplittern
werde oder dass Aggressionen protestantischer Eiferer ein hartes Durchgreifen des gewählten katholischen Herrschers rechtfertigen würden.

Zu den Zugeständnissen, die der Majestätsbrief den Ständen ein-
räumte, gehörte das Recht, protestantische Kirchen zu bauen. Vor allem
in Prag hatten die Protestanten davon Gebrauch gemacht. Doch um die
Bauvorhaben in Klostergrab, einem Dorf des Prager Erzbischofs, und
in der Kleinstadt Braunau brach offener Streit aus: Die Protestanten
argumentierten, sie seien nicht dem Erzbischof, sondern allein dem
böhmischen König untertan, und hätten daher das Recht auf Kirchen-
bau überall im Land. Zudem sei der König nicht befugt, Dörfer und
Städte eigenmächtig der katholischen Kirche zu übertragen und sie so
der Gerichtsbarkeit des Erzbischofs zu unterstellen, wie es schon Kaiser
Matthias mehrfach getan hatte. Habsburg ließ den Protest unbeachtet;
die beiden Kirchbauten wurden im Frühjahr 1618 abgerissen, die wider-
spenstigsten protestantischen Bürger eingekerkert.

Ein kleiner Skandal, ein regionaler Zwist: In einer entsprechend aufgela-
denen Situation kann so etwas aber der Zündfunken sein, der das Pulverfass Europa explodieren lässt.

Stadtansicht von Prag,
zeitgenössischer Kupferstich
von Matthäus Merian d.Ä.

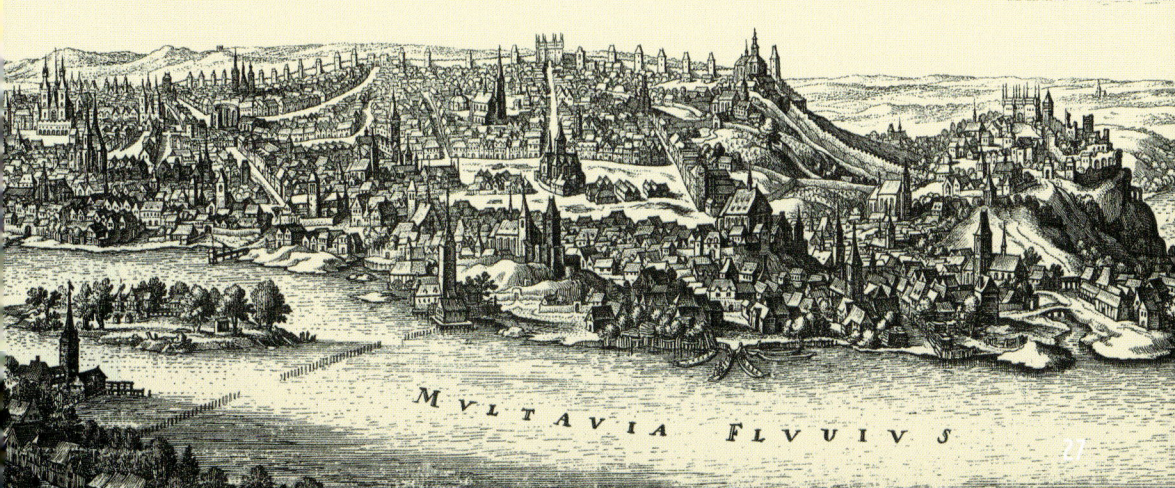

MVLTAVIA FLVVIVS

29

Der böhmisch-pfälzische Krieg

1618 bis 1623

Der Prager Fenstersturz

Historiker haben immer wieder diskutiert, ob die Bezeichnung »Dreißigjähriger Krieg« überhaupt zutreffe oder ob man nicht eher von einer Abfolge von vier oder mehr miteinander verflochtenen Kriegen sprechen müsse, die zusammengerechnet sogar mehr als dreißig Jahre andauerten. Einig sind sich aber fast alle über die Bedeutung eines Datums, des 23. Mai 1618. An diesem Tag ereignete sich in Prag ein Mordanschlag und politischer Affront, der zum Auslöser der Katastrophe wurde.

Es war eine Katastrophe mit Ansage. In dem Streit zwischen Habsburg und den böhmischen Ständen ging es im Jahr 1618 nicht nur um Kirchenbauten, nicht einmal mehr nur um Konfessionen, sondern um das Verhältnis geistlicher zu weltlicher Macht, um die Position der Stände gegenüber dem König. Alle Parteien fühlten sich herausgefordert: Protestanten sahen ihre per Majestätsbrief zugesicherten Rechte beschnitten, Städter wollten das harte Durchgreifen des Königs gegen freie Bürger nicht hinnehmen, der Adel witterte eine Gelegenheit, die grundherrschaftliche Machtbasis der Kirche zu beschneiden. Die Stimmung war aufgeheizt, zumal Kaiser Matthias eine für Mai anberaumte Landtagssitzung untersagt hatte. Die Protestanten widersetzten sich und strömten trotz des Verbotes in Prag zusammen, gemäßigte Ständevertreter ließen sich von den radikaleren mit dem Argument überzeugen, Freiheiten und Rechte der Stände seien bedroht.

Die katholischen Statthalter des Kaisers in Prag, Jaroslav Martinitz und Wilhelm Slavata, erkannten zu spät, in welcher Gefahr sie schwebten. Am 23. Mai drangen bewaffnete Landtagsmitglieder, Adlige, Gutsbesitzer und Bürger, in den Hradschin ein, um die beiden zur Rede zu stellen. Es blieb nicht beim Wortgefecht: Die Statthalter wurden von den aufgebrachten Protestanten gepackt und nach alter böhmischer Unsitte – »Defenestrationen« wurden in Prag spätestens seit Beginn der Hussitenkriege 1419 praktiziert – aus den Fenstern der Prager Burg geworfen. Den Sekretär Philipp Fabricius beförderten die Aufständischen gleich hinterher. Dass alle drei den etwa 17 Meter tiefen Fenstersturz überlebten, schrieben zeitgenössische Beobachter je nach politischer und religiöser Überzeugung dem Beistand der Jungfrau Maria, den Engeln Gottes oder einem Misthaufen zu, der sich unter den Fenstern befunden habe. Möglicherweise wurde der Sturz der Männer aber auch bloß von der schrägen Mauer des Hradschin abgebremst und der Aufprall von ihren schweren Mänteln abgefedert. Slavata schrieb in seinen Memoiren, er habe sich »an dem steinernen Gesims des unteren Fensters angestoßen«.

Hussitenkriege

Die Hussiten waren eine kirchenreformerische, gesellschaftspolitisch teilweise revolutionäre Bewegung in Böhmen. Ihr Name ist von dem Theologen, Prediger und Reformator Jan Hus abgeleitet, der durch das Konzil von Konstanz im Jahre 1415 zum Tode verurteilt und öffentlich verbrannt wurde, weil er seine Lehre nicht widerrufen wollte. 1419 mündete der Hussitenaufstand im ersten Prager Fenstersturz, bei dem zehn Personen ums Leben kamen, darunter der Bürgermeister und zwei Ratsherren. Der Fenstersturz war Auftakt zu den Hussitenkriegen, die sich bis 1436 hinzogen. Mit den »Vier Prager Artikeln« von 1420 verlangten die Hussiten u.a. das Recht auf freie Predigt, die Säkularisierung von Kirchenbesitz und den Verzicht des Klerus auf Reichtum und politische Macht. Der radikalere Teil der Bewegung, die Taboriten, forderte darüber hinaus Gütergemeinschaft, die Abschaffung kirchlicher Einrichtungen sowie die Gründung eines »Gottesstaates«. Anfangs gelangen dem Taboriten-Heer Siege über die Truppen des deutschen Königs Sigismund; es weitete den zunächst auf Böhmen beschränkten Konflikt auf benachbarte Regionen aus. 1433 lehnten die Taboriten einen Friedensvertrag ab. Erst nachdem sie von den gemäßigteren Kalixtinern besiegt worden waren, war der Weg zum Frieden frei.

Schlacht zwischen Hussiten und Kreuzrittern, zeitgenössische Buchmalerei aus dem »Jenaer Codex«

Martinitz und Fabricius entkamen unbeschadet, Slavata blieb mit Kopfverletzungen bewusstlos liegen und wurde gefangen genommen. Einer beliebten Legende zufolge verdankte er seine Befreiung allein seiner Frau, die mutig bei der Gräfin von Thurn vorsprach. Die Gattin von Heinrich Matthias von Thurn, dem radikalsten Anführer der Stände, habe sich für Slavata eingesetzt mit der hellsichtigen Bemerkung, dass ihrem Mann hoffentlich die gleiche Gnade zuteilwürde, sollte der nächste böhmische Aufstand anders ausgehen. Graf von Thurn hatte schon vor dem 23. Mai die Hinrichtung der katholischen Statthalter gefordert und damit nicht wenige seiner gemäßigten Verbündeten vor den Kopf gestoßen.

Die Ständeversammlung in Prag schaffte nach der Entmachtung der verhassten Statthalter sofort Tatsachen. Böhmen wurde unter die provisorische Regierung eines dreißigköpfigen Direktoriums gestellt. Beamte, die bereit waren, die neuen Verhältnisse anzuerkennen, wurden in ihren Ämtern belassen. Zudem beschloss man die Aufstellung eines 16 000-Mann-Heeres unter Thurns Führung und veröffentlichte eine »Apologie«, in der man den Aufstand vor aller Welt zu rechtfertigen versuchte.

Heinrich Matthias Graf von Thurn (1567–1640), zeitgenössischer Kupferstich

Ringen um Allianzen

Trotz dieses Etappensieges war die Lage der Aufständischen äußerst heikel, denn lediglich die protestantischen Stände trugen die Rebellion auf Dauer mit. Katholische Adlige und katholische Städte wie Pilsen und Budweis leisteten Widerstand. An ihrer erklärten Absicht, jedermann – gleich welcher Konfession – die gleichen Rechte zu gewähren, konnte die neue Regierung nicht festhalten: Schon im Juni verwies sie die Jesuiten des Landes, bald darauf rückte Thurn gegen die katholische Stadt Krummau vor und unterwarf sie. Doch die Bevölkerung Böhmens war nicht nur konfessionell gespalten: Trennungslinien verliefen auch zwischen Tschechen und Deutschen, Bauern und Städtern. In den zwei Jahren nach dem Fenstersturz begehrte die Landbevölkerung mancherorts gegen die Stände auf oder übersiedelte in kaisertreue Regionen. Zudem zerfaserte die protestantische Partei in etliche Glaubensrichtungen. In den Jahren vor dem Fenstersturz hatte sich der Calvinismus in Böhmen verankern können, auch dank der vergleichsweise großzügigen religionspolitischen Zugeständnisse der streitenden habsburgischen Brüder Rudolf II. und Matthias.

Berlin

KGR. POLEN

Mgft. Niederlausitz

Kurfsm. Sachsen

Mgft. Oberlausitz

Dresden

Breslau

Hztm. Schlesien

Prag

Pilsen   KGR. BÖHMEN

Oberpfalz
(zu Kurpfalz)

Mgft. Mähren

Brünn

Hztm. Bayern

Erzhztm. Österreich

München

ob d. Enns

Wien

unter der Enns

Innsbruck

Erzbm. Salzburg

KGR. UNGARN
(habsbg.)

Gft. Tirol

Hztm. Steiermark

Graz

Hztm. Kärnten

Hztm. Krain

OSMANISCHES REICH

Triest

REP. VENEDIG

Venedig

Adria

••••• Grenze des Heiligen Römischen Reichs   ≡≡≡ Grenze des Osmanischen Reichs

▨ Habsburgische Lande   –∙– Grenze der habsburgischen Territorien im Reich

Österreich und die Länder der Wenzelskrone 1618

Trotz des Mordversuchs an den Statthaltern blieben Kaiser Matthias und sein Berater Kardinal Khlesl gelassen und mahnten, man möge sich »miteinander friedlich und freundlich betragen und einander lieb haben«. Noch im Juli 1618 bot der Kaiser den Aufständischen eine Amnestie an und Khlesl plädierte für Verhandlungen, doch die böhmische Regierung schlug jedes Angebot aus. Was als regionaler Aufstand begonnen hatte, gewann zunehmend europäische Dimensionen. Auf der Iberischen Halbinsel und in den Spanischen Niederlanden wurden Geld und Truppen zur Unterstützung Ferdinands gesammelt und der päpstliche Gesandte in Paris erhielt aus Rom den Auftrag, den französischen König für ein Vorgehen zugunsten der böhmischen Katholiken zu gewinnen. Im Juli ließ Erzherzog Ferdinand den friedliebenden Kardinal Khlesl inhaftieren. Von nun an führte er die politischen Geschäfte der Habsburger, die dem schwachen und kranken Kaiser Matthias immer weiter entglitten waren.

Im Spätsommer 1618 erreichte das erste kaiserliche Heer Böhmen – ausgehoben und ausgerüstet in Flandern, finanziert von Spanien. Der Vormarsch traf den geschickten Diplomaten Thurn nicht unvorbereitet: Er hatte sich Hilfe suchend unter anderem an den Vorsitzenden der Protestantischen Union, den pfälzischen Kurfürsten Friedrich V., gewandt, der seinerseits Herzog Karl Emanuel von Savoyen, einen leidenschaftlichen Gegner der Habsburger, alarmiert hatte. Der Herzog überließ den Böhmen ein Söldnerheer und teilte sich mit Friedrich die Kosten. Den Oberbefehl über die 20 000 Mann übernahm der erfahrene Feldherr Ernst von Mansfeld. Ihm gelang es gemeinsam mit den Truppen Thurns, zwei kaiserliche Heere auf böhmischem Gebiet in Schach zu halten. Unter diesen frühesten Kampfhandlungen des Dreißigjährigen Krieges litten vor allem die Grenzgebiete zu Österreich, die von Thurns Truppen verwüstet wurden, und das katholische Pilsen, das Mansfelds Truppen nach kurzer Belagerung einnahmen.

Friedrich berief eine Versammlung der Union in Rothenburg ein und setzte darauf, Bundesgenossen für den gemeinsamen Kampf gegen Habsburg gewinnen zu können. Doch er und sein Kanzler Christian von Anhalt hatten sich getäuscht. Die protestantischen Fürsten lehnten jede Übereinkunft mit den böhmischen Rebellen ab und beteiligten sich nicht an den Kosten von Mansfelds Kriegführung, geschweige denn an einer weiteren Truppenwerbung. Stattdessen demonstrierten sie Unparteilichkeit. Der 21-jährige Kurfürst war tief enttäuscht. Er hatte auf ein starkes Signal protestantischer Einigkeit gehofft, das den Kaiser davon abhalten sollte, weiterhin kriegerisch gegen Böhmen oder andere protestantische Länder vorzugehen. Doch die Gegensätze innerhalb der Union waren ebenso groß wie der Unwille der protestantischen Fürsten, sich offen mit Habsburg anzulegen.

Das Winterkönigreich

Wenn schon kein gemeinsames Vorgehen der Union zu erreichen war, wollte Christian von Anhalt wenigstens seinen zweiten Plan in die Tat umsetzen: Kurfürst Friedrich sollte König von Böhmen werden. Den Herzog von Savoyen und Prinz Moritz von Oranien, Statthalter in den Vereinten Niederlanden, konnte Christian als Unterstützer für dieses Vorhaben gewinnen. Derweil brachte der Tod Kaiser Matthias' im März 1619 die Gegenseite in ernste Schwierigkeiten. Es war keineswegs ausgemacht, dass die Mehrheit der Kurfürsten und die katholischen Herrscher Europas Ferdinand als neuen Kaiser akzeptieren würden: Er galt als halsstarrig und jesuitenfreundlich, als Mann der Gegenreformation – also nicht gerade als optimaler Herrscher in Zeiten konfessioneller und politischer Unruhen. Die protestantische Sache gewann an Zulauf, selbst in Wien forderten die niederösterreichischen Stände den Bau einer protestantischen Kirche und das Ende des Krieges gegen Böhmen.

Doch als das spanisch-katholische Heer im Juni eine wichtige Schlacht gegen Ernst von Mansfeld gewann, sammelten sich die Katholiken wieder hinter Ferdinand. Sowohl der französische König als auch die Katholische Liga unter Vorsitz von Maximilian von Bayern, der kurz zuvor noch als denkbarer Gegenkandidat für den Kaiserthron gegolten hatte, sagten ihm ihre Unterstützung zu. Böhmen, Mähren, die Lausitz und Schlesien jedoch erklärten die Absetzung Ferdinands als König. Der nächste Schritt der Rebellen war nicht viel mehr als eine Formsache: Ende August 1619 wählten die Böhmen den Pfälzer Friedrich V. zu ihrem König – jenen Kurfürsten, der zwei Jahre zuvor noch als zu jung und zu calvinistisch durchgefallen war.

Friedrich V., der böhmische »Winterkönig« (1596-1632), Gemälde von Gerrit van Honthorst (Ausschnitt), 1619

Für Friedrich sprach, dass er mit einer englischen Prinzessin verheiratet war: Seine Frau Elisabeth war die Tochter Jakobs I. von England. Die böhmischen Protestanten hofften auf Schützenhilfe durch die protestantischen Stuarts. Abgesehen von dieser vagen Aussicht auf Unterstützung aus dem Nordwesten brachte Friedrich nichts mit, was ein Regent in einer so prekären Lage dringend benötigt hätte: weder Erfahrung noch Durchsetzungskraft, weder Weitblick noch Kenntnis der böhmischen Verhältnisse. Nicht einmal Geld hatte er. Dafür würde er nach seiner Krönung nominell über zwei Kurwürden verfügen – die kurpfälzische und die böhmische –, was der Reichsverfassung zuwiderlief. Zudem hätte dann die protestantische Seite die Mehrheit im Kurfürstenrat gehabt, was ihrem Kandidaten den Weg auf den Kaiserthron geebnet hätte.

Zwei Tage nach der böhmischen Königswahl wurde Ferdinand in Frankfurt zum Kaiser gewählt. Auch Friedrich gab seine kurpfälzische Stimme für Ferdinand II. ab – und haderte mit sich, ob er die böhmische Krone annehmen solle. Doch obwohl die Mehrzahl seiner Berater in Heidelberg ihm ebenso wie fast alle Vertreter der Protestantischen Union davon abrieten, erklärte er sich im Herbst bereit, den Thron in Prag zu besteigen: »Es ist ein Ruf von Gott, dem ich mich nicht verschließen darf«, rechtfertigte er sich in einem Brief an seinen Onkel, den Herzog von Bouillon.

Spätestens mit seiner Entscheidung für den böhmischen Thron hatte sich der protestantische Wittelsbacher Friedrich einen seiner mächtigsten katholischen Verwandten zum Feind gemacht: Maximilian von Bayern. Gemeinsam mit Johann Georg von Sachsen hatte Maximilian lange Zeit versucht, den böhmischen Konflikt auf dem Verhandlungsweg beizulegen. Diese Möglichkeit war nun blockiert. Im Oktober unterzeichnete er mit Kaiser Ferdinand II. ein Abkommen, das dem Bayern den Oberbefehl über alle katholischen Kriegshandlungen in Böhmen übertrug. Maximilian diente sich seinem Kaiser keineswegs uneigennützig an: Laut Vertrag standen ihm alle eroberten Gebiete als Pfand für seine Auslagen zu. Ein zusätzliches Geheimabkommen brachte Maximilian seinem eigentlichen Ziel nahe: Im Fall einer Niederlage Friedrichs V. sollte dessen pfälzische Kurwürde auf den Bayern übergehen.

Das junge böhmische Königspaar wurde bei seiner Ankunft in Prag begeistert gefeiert. Dass mehrere protestantische Länder – Dänemark, Schweden, die Vereinigten Niederlande, aber auch die Republik Venedig – Friedrich als böhmischen König anerkannten, nährte die Zuversicht in Prag. Währenddessen sah sich der Kaiser einer anderen Bedrohung ausgesetzt: Fürst Bethlen Gábor, ein weiterer Unterstützer Friedrichs, rückte mit seiner Armee auf Wien vor. Ferdinand konnte von Glück sagen, dass Unruhen im heimischen Siebenbürgen den Feldherrn zwangen, die Belagerung der Stadt abzubrechen. Den vorzeichengläubigen Menschen des 17. Jahrhunderts dürfte es zu denken gegeben haben, dass die böhmische Königin Elisabeth kurz vor Weihnachten 1619 einen Jungen zur Welt brachte, während Ferdinands ältester Sohn fast zeitgleich in Graz an einer Krankheit starb.

Doch in den folgenden Monaten kam die protestantische Sache nicht vom Fleck. Das große Bündnis der antihabsburgischen Mächte, auf das Friedrich und sein Kanzler gehofft hatten, blieb ein Luftschloss. Bei aller Sympathie für die neuen böhmischen Verhältnisse wollten sich die Vereinigten Niederlande nicht an einem Krieg gegen Habsburg beteiligen. Englands König Jakob I. hatte Friedrichs böhmisches Unternehmen von Anfang an missbilligt und war selbst seiner Tochter zuliebe nicht bereit, Partei für Böhmen zu ergreifen. Die Fürsten der Union erkannten Friedrichs Königtum zwar an, unterstützten ihn trotz anfänglicher Zusagen jedoch weder mit Geld noch mit Truppen. Auch innenpolitisch geriet Friedrich in Bedrängnis. Die böhmischen Stände machten ihm unmissverständlich klar, dass er seine Königswürde ihnen zu verdanken hatte. Ihre Vorstellung von einem Ständekönigtum passte nicht zu Friedrichs Träumen von einer protestantischen Großmacht. Es fiel dem jungen König schon schwer genug, das notorisch unruhige Böhmen zu regieren und darüber die Pfalz nicht völlig zu vernachlässigen.

Derweil gelang es Kaiser Ferdinand, alte Allianzen zu festigen und neue zu erkaufen. Bei einer Versammlung in Mühlhausen im März 1620 stellte sich die Katholische Liga geschlossen hinter ihn, aber auch der Lutheraner Johann Georg von Sachsen schlug sich auf Habsburgs Seite, da der Kaiser ihm zusagte, sich nicht in religionspolitische Angelegenheiten des Kurfürstentums einzuschalten. Zudem versprach Ferdinand dem Wettiner als Gegenleistung für dessen Neutralität die Lausitz als Pfand.

Friedrichs spitzfindiges Argument, er habe die böhmische Krone nicht dem Kaiser abgenommen, sondern nur einem österreichischen Erzherzog, da Böhmen nicht Teil des Reichsgebietes sei, verfing bei Ferdinands Unterstützern nicht. Ende April stellte der Kaiser dem böhmischen König ein Ultimatum: Ziehe sich Friedrich bis zum 1. Juni nicht aus Böhmen zurück, werde man das als Kriegserklärung betrachten und militärisch gegen den Thronräuber vorgehen.

Der römisch-deutsche Kaiser Ferdinand II. (1578–1637), Gemälde von Georg Bachmann (Ausschnitt), um 1635

Ein Ende am Weißen Berg

Ende Juli machte das Heer der Katholischen Liga die kaiserliche Drohung wahr. Die Streitmacht konnte nahezu ungehindert in Böhmen einmarschieren; die Truppen der böhmischen Stände hatten ihr nicht viel entgegenzusetzen. Hilfe von außen gab es nicht, denn der französische König Ludwig XIII. handelte in Ulm, wo sich die Truppen der Union wegen eines Unionstages versammelt hatten, deren Neutralität aus. Ihm war daran gelegen, dass diese Streitmacht am Rhein blieb und sich gegen seine mächtigen Nachbarn – die zunehmend auf dem Kriegsschauplatz auftretenden Spanier – wandte, statt sich in Böhmen mit der Liga zu schlagen.

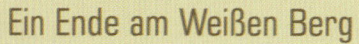

Im Spätherbst 1620, als die Zeit für offene Feldschlachten eigentlich schon vorbei war, rückte das Ligaheer auf Prag vor, um sich ein Winterquartier zu sichern. Die Truppen unter Führung von Johann Tserclaes Graf von Tilly und Bonaventura von Bucquoy waren mindestens 20 000 Mann stark – manche Berichte, vor allem solche, die die Niederlage des Ständeheeres später in einem milderen Licht erscheinen lassen wollten, sprechen von einer doppelt so hohen Zahl – und zumindest in Teilen kampferprobt. Das Ständeheer unter Christian von Anhalt war kleiner, die Zahlen schwanken zwischen 13 000 und 21 000 Mann. Die Soldaten in Anhalts und Thurns Armee stammten aus Böhmen, Ungarn und dem Reich und hatten kaum Kampferfahrung. Zudem war man ihnen den Sold bereits seit

Die Schlacht am Weißen Berge, Gemälde von Pieter Snayers, um 1640

37

Monaten schuldig geblieben, was die Kampfmoral nicht gerade hob. Die hungrigen und frierenden Soldaten hatten bereits Dörfer in der Umgebung verwüstet und auch Prag geriet zunehmend in Gefahr, von den eigenen unzufriedenen Truppen geplündert zu werden.

Am Abend des 7. November zogen die Ständetruppen auf dem Weißen Berg nahe Prag auf, um den Vormarsch der Liga-Streitmacht zu unterbinden. Deren beider Kommandeure waren sich uneins, ob man das zahlenmäßig unterlegene Heer frontal angreifen solle – was Tilly favorisierte – oder ob es angeraten sei, den Hügel zu umrunden und die Attacke an einem weniger steilen Hang auf der Rückseite zu beginnen. Der Legende nach gab religiöse Propaganda den Ausschlag zugunsten von Tillys Plä-

Bildersturm der Calvinisten

»Du sollst dir kein Bildnis machen.« Dieses Gebot, nach anglikanischer und reformierter Zählung bis heute das zweite der Zehn Gebote, nahmen Reformatoren wie Huldrych Zwingli und Johannes Calvin wörtlich. Für sie waren Heiligenstatuen und Andachtsbilder Häresie und deren Anbetung Götzendienst. Martin Luther lehnte Stiftungen von Heiligenbildern durch reiche Gläubige ab, betrachtete die Bildnisse selbst aber weniger streng und ließ sie als Mittel zur religiösen Bildung gelten.

In der katholischen Tradition wurden Reliquien, Marien- und Heiligenbildnisse jedoch verehrt und angebetet, als seien sie selbst göttlich oder hätten magische Kräfte. Diesen »Bann des Bildes« wollten Zwingli und Calvin brechen. Letzterer beließ es bei einem Bilderverbot in reformierten Gotteshäusern und einer scharfen, aber theoretischen Ablehnung von Bildnissen in Kirchen anderer Konfessionen. Seine radikalsten Anhänger schritten jedoch zur Tat, entfernten Reliquien und Bildnisse aus katholischen Kirchen oder zerstörten sie gewaltsam. Der Bildersturm im Prager Dom durch seine eifernden calvinistischen Anhänger 1619 kostete den böhmischen König Friedrich V. viele Sympathien unter seinen gemäßigteren Untertanen.

Zentren des reformatorischen Bildersturms waren bereits im 16. Jahrhundert die Niederlande sowie England, wo Heinrich VIII. Klöster plündern und Reliquien verbrennen ließ. Unter seinem Nachfolger Edward VI. beschloss das Parlament 1550 die Vernichtung aller religiösen Bildwerke.

Bilderstürmer plündern eine Kirche, kolorierter Holzschnitt von Erhard Schön, 1530

nen: Ein Mönch, so geht die Erzählung, habe im katholischen Heerlager ein Bildnis der Heiligen Familie herumgezeigt, auf dem protestantische Bilderstürmer allen Figuren mit Ausnahme des Jesusknaben die Augen ausgestochen hätten. Ein solcher Frevel könnte in der Tat die Empörung der Soldaten in gewünschter Weise angefacht haben.

Schon im Morgengrauen metzelten Liga-Soldaten einen ungarischen Truppenteil am Fuße des Berges nieder. Tillys Truppen stürmten mit dem Schlachtruf ihres frommen Feldherrn, »Santa Maria«, sofort die steile Flanke des Weißen Berges hinauf. Christian von Anhalt, der an einem so nebligen Morgen nicht mit einer Attacke gerechnet hatte, wurde von dem Vormarsch völlig überrascht. Bucquoys kaiserlich-spanische Armee fing sich nach einigen Anlaufschwierigkeiten wieder und rückte nach. Angesichts der Übermacht ergriffen große Teile des demoralisierten Ständeheers die Flucht und suchten in Prag Schutz. Ihr Feldherr, dessen Sohn in der Schlacht gefallen war und der vergeblich versucht hatte, die Truppen zusammenzuhalten, galoppierte hinterher.

König Friedrich, der eigentlich gerade zum Schlachtfeld aufbrechen wollte, traf am Stadttor auf seinen Kanzler und Feldherrn Christian von Anhalt und erfuhr aus erster Hand von der verheerenden Niederlage. Christian drängte Friedrich zur Flucht, aber der zögerte und brachte seine Familie vorerst nur auf die andere Seite der Moldau, in die Prager Neustadt. Derweil verschlossen die Prager ihre Stadttore vor den geschlagenen Truppen: Auf solche Verteidiger legten die Bürger keinen Wert. Auch von ihrem König waren sie tief enttäuscht. Seine letzten verbliebenen Unterstützer befürchteten, die wütenden Prager könnten ihn an die Sieger ausliefern, und beschworen ihn, endlich zu fliehen – was er am frühen Morgen des 9. November dann auch tat. Die meisten seiner Besitztümer blieben bei der hastigen Flucht zurück, doch immerhin waren Friedrich und die Seinen so geistesgegenwärtig, die Kronjuwelen mitzunehmen. Die Stadt ergab sich den Truppen unter dem Oberbefehl Maximilians von Bayern fast ohne Gegenwehr, der älteste Sohn des Grafen von Thurn lief mit 3000 Soldaten zur katholischen Seite über. Christian von Anhalt floh nach Schweden und bat von dort aus den Kaiser um Verzeihung: Er sei von Friedrich fehlgeleitet worden.

Es dauerte einige Tage, bis die Siegesnachricht München und Wien erreichte, und am 23. November ließ Kaiser Ferdinand in seiner Hauptstadt Dankgottesdienste feiern. Derweil ließ Maximilian die Prager für ihre Widersetzlichkeit büßen. Nach dem katholischen Sieg blieben die Stadttore eine Woche lang geschlossen und die Soldaten, darunter Söldner aus halb Europa, durften Prag nach Herzenslust plündern. Ganze Wagenladungen mit Luxusgütern und Waffen aus dem Hradschin, die Friedrich zurückgelassen hatte, fielen an die Eroberer. Maximilian sicherte sich die besten Pferde aus Friedrichs Ställen als persönliche Beute und kehrte im Triumph nach München zurück.

Der Winterkönig, wie seine Gegner ihn spöttisch nannten, hatte zwar nicht bloß einen Winter lang regiert, sondern immerhin ein Jahr, aber die Bilanz seiner kurzen Herrschaft war trostlos. Sein Amtsantritt war von völlig übersteigerten Hoffnungen – seinen eigenen und denen seiner Untertanen – begleitet gewesen, die schnell enttäuscht wurden. Friedrich und seinem ehrgeizigen Kanzler war es nicht einmal gelungen, genug Geld für den Unterhalt eines eigenen Heeres zusammenzubekommen, geschweige denn die protestantischen Mächte im In- und Ausland auf eine ideelle, militärische und finanzielle Unterstützung einzuschwören. Die Protestantische Union zerbrach an den konfessionellen Streitigkeiten und dem Hegemonialdenken einiger ihrer mächtigsten Mitglieder.

Nicht einmal in seinem eigenen Königreich hatte Friedrich die Herzen für sich gewinnen können. Er blieb ein Fremder, der viele Böhmen mit seinen berüchtigten teuren und freizügigen Festen verärgerte und dem sie seine Nachsicht gegenüber radikal-calvinistischen Bilderstürmern nicht verziehen, die sogar im Prager Dom ihr Zerstörungswerk angerichtet hatten. Böhmische Dörfer waren derweil von Truppen der wenigen Bundesgenossen Friedrichs verwüstet worden, insbesondere von den Soldaten Bethlen Gábors. Die Böhmen hatten also allen Grund, sich von Friedrich verraten und verkauft zu fühlen.

Kaiser Ferdinand zögerte nicht, in Prag ein Strafgericht abzuhalten. 27 protestantische Standesherren, darunter zwölf Mitglieder der Direktoriumsregierung, wurden öffentlich vor dem Altstädter Rathaus hingerichtet. Die Köpfe von zwölf Opfern dieses »Prager Blutgerichts« – und die Zunge, die man dem Rektor der Universität bei lebendigem Leib abgeschnitten hatte – waren noch zehn Jahre lang an einem Turm der Altstädter Brücke zu besichtigen. 30 000 evangelische Familien wurden vertrieben, mit 650 enteigneten Adelsgütern bezahlte Ferdinand einen Teil seiner Schulden bei den katholischen Finanziers seines Feldzuges. Wichtigstes Ziel des Kaisers war es, den Protestantismus in Böhmen vollständig auszumerzen und das Land von einer Wahl- in eine Erbmonarchie zu verwandeln. Er besaß nun die Macht, beides durchzusetzen. In Böhmen galt das Recht des Eroberers, der politischen Widerstand flugs mit Ketzerei gleichsetzte.

Spanische Spinne in der Pfalz

Mit der Schlacht am Weißen Berg endete zwar das Winterkönigreich Friedrichs V., aber keineswegs der Krieg der Fürsten und Heerführer, die sich im Kampf um Böhmen in Stellung gebracht hatten. Und Böhmen war nicht der einzige Kriegsschauplatz im Jahr 1620: Auch die Pfalz, Friedrichs Kurfürstentum und Stammland, war umkämpft. Schon Monate vor der Schlacht am Weißen Berg, im Sommer 1620, zog die Flandrische Armee unter dem Kom-

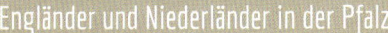

Engländer und Niederländer in der Pfalz

Der englische König Jakob I. versagte seinem Schwiegersohn Friedrich V. zwar jede aktive militärische und finanzielle Unterstützung, gestattete es einem pfälzischen Gesandten jedoch, in England auf eigene Kosten Freiwillige zu werben. Ein Regiment von 2200 Mann unter Führung von Horace Vere, Baron of Tilbury, setzte Ende Juli 1620 in die Niederlande über. Gemeinsam mit 36 Kompanien niederländischer Reiterei unter Prinz Friedrich Heinrich von Oranien zogen die Engländer in die Pfalz, um Friedrichs Stammlande zu verteidigen.

Als sich abzeichnete, dass die Unionsarmee sich trotz der Verstärkung nicht aus der Reserve wagte, verlor Friedrich Heinrich die Geduld und zog mit dem Großteil seiner Kavallerie ab. In der Pfalz hatten aber bereits zuvor niederländische Truppen Quartier bezogen, um die calvinistischen Glaubensbrüder zu unterstützen. Kommandant der Heidelberger Stadtgarnison war der holländische Oberst Heinrich van Merven.

Im Winter richtete sich Vere in Mannheim ein, seine Obersten Gerard Herbert und John Burroughs wurden in Heidelberg und Frankenthal stationiert. Die Garnisonen von Heidelberg und Mannheim hielten bis Herbst 1622 dem Ansturm spanischer Truppen und Tillys Ligaheer stand, dann mussten sie sich den Belagerern geschlagen geben. Im September übergab van Merven das Heidelberger Schloss, da Herbert eine tödliche Schussverletzung erlitten hatte. Vere versuchte, mit 1400 Soldaten Mannheim zu verteidigen, musste jedoch schließlich kapitulieren und zog nach Den Haag ab. Burroughs hielt Frankenthal noch bis April 1623.

Musketier beim Laden seiner Waffe, kolorierter Kupferstich von Jacques de Gheyn aus dem »Exerzierreglement« des Grafen Johann von Nassau, 1607

mando des in spanischen Diensten stehenden Marquis Ambrosio Spinola ins Rheinland und überrumpelte die protestantischen Mächte – die evangelischen deutschen Fürsten, England und die niederländische Republik – völlig, als sie die Kurpfalz attackierte. Die Union, die sich Anfang Juli in dem mit französischer Hilfe ausgehandelten Ulmer Abkommen verpflichtet hatte, in Böhmen nicht einzugreifen, versagte nun auch bei dem Versuch, die Pfalz gegen die spanischen Invasoren zu verteidigen. Den 25 000 Soldaten Spinolas hatte die schwache pfälzische Armee nichts entgegenzusetzen, Engländer und Niederländer beließen es bei späten und halbherzigen Versuchen, am rechten Rheinufer Präsenz zu zeigen. Am 19. August besetzten Spinolas Truppen Mainz. Nur die befestigten Städte Heidelberg, Frankenthal und Mannheim konnten der katholischen Streitmacht vorerst standhalten, die letzteren beiden mit Unterstützung englischer Soldaten.

Spinola kämpfte seit Langem gegen die Vereinigten Niederlande und Prinz Moritz von Oranien. Sobald er von der Wahl Friedrichs zum böhmischen König erfahren hatte, witterte er das entstehende Machtvakuum in der Pfalz und begann, spanische Truppen in den südlichen Niederlanden und im Elsass zu versammeln. Die Gelegenheit, den Rhein zu besetzen und die protestantische Herrschaft in der Pfalz zu zerstören, kam ihm gerade recht. Ferdinand II. hatte schon im Februar 1620 einen Vertrag mit Spanien über den Einmarsch in die Pfalz abgeschlossen, auch weil die großzügigen Bestechungsgelder aus Madrid in Wien sehr willkommen waren. Zudem übte der spanische Botschafter Don Íñigo Vélez de Guevara, der Graf von Oñate, einen starken Einfluss auf den Kaiser aus.

Am Rhein – und nicht nur dort – war Spinola bei den Protestanten dermaßen verhasst und gefürchtet, dass sie ihn auf Flugblättern und Pamphleten als bedrohliche schwarze Spinne darstellten, die halb Europa mit ihrem Netz überzog. Von der Gegenseite wiederum wurde Friedrich in zahlreichen Flugschriften mit Hass und Häme überzogen und besonders gern als Jammergestalt mit schlaff herunterhängenden Strümpfen karikiert, weil er bei seiner Flucht aus Prag sogar die Insignien des

Reichsacht

Diese harte Strafe schloss den Delinquenten aus dem Rechtsgefüge des Heiligen Römischen Reiches aus und machte ihn nicht nur recht-, sondern auch besitzlos. Wer geächtet war, den durfte jedermann folgenlos angreifen, und wer einem Geächteten half, verfiel selbst der Acht. Ursprünglich war es allein das Recht des Kaisers, die Reichsacht gegen Straftäter zu verhängen, die sich eines Majestätsverbrechens (etwa Hochverrat), des Landfriedensbruchs oder der Nichtbefolgung gerichtlicher Anordnungen schuldig gemacht hatten. Seit dem Hochmittelalter war die Acht jedoch oft Folge eines durch den Papst verhängten Kirchenbanns – der Straftäter wurde »in Acht und Bann getan«. Seit dem frühen 16. Jahrhundert musste der Ächtung ein ordentliches Verfahren vorausgehen und der Kaiser durfte nicht mehr allein über die Reichsacht entscheiden.

Kaiser Ferdinand II. setzte die Reichsacht im Laufe des Dreißigjährigen Krieges mehrfach ein, so 1621 gegen den »Winterkönig« Friedrich V. und dessen engste Unterstützer, 1628 gegen die Herzöge von Mecklenburg, 1637 gegen den Landgrafen von Hessen-Kassel. Die Rechtmäßigkeit dieser Maßnahmen war schon unter den Zeitgenossen umstritten. Auffällig war, dass der Kaiser aus den Ächtungen jeweils großen Nutzen zog: So konnte er Maximilian von Bayern mit dem Land und der Kurwürde Friedrichs V. belohnen – und zur Ächtung der mecklenburgischen Herzöge kam es offensichtlich deshalb, weil der Kaiser ihr Territorium zur Entlohnung des Kriegsunternehmers Wallenstein benötigte.

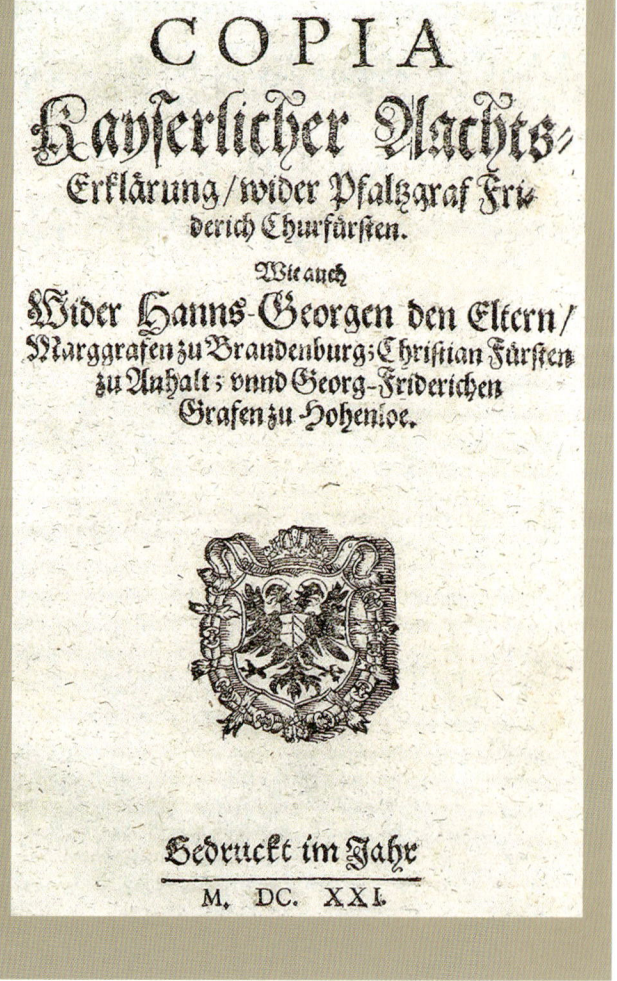

Hosenbandordens zurückgelassen hatte. Mit Frau und Kindern war der entthronte König zunächst nach Breslau entkommen, musste aber bald weiterflüchten, weil sich sowohl Maximilians bayerische Truppen als auch Johann Georgs sächsisches Heer näherten. Im vorerst sicheren Brandenburg brachte Elisabeth einen Sohn zur Welt, der auf den Namen Moritz getauft wurde – ein deutlicher Hinweis darauf, dass seine Eltern sich Hilfe durch den Prinzen von Oranien erhofften.

Kaiser Ferdinand verlangte von Friedrich Reue, Abbitte und eine klare Unterwerfung, welche dieser jedoch verweigerte. Selbst für seine förmliche Abdankung als König von Böhmen stellte der Unterlegene noch Bedingungen: Erst müsse der Kaiser die böhmische Verfassung anerkennen und ihm seine Auslagen ersetzen. Ferdinand verfügte daraufhin, dass Spinolas Truppen als Besatzungsmacht und Belagerer in der Pfalz verblieben. Spaniens seit Ende März 1621 regierender junger König Philipp IV., den der Krieg in Böhmen wenig interessierte, war geneigt, die Pfalz an Friedrich zurückzugeben und ihn zum Fürsten von Madrids Gnaden zu machen. Mit diesem Manöver, so kalkulierte Philipp, könne man die Engländer beruhigen, die die Niederlage der protestantischen Sache auf dem Kontinent mit Argwohn beobachteten, und sie somit auch davon abhalten, den Schifffahrtsweg zwischen Spanien und Flandern zu blockieren.

Doch solche Überlegungen standen diametral zu den Interessen Ferdinands. Ganz abgesehen davon, dass der Kaiser nicht geneigt war, sich dem rebellischen Friedrich gegenüber gnädig zu zeigen, brauchte er die Pfalz dringend, um seine Schulden bei Maximilian von Bayern zu bezahlen. Die pfälzische Kurwürde hatte er diesem per Geheimvertrag zugesichert und die Pfalz selbst sollte als Pfand für die bayerischen Militärausgaben dienen. Wären Titel und Land erst übertragen, könnte man einen Schlussstrich unter das böhmisch-pfälzische Ärgernis ziehen, glaubte Ferdinand.

Allerdings gab es auf dem Weg dorthin noch eine Hürde. Die deutschen Fürsten mit Ausnahme Maximilians – selbst diejenigen, die Ferdinand im Kampf gegen den Winterkönig unterstützt hatten – sprachen sich klar dagegen aus, Friedrich seines Landes und seiner Kurwürde zu berauben. Denn ein solcher Schritt hätte einen Präzedenzfall bedeutet, den keiner von ihnen gelassen hinnehmen konnte. Ferdinand ging nun schrittweise vor und verhängte am 29. Januar 1621 zunächst die Reichsacht über Friedrich – ein Verfassungsbruch. Nur acht Tage später versammelten sich die Mitglieder der Protestantischen Union in Heilbronn und sandten einen Protestbrief nach Wien. Zu einer echten Machtprobe ließ es der Kaiser gar nicht erst kommen. Er befahl der Union, ihre letzten verbleibenden Truppen zu entwaffnen, anderenfalls sei der Reichsfrieden in Gefahr. Spinolas Anwesenheit in der Pfalz und ein rein symbolisches Manöver seiner Truppen genügten, um die Union einzuschüchtern und ihren Widerstand zusammenbrechen zu lassen. Der kaiserliche Befehl wurde ausgeführt und das Heer der Union aufgelöst. Für einen Moment sah es nach einem vollständigen Sieg Kaiser Ferdinands aus.

Drei Condottieri

Doch von Westen und Norden drohte dem Kaiser und seinen Verbündeten neues Ungemach. Im April erhielt der geächtete Friedrich mit seiner Familie Asyl in Den Haag und unterzeichnete einen Vertrag, der besagte, dass er zur Rückeroberung der Pfalz die Hilfe seiner Gastgeber in Anspruch nehme. Das bedeutete eine Fortsetzung des Krieges, doch Ferdinand konnte das nur recht sein, denn Friedrich konterkarierte mit seiner Kampfansage die Bestrebungen Spaniens und auch Englands, ihn auf unblutige Weise als Fürsten von Spaniens Gnaden in der Pfalz wiedereinzusetzen. Derweil schaltete sich der dänische König Christian IV. vernehmlich in den Konflikt ein. Schon während des böhmischen Krieges hatte er Sympathien für Friedrich erkennen lassen, da er eine Ausweitung der habsburgischen Macht nicht nur gen Osten, sondern auch gen Norden fürchtete. Nun, da Spinola sich in der Pfalz festgesetzt hatte, richtete Christian eine Protestnote nach Wien und schrieb, der Unfrieden in Europa gehe von spanischen Truppen aus und nicht von Friedrichs zersprengten Unterstützern.

Der dänische König war nicht der Einzige, der diese Gefahr erkannte. Auch Frankreich, die Vereinigten Niederlande und England beobachteten mit Sorge, dass die Besatzungsmannschaften der Städte Frankenthal, Mannheim und Heidelberg, denen auch niederländische und englische Soldaten angehörten, dem Druck des spanischen Heeres nicht mehr lange würden standhalten können. Für die Vereinigten Niederlande war die Lage wegen der Nähe zur Pfalz noch bedrohlicher als für die anderen Mächte. Daher schloss der Prinz von Oranien nicht nur mit Friedrich, sondern auch mit Christian von Dänemark einen Vertrag zur Rettung der Pfalz. Ernst von Mansfeld, der Condottiere, der in Böhmen für Friedrich gekämpft hatte, bekam reiche Belohnung zugesagt, wenn er weiter auf protestantischer Seite streite.

Mansfeld hatte sich nicht erst in Böhmen den Ruf eines ebenso geschickten wie rücksichtslosen Feldherrn erworben. Bei der Zivilbevölkerung war er gefürchtet, weil seine Truppen in Böhmen, später auch am Rhein und im Elsass geplündert und verbrannte Erde hinterlassen hatten. Mansfeld war ein wichtiger Verbündeter Friedrichs im Kampf um die Pfalz und er war nicht der einzige. Der zweite Condottiere, der sich der Sache Friedrichs – und insbesondere Elisabeths – verschrieb, war der junge Christian von Braunschweig, Administrator des Bistums Halberstadt, der in einem Brief an seine Mutter bekannte, »lust zum kriege« zu haben. Er stellte in kurzer Zeit ein zwar schlecht ausgebildetes, aber mit 10 000 Mann recht beachtliches Heer auf die Beine und ließ in schwärmerischer Verehrung für Elisabeth den Wahlspruch »Pour Dieu et pour elle« (»Für Gott und für sie«) auf seine Fahnen schreiben – ganz wie ein mittelalterlicher Ritter, der sein Leben dem Minnedienst für eine hohe

Condottieri

Zu den Sonderformen des frühmodernen Soldwesens gehörte das System der italienischen Condottieri. Die Condotta bezeichnete einen Vertrag, der mit einem Kriegsunternehmer geschlossen wurde, worin der Umfang der Dienstleistungen, deren Dauer und die Höhe der Zahlungen festgeschrieben waren. Diese Verdinglichung des Militärwesens stellte eine Abkehr von den mittelalterlichen Lehnsverpflichtungen dar, öffnete die sozialen Schranken und ermöglichte Männern aus einfachen Verhältnissen den gesellschaftlichen Aufstieg. Unter den ökonomischen Rahmenbedingungen der Condotta hatten derart geworbene Heerführer naturgemäß kein Interesse an schnellen Entscheidungen und bevorzugten die Taktik des weniger risikoreichen Manövrierens und Hinhaltens. Im privatwirtschaftlichen Charakter der Condottieri sind bereits deutlich die Grundzüge des frühneuzeitlichen Heerwesens erkennbar, weswegen der Begriff auch über seinen ursprünglichen Herkunftsraum allgemein einen Kriegsunternehmer beschreibt.

V.l.: Ernst von Mansfeld (1580–1626), Christian von Braunschweig (1599–1626), der »tolle Halberstädter«, und Georg Friedrich von Baden-Durlach (1573–1638), zeitgenössische Kupferstiche

Dame weihte. Sein Draufgängertum trug ihm bald den Namen »der tolle Halberstädter« oder einfach »der tolle Christian« ein.

Nummer drei im Kreise der Condottieri war der knapp fünfzigjährige Markgraf Georg Friedrich von Baden-Durlach, der sich mit einer Armee aus etwa 12 000 bis 14 000 seiner eigenen Untertanen mit den anderen beiden Heerführern verbündete. Zusammen verfügten Mansfeld, »der tolle Christian« und der Markgraf über rund 40 000 Soldaten, theoretisch genug, um dem spanischen Heer und den Truppen Tillys gefährlich zu werden. Doch sie zogen nie am selben Strang, zu unterschiedlich waren ihre Interessen. Christian war Ende April 1622 vor allem damit beschäftigt, die Bistümer Paderborn und Münster um ihr Edelmetall zu erleichtern. Goldenes und silbernes Messgerät ließ er einschmelzen und daraus Münzen mit der Aufschrift »Gottes Freund, der Pfaffen Feind« prägen, die berüchtigten Pfaffenfeindtaler. Allerdings besaß er zeitgenössischen Berichten zufolge Pietät genug, Knochenreliquien an das Paderborner Domkapitel zurückzugeben und nur die kostbaren Reliquienschreine zu behalten.

Beutekunst für den Papst

Markgraf Georg Friedrich, den der 16-jährige Georg Büchner 1829 als »Muster eines Fürsten« preisen sollte, »bereit, für Freiheit und Glauben sein Blut zu verspritzen«, schied Anfang Mai aus dem Kampfgeschehen aus, nachdem seine isolierten Truppen von Tilly und dem spanischen Heerführer Gonzalo Fernández de Córdoba vernichtend geschlagen worden waren. Mansfeld und dem Halberstädter gelang es nicht, sich auf Dauer in Süddeutschland festzusetzen. Nach der Schlacht bei Höchst, bei der Christian 8000 Mann verloren hatte, zerstritten sie sich zudem mit Friedrich, der nicht anders konnte, als sie im Juli aus seinen Diensten zu entlassen. Zuvor hatten sie Städte und Dörfer im Elsass in einer Weise ausgeplündert, die Friedrich abstieß. Der Exkönig zog sich nach Sedan zurück, um von dort aus

Die Bibliotheca Palatina

In ihrer Blütezeit Ende des 16./Anfang des 17. Jahrhunderts war sie eine der bedeutendsten Bibliotheken Deutschlands. Allein ihr Bestand an früh- und hochmittelalterlichen Handschriften umfasste rund 3500 Exemplare, hinzu kamen zahlreiche Wiegendrucke und theologische Schriften aller drei Konfessionen. Zu den prachtvollsten Bänden der Palatina gehörten der Codex Manesse, das Lorscher Evangeliar, der Sachsenspiegel sowie das Falkenbuch Friedrichs II.

Den Grundstein für die Pfälzer Bibliothek in Heidelberg legte Kurfürst Ludwig III. im frühen 15. Jahrhundert. Mitte des 16. Jahrhunderts fasste Kurfürst Ottheinrich die Bibliotheken der Universität, der Stiftskirche und des Schlosses zur eigentlichen Palatina zusammen. Um diese Zeit hielt die Reformation in der Pfalz Einzug. Wegen ihrer Bestände an protestantischer Literatur war die Bibliothek den Katholiken als Brutstätte der Ketzerei verhasst.

Papst Gregor XV. (1554–1623), zeitgenössische Marmorbüste von Gian Lorenzo Bernini

neue Verbündete zu suchen. Er konnte Tilly nicht mehr daran hindern, auf Heidelberg vorzurücken. Am 15. September 1622 fiel die Stadt, wurde teilweise abgebrannt und ausgeplündert.

Die Palatina, Heidelbergs berühmte kurfürstliche Universitätsbibliothek, fiel unversehrt in Maximilians Hände. Der Bayernherzog hätte sie gern seiner eigenen Hofbibliothek einverleibt, doch als Papst Gregor XV. ihn bat, ihm die Bibliothek zu überlassen, konnte Maximilian sich schwerlich widersetzen: Der Papst war nicht nur einer seiner wichtigsten Geldgeber, er unterstützte auch Maximilians Anspruch auf die Kurwürde. Im Februar 1623 ging die Palatina in einer Kolonne von 200 Mauleseln auf die Reise nach Rom, wo sie vier Monate später weitgehend unbeschadet ankam und bis heute Bestandteil der Apostolischen Bibliothek ist. Nach dem Wiener Kongress gab der Vatikan allerdings 847 deutschsprachige mittelalterliche Handschriften wieder zurück.

Als letzte pfälzische Städte wurden Mannheim und Frankenthal 1622/23 von katholischen Truppen erobert. Die Pfalz kam unter Herrschaft zweier Verwalter: Der bayerische saß in Heidelberg, der spanische linksrheinisch in Speyer. Die Verleihung der Kurwürde an Bayern indes ging nicht so schnell über die Bühne, wie Maximilian gehofft hatte. Zum einen wollte Kaiser Ferdinand dieses Pfand, das ihm die Treue und die militärische Unterstützung Maximilians sicherte, nicht gern aus der Hand geben, zum anderen benötigte er zu diesem Schritt die Zustimmung Spaniens und der übrigen Kurfürsten. Zunächst einmal erhielt Maximilian die Erlaubnis, die Oberpfalz zu besetzen. Der Wittelsbacher machte sich sofort mit Eifer an deren Rekatholisierung.

Der Preis des Sieges

Auf einer Kurfürstenversammlung im Januar 1623 stellten sich fast alle Fürsten gegen die verfassungswidrige Absetzung Friedrichs und die Übertragung der Kurwürde auf Maximilian. Besonders laut – und dabei vollkommen wirkungslos – protestierten die Kurfürsten von Brandenburg und Sachsen, denen die Unterdrückung und Vertreibung der böhmischen Protestanten vor Augen geführt hatte, dass Ferdinand sich an keine Abmachung zum konfessionellen Ausgleich mehr hielt. Der Widerstand der Kurfürsten kam zu spät und war substanzlos, da Maximilian der einzige deutsche Fürst war, der über ein nennenswertes Heer gebot. Ernster musste Ferdinand hingegen die Einwände Spaniens nehmen. Prinzessin Isabella Clara Eugenia, die Statthalterin von Flandern, hatte in Absprache mit Madrid einen Kompromissvorschlag ausgearbeitet, der besagte, dass Friedrich zugunsten seines ältesten, siebenjährigen Sohnes abdanken sollte. Ferner sollte das Kind fortan in Wien erzogen werden und eine der Töchter des Kaisers heiraten. Nach seiner Meinung dazu wurde Friedrich gar nicht erst gefragt.

Ferdinand schlug alle Proteste, Bitten und Bedenken in den Wind: Am 23. Februar 1623 setzte er Friedrich als pfälzischen Kurfürsten ab, zwei Tage später erhielt Maximilian die Kurwürde – zunächst nur auf Lebenszeit, 1628 dann als erblichen Titel. Der Bayernherzog war am Ziel, aber der Preis war gefährlich hoch: Seinem persönlichen Ehrgeiz und seiner Missgunst gegenüber Friedrich hatte er die Libertät geopfert, die von den Fürsten eifersüchtig gehüteten Mitsprache- und Freiheitsrechte der Fürsten, die eine Art Föderalismus im Reich sichern sollten. Mit der Absetzung Friedrichs und der Übertragung der Kurwürde hatte Ferdinand die Verfassung doppelt gebrochen. Was sollte ihn daran hindern, es wieder zu tun?

Die versprengten Condottieri Christian von Braunschweig und Ernst von Mansfeld nutzten indes die Möglichkeiten, die ihnen das Wiederaufflammen des Achtzigjährigen Krieges bot. 1621 war der zwölf Jahre zuvor geschlossene Waffenstillstand zwischen Spanien und den Vereinigten Niederlanden ausgelaufen. Von Anfang an hatte Prinz Moritz von Oranien die Waffenruhe skeptisch beurteilt – und Spinolas Vorgehen in der Pfalz bestätigte seinen Verdacht, dass Spanien die Zeit vor allem dazu genutzt hatte, aufzurüsten und seine Streitkräfte neu zu ordnen. Mittlerweile war die Armee, die Spanien gegen die protestantischen nördlichen Niederlande aufbieten konnte, auf 60 000 Mann angewachsen. Sowohl Philipp III. als auch sein Nachfolger Philipp IV. fühlten sich durch die Erfolge Ferdinands in Böhmen ermutigt und hofften, ihren Machtbereich bald auf ähnliche Weise in den Niederlanden erweitern zu können.

Als Krieg führende Macht hatte Spanien – neben den Schwierigkeiten, die ein Versorgungs-Nadelöhr wie die Spanische Straße mit sich brachte – ein weiteres großes Problem: seine dauernde Geldknappheit. Doch Philipp IV. nahm das Kriegsgeschäft offenbar ernst und investierte bis 1625 an die neun Millionen Gulden pro Jahr in seine Flandrische Armee. Damit zwang Spanien auch die Vereinigten Niederlande zur teuren Aufrüstung. Moritz von Oranien setzte auf eine Defensivstrategie, die sich während des Waffenstillstandes bewährt hatte. Er wusste um die Geldnöte der spanischen Habsburger und hoffte darauf, sie an seinen Festungen aufreiben und zermürben zu können.

1622 begannen die Spanier, die Festung Bergen-op-Zoom zu belagern. Kaum aus pfälzischen Diensten entlassen, machten sich Ernst von Mansfeld und Christian von Braunschweig dorthin auf. Bei ihrem Weg durch die Spanischen Niederlande ließen sie sich auch von Córdobas Heer nicht aufhalten, das sie Ende August bei Fleurus schlugen. Christian wurde in der Schlacht verletzt, sein linker Unterarm musste wenige Tage später amputiert werden. Dennoch gelang es ihm und Ernst von Mansfeld, Spinolas Belagerungstruppen zu schlagen und Bergen-op-Zoom zu entsetzen. Ein Triumph für die beiden Feldherren – der letzte, den sie je feiern sollten.

Moritz Prinz von Oranien (1567-1625), Gemälde von von Michiel van Miereveld, um 1620

Der dänisch-niedersächsische Krieg

1623 bis 1629

Der »teutsche Krieg« hätte 1623 enden und als bloße Fußnote in die Geschichtsbücher eingehen können. Der böhmische Aufstand war vorbei, seine Nachwehen klangen ab. Die Machtverhältnisse in Böhmen und der Pfalz waren geklärt, die Gegenreformation hatte bedeutende Siege errungen und die protestantischen Stände im Reich waren, zumal nach der Auflösung der Union, zu schwach und zu zerstritten, um daran etwas zu ändern.

Argwöhnische Nachbarn

Doch es gab Mächte außerhalb des Reiches, die mit dem Erstarken des habsburgischen Kaisers ganz und gar nicht einverstanden waren. Der bedeutendste Widersacher Wiens war Paris. Ludwig XIII. hatte Anfang der 1620er-Jahre das französische Protestantenproblem zur eigenen Zufriedenheit gelöst – sprich, die Hugenotten in zwei weiteren Kriegen so gnadenlos bekämpft und so weit zurückgedrängt, dass ihnen nur noch die Städte La Rochelle und Montauban als Rückzugsorte verblieben waren. Umso mehr Aufmerksamkeit konnte er nun Ferdinand II. und dessen Machtzuwachs widmen.

Ein anderer Anrainer des Reiches, der mit Missfallen sah, wie die kaiserliche Macht sich mehrte, war Christian IV. Ihm bereitete auch die voranschreitende Gegenreformation große Sorgen. Christian war nicht nur König von Dänemark und somit Herrscher über ein riesiges, wenn auch dünn besiedeltes Reich mit anderthalb Millionen Einwohnern, zu dem Grönland, Island, Teile Südschwedens, Gotland und seit dem Kalmarkrieg auch die Insel Ösel gehörten, er regierte auch das Königreich Norwegen sowie das Herzogtum Schleswig und war als Herzog von Holstein sogar deutscher Reichsstand.

Plünderung eines Dorfes, Gemälde von Sebastian Vrancx, 1640

Kurfürsten

Den Kurfürsten, den ranghöchsten Adligen des Heiligen Römischen Reiches, oblag seit dem 13. Jahrhundert die Wahl des römisch-deutschen Königs, der danach durch den Papst zum Kaiser gekrönt wurde. Ursprünglich gab es sieben Kurfürsten: die Erzbischöfe von Trier, Köln und Mainz sowie den König von Böhmen, den Herzog von Sachsen, den Pfalzgrafen bei Rhein und den Markgrafen von Brandenburg. Jeder dieser drei geistlichen und vier weltlichen Kurfürsten hatte im Mittelalter und in der frühen Neuzeit eine besondere Funktion: So war der Mainzer Erzbischof der Reichserzkanzler für Deutschland, der böhmische König der Erzmundschenk.

Zu Beginn des Dreißigjährigen Krieges standen drei evangelische Kurfürstentümer – Sachsen, Brandenburg und die Pfalz – vier katholischen gegenüber. Nach dem böhmisch-pfälzischen Krieg ging die pfälzische Kurwürde auf den katholischen Herzog von Bayern über, sodass sich das Ungleichgewicht vergrößerte. Der Westfälische Frieden legte die Schaffung einer achten Kurwürde für den protestantischen Pfalzgrafen fest.

Das kurfürstliche Recht der Königswahl wurde immer wieder von den übrigen Reichsfürsten angefochten. Die konfessionellen Konflikte innerhalb des Kurfürstenkollegs brachten zwar einerseits dessen Macht ins Wanken, andererseits übernahmen die Kurfürstentage während des Krieges teilweise die Funktion der 1613 gescheiterten Reichstage. Der Kaiser blieb bis zum Ende der frühen Neuzeit vom Wohlwollen der Kurfürsten abhängig, wollte er nicht die Wahl seines Nachfolgers zum König gefährden.

Kaiser Ferdinand II. überträgt Maximilian I. von Bayern die der Pfalz genommene Kurwürde, Gemälde von unbekanntem Künstler, um 1624/25.

Frankreich, Dänemark, die Niederlande, England: lauter Nachbarn, die Habsburgs Triumph und Machtzuwachs mit Argwohn beobachteten. Doch dass sie ins Kriegsgeschehen eingriffen – direkt oder indirekt, aus allein machtpolitischen Erwägungen oder auch aus Sorge um den Protestantismus im Reich –, war 1623 nicht unvermeidlich. Hätten sich die Sieger des böhmisch-pfälzischen Krieges großmütig gezeigt und sich um einen Ausgleich mit den Protestanten bemüht, wäre es vermutlich kaum zum dänisch-niedersächsischen Krieg gekommen. Doch die kaiserlich-katholische Partei hatte dem unterlegenen Friedrich V. alles weggenommen – seinen Besitz, seine Kurwürde, sein Recht auf Unversehrtheit innerhalb der Reichsgrenzen – und trieb die Rekatholisierung voran, wo immer sich die Gelegenheit bot. Selbst die Stimmenverteilung im siebenköpfigen Kolleg der Kurfürsten hatte sich mit Übertragung der pfälzischen Kurwürde auf Maximilian von Bayern zuungunsten der Protestanten verschoben, nur noch die Kurfürsten von Brandenburg und Sachsen vertraten die evangelische Partei. Friedrich, der gescheiterte Winterkönig im niederländischen Exil, hatte nichts mehr zu verlieren – und seine Demütigung war so groß, dass er kaum anders konnte, als immer weiter nach Verbündeten im Kampf gegen seine Bezwinger zu suchen.

Der Krieg zieht nordwärts

Einer seiner ehemaligen Condottieri erlitt derweil eine schwere Niederlage. Christian von Braunschweig konnte sich nicht lange über den Sieg von Bergen-op-Zoom freuen: Anfang August 1623 traf sein Heer bei Stadtlohn auf die Armee Tillys und wurde in der Schlacht im Lohner Bruch vernichtend geschlagen. Der »tolle Halberstädter« entkam mit wenigen Soldaten in die Niederlande, wo er und sein alter Kampfgefährte Ernst von Mansfeld 1625 vergeblich versuchten, das von der Flandrischen Armee belagerte Breda zu entsetzen. Die Stadt ergab sich Spinola Anfang Juni. Ein Jahr später starb Christian mit nur 26 Jahren vermutlich an den Spätfolgen seiner Unterarmamputation in Wolfenbüttel.

Die geografische Lage des münsterländischen Stadtlohn zeigte bereits an, wohin sich der Krieg als Nächstes verlagern sollte – gen Norden. Nach Tillys Sieg über Chris-

Justin von Nassau übergibt am 5. Juni 1625 die Schlüssel der durch die Flandrische Armee belagerten Festung Breda an den spanischen General Ambrosio Spinola, Gemälde von Diego Velázquez, 1634/35.

Johann Tserclaes Graf von Tilly
(1559–1632), zeitgenössisches
Gemälde von unbekanntem
Künstler

tian von Braunschweig stand Norddeutschland der Liga-Armee offen. Statt die Soldaten wieder in den katholischen Süden zu führen, wo ein so großes und hungriges Heer nicht gern gesehen gewesen wäre, ließ Tilly sie im östlichen Westfalen und nördlichen Hessen Quartier beziehen, nahe der Grenze zu Niedersachsen. Dort hatte man den Kriegsläuften bislang nur aus der Ferne zugesehen. Nun aber befürchteten die niedersächsischen Protestanten, dass die katholische Streitmacht nach den säkularisierten Hochstiften in Norddeutschland greifen und die Region gewaltsam rekatholisieren würde. Kaiser Ferdinand II. hatte ja mit der Entmachtung Friedrichs V. und der gesetzeswidrigen Übertragung der pfälzischen Kurwürde auf Maximilian von Bayern bereits gezeigt, dass er bereit war, die Reichsverfassung zu brechen, wenn sich die Gelegenheit zur Machtverschiebung zugunsten seiner Konfession bot.

Französische Nadelstiche

Das Jahr 1624 verging in trügerischer Ruhe. Hinter den Kulissen verstärkten sich jedoch die internationalen Bestrebungen, die Macht Habsburgs einzudämmen. In Frankreich übernahm im August ein brillanter Stratege den Posten des Staatsratsdirektors: Armand Jean du Plessis, Duc de Richelieu. Der Kardinal leitete sofort nach seinem Amtsantritt Maßnahmen in die Wege, um die aus französischer Sicht besonders gefährlichen spanischen Habsburger zu schwächen: Er verstärkte Frankreichs Bande mit Venedig und Savoyen und engte damit erneut die Spanische Straße ein.

Diese Allianz mit Norditalien sollte nur Teil eines größeren antihabsburgischen Bündnisgeflechts sein, das Richelieu für die Zukunft ins Auge fasste. Er unterstützte den seit der Niederlage von Breda nahezu bankrotten Ernst von Mansfeld mit Geld. Er streckte seine Fühler Richtung Sachsen und Brandenburg sowie zu anderen wichtigen protestantischen Reichsständen aus, die das Vorgehen des Kaisers gegen die Kurpfalz empört und beunruhigt hatte. Und er knüpfte ein neues dynastisches Band mit England. Der englische König Jakob, der gehofft hatte, den Kronprinzen Karl mit einer spanischen Prinzessin verheiraten zu können, war von Spanien düpiert worden: Der Hof in Madrid forderte, der Prinz von Wales müsse zuvor zum Katholizismus konvertieren – ein unerhörtes Ansinnen. Richelieu erkannte seine Chance und vermittelte die Eheschließung Karls mit der französischen Prinzessin Henriette.

Ein Konzert für den Dänen

Die Hochzeit seines Sohnes erlebte Jakob nicht mehr: Er starb Ende März 1625. Einen Monat später folgte ihm Prinz Moritz von Oranien. Zwei führende Verfechter der protestantischen Sache waren nicht mehr. Das mag den dänischen König Christian IV. in seinem Vorhaben bestärkt haben, sich als Streiter für den deutschen Protestantismus in den Krieg einzuschalten. Seit seinem Sieg im Kalmarkrieg gegen Schweden 1613 hatte er großes Zutrauen in seine eigenen Qualitäten als Heerführer. Wichtig war ihm zudem, Schweden als Konkurrenten um die Führungsposition unter den protestantischen Mächten auszustechen. Der schwedische König Gustav II. Adolf hatte sich ebenfalls interessiert gezeigt, als der Winterkönig Friedrich V. ihn um Unterstützung ersuchte, entschied sich 1625 aber dafür, seinen Dauerkonkurrenten Sigismund III. von Polen zu attackieren.

Um nicht als ausländischer Eroberer im Reich aufzutreten, ließ sich Christian in seiner Eigenschaft als Herzog von Holstein im April 1625 zum Kreisobristen in Niedersachsen wählen. Die niedersächsischen Kreisstände sagten ihm zu, für die Aufrechterhaltung des Landfriedens eine kleine Armee aus 10 000 Fußsoldaten und 3000 Reitern aufzustellen, waren von der Aussicht, unter Christians Führung in den Krieg zu ziehen, allerdings wenig angetan. Für sie kam lediglich eine bewaffnete Neutralität infrage. Aus eigenen Mitteln, die aus der letzten Kriegsbeute stammten, stellte der Dänenkönig noch einmal die gleiche Anzahl Soldaten und Berittene auf.

Christian trat öffentlichkeitswirksam als Beschützer Niedersachsens auf und machte doch keinen Hehl aus seiner Absicht, in Norddeutschland Ländereien – bevorzugt säkularisiertes Kirchengut, am besten ganze Bistümer – für seine Familie zu beanspruchen; die Bistümer Verden, Bremen und Osnabrück hatte er seinen Söhnen zugedacht. Obwohl die Kreisstände ihm die Zusage abgerungen hatten, mit seinen neu aufgestellten Truppen im Kreisgebiet zu bleiben, ließ er Teile seiner Armee auch jenseits der Grenzen Quartier beziehen und machte damit seine Ansprüche auf Ländereien im angrenzenden niederrheinisch-westfälischen Kreis geltend. Und als der Kaiser die Armee der Katholischen Liga ermächtigte, gegen Christian zu Felde zu ziehen, ließ dieser jeglichen Anschein eines Defensivbündnisses fallen, zog mit seinen Truppen im Juni 1625 Tillys Heer entgegen und besetzte Verden und Nienburg.

Am 19. Dezember gründeten die Vereinigten Niederlande, England, Dänemark und einige protestantische Reichsstände das Haager Konzert, auch Haager Allianz genannt, ein Bündnis mit dem Zweck, Norddeutschland mit einer gemeinsamen Armee vor Angriffen der katholischen Truppen zu schützen. Die Partner verpflichteten sich zur Zahlung von monatlich 144 000 Reichstalern für Aufbau und Unterhalt der Armee, die von

Christian IV. geführt werden sollte. Die erfahrenen Söldnertruppen Ernsts von Mansfeld sollten hinzukommen. Frankreich stellte sogar Zahlungen an Bethlen Gábor in Aussicht, den Fürsten von Siebenbürgen und alten Gegenspieler Habsburgs. Christian IV. übernahm seine Führungsrolle mit viel Selbstbewusstsein, aber ohne Unterstützung aus dem eigenen Land: Der Reichsrat in Kopenhagen war gegen die Intervention auf deutschem Boden und verweigerte dem dänischen König jegliche Steuermittel für seine Kriegspläne.

Auftritt Wallenstein

Christian IV. hatte seine Rechnung ohne einen Kriegsunternehmer ge-macht, der bereits 1620 in der Schlacht am Weißen Berg eine selbstfinan-zierte Reitertruppe aufseiten der Liga in den Kampf geschickt hatte und 1625 als Feldherr die Bühne des Dreißigjährigen Krieges betrat. Albrecht von Wallenstein war im Januar 1622 als »Gubernator des Königreichs Böhmen« eingesetzt worden. In seiner Eigenschaft als Statthalter hatte er mit harter Hand die Konfiszierung von »Rebellengütern« durchgesetzt und sich dabei selbst an protestantischem Besitz bereichert. Auch zwei vorteilhafte Heiraten hatten dem aus adliger, aber nicht begüterter Fami-lie stammenden Wallenstein so viel Geld eingebracht, dass er dem Kaiser anbieten konnte, eine Armee für ihn anzuwerben.

Kardinal Richelieu (1585–1642) auf dem Damm, den er während der Belagerung von La Rochelle 1627/28 bauen ließ, um den Zugang der Stadt zum Meer abzuriegeln, Gemälde von Henri Motte, 1881.

Für Ferdinand II. war das die Chance, sich aus der Abhängigkeit von Maximilian von Bayern und dessen Ligaheer zumindest teilweise zu befreien. Der Kaiser setzte sich über die Bedenken seiner Räte hinweg, die befürchteten, die Liga werde ein kaiserliches Militärbündnis mit einem Emporkömmling übelnehmen, und schickte Unterhändler zu Wallenstein ins mährische Nikolsburg. Im Juni 1625 verabredete man, dass Wallenstein den Oberbefehl über eine 24 000 Mann starke Armee erhalten sollte, die er selbst aufzustellen hatte. Zudem wurde er zum Herzog der Herrschaft Friedland ernannt; unter diesem Namen fasste man alle böhmischen Güter zusammen, die er in den Jahren zuvor erworben – beziehungsweise sich angeeignet – hatte. Mit seinen frisch rekrutierten Truppen sollte sich Wallenstein alsbald auf den Weg nach Niedersachsen machen und dort Tilly und das Ligaheer unterstützen.

Während Ferdinands militärische Position sich dank Wallenstein deutlich verbessert hatte, sah die Lage für Christian IV. weit weniger günstig aus, als er im Sommer 1625 mit seinen gut 20 000 Soldaten zur Weser vorrückte. Ausgerechnet jetzt flammte in Frankreich ein letztes Mal ein Aufstand der Hugenotten auf. Ludwig XIII. und Kardinal Richelieu mussten ihr Augenmerk auf die Calvinisten in La Rochelle richten, die von England militärisch unterstützt wurden, und hatten daher wenig Lust, gemeinsam mit England die Unternehmung des Dänenkönigs im Reich zu fördern. Die Vereinigten Niederlande waren mit den Folgen der Niederlage von Breda beschäftigt, und Heinrich von Oranien, Halbbruder und Nachfolger des im April verstorbenen Prinzen Moritz, saß noch nicht fest im Sattel. Als das Haager Konzert zwischen Holland, England und Dänemark Ende des Jahres 1625 gegründet wurde, war es längst nicht so stabil, wie Christian es sich erhofft hatte. Und es sollte schnell weiter erodieren.

Wallenstein indes vergrößerte seine Armee in erstaunlicher Geschwindigkeit. Die vereinbarten 24 000 Soldaten hob er bis zum Spätsommer 1625 aus, und weil kaiserliche Regimenter aus den Randgebieten des Reiches ebenfalls seinem Kommando unterstellt wurden, verfügte er zum Jahresende über die größte Armee Mitteleuropas mit mehr als 50 000 Mann.

Das dänische Desaster

Dennoch waren Christian IV. und Ernst von Mansfeld so leichtsinnig, den Kriegsgewinnler Wallenstein zu unterschätzen. Schon die Tatsache, dass sie nicht mehr nur dem von Tilly geführten Ligaheer, sondern auch noch Wallensteins riesiger Streitmacht gegenüberstanden, hätte sie bedenklich stimmen müssen. Doch Mansfeld hatte von den Alliierten des Haager Konzerts, England und Holland, reichlich Geld für neue Truppen erhalten und brannte auf neue Schlachten. Er plante, Wallensteins Hauptquartier im Bistum Magdeburg zu attackieren, während Christian IV. an der Weser vorrücken und Tillys Heer frontal angreifen sollte. Der damals schon schwerkranke »tolle Halberstädter« sollte nach Hessen ziehen und den dortigen Landgrafen Moritz als Mitstreiter gewinnen.

Keiner dieser Pläne glückte. Wallenstein war über Mansfelds Vormarsch informiert und besetzte Ende April 1626 die Dessauer Elbbrücke – teils um den aus Böhmen kommenden Proviantnachschub für seine Armee sicherzustellen, teils weil er damit rechnen konnte, dass Mansfeld an dieser Stelle den Fluss überqueren würde. Wallenstein hoffte darauf, sich mit einem Sieg über das legendäre, wenn auch zuletzt wenig erfolgreiche »Schlachtross« Mansfeld endlich einen Ruf als Feldherr zu erwerben.

Ernst von Mansfeld belagerte die Brücke mit 12 000 Mann tagelang und versuchte am Ende, den rechten Brückenkopf zu erobern. Doch gegen Wallensteins Artillerie und seine schiere Übermacht kaum er nicht an. Bei den Kämpfen an der Dessauer Brücke fielen mehrere Tausend seiner Söldner, etwa ein Drittel seiner Streitmacht. Der geschlagene Heerführer zog sich nach Nordosten zurück und versuchte, im neutralen Brandenburg frische Truppen zu rekrutieren. Im Juli zog er mit seiner so vergrößerten Armee Richtung über Schlesien nach Ungarn, um sich dort mit Bethlen

Darstellung der Schlacht an der Dessauer Brücke am 25. April 1626

Gábor zu vereinigen. Nach einigem Zögern verfolgte ihn Wallenstein, sodass es Tilly und dem Ligaheer überlassen blieb, mit Christian IV. fertigzu-
werden. In Ungarn traf Wallenstein im September auf Bethlen Gábors Armee. Der Siebenbürger Fürst schreckte jedoch vor einer Schlacht zurück,
bot einen Waffenstillstand an und zog sich zurück. Mansfeld war nunmehr
isoliert, zog mit wenigen Gefolgsleuten nach Dalmatien – vielleicht mit
dem Ziel, Verbündete in Venedig oder der Türkei zu finden – und starb am
30. November nahe Sarajevo. Auf dem Verhandlungsweg erreichte Wallenstein Ende Dezember einen Friedensschluss mit dem kriegsmüden Bethlen
Gábor, den Frieden von Pressburg.

Christian IV. versuchte nach Wallensteins Abzug gen Südosten, die
Gunst der Stunde zu nutzen und das Ligaheer zu schlagen. Doch der erfahrene Tilly machte in einer einzigen Schlacht die Hoffnungen und Expansionspläne des Dänen zunichte: Am 27. August 1626 schlug er dessen Heer
bei Lutter am Barenberge. Christian verlor nicht nur mehrere Tausend
Soldaten und sämtliche Geschütze, sondern in der Folge auch alle Ländereien, die er sich zuvor in Niedersachsen angeeignet hatte. Der König zog
sich nach Stade zurück und musste erleben, wie die Kreisstände von ihm
abfielen und mit Kaiser Ferdinand Frieden schlossen.

Stralsund als Menetekel

1626 war für die protestantischen Streiter ein schlimmes Jahr, aber 1627
wurde noch schlimmer. Was an versprengten protestantischen Truppen
östlich der Reichsgrenzen noch übrig war, etwa in Schlesien, machte
Wallenstein zügig nieder und verschaffte sich und Tilly freie Bahn für die
letzten Kämpfe des dänisch-niedersächsischen Krieges. Während Tilly
von Niedersachsen aus durch die norddeutsche Tiefebene zog, ohne auf
nennenswerten Widerstand zu stoßen, führte Wallenstein sein Heer durch
Brandenburg und Mecklenburg an die Grenzen Holsteins. Bis zum Jahresende war von Christians dänisch-norddeutschem Heer nicht mehr viel übrig. Die katholische Streitmacht hatte Mecklenburg und Pommern besetzt,
sogar das dänische Jütland. Nur die dänischen Inseln lagen außerhalb ihrer
Reichweite, da die katholischen Generäle keine Schiffe hatten, die gegen
Christians Flotte angekommen wären.

Angesichts von Christians demütigender Niederlage hätte der dänisch-
niedersächsische Krieg mit Ende des Jahres 1627 vorüber sein können. Dass
er sich noch bis 1629 hinschleppte, lag nicht zuletzt am Widerstand einer
einzelnen Stadt: Stralsund. Deren Landesherr war der Herzog von Pommern, doch die Bewohner der gut befestigten und vorteilhaft an der Ostsee
gelegenen Stadt hatten ihm einige Freiheitsrechte abgerungen und waren
nicht gewillt, diese aufzugeben, nur weil Wallenstein es verlangte. Gegen den
Befehl des Generals und ihres eigenen Herzogs verweigerten die Bürger den

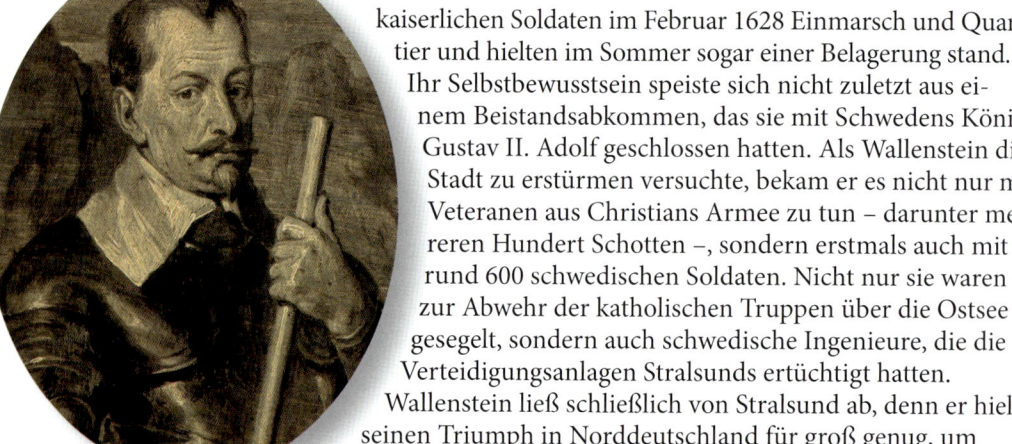

kaiserlichen Soldaten im Februar 1628 Einmarsch und Quartier und hielten im Sommer sogar einer Belagerung stand. Ihr Selbstbewusstsein speiste sich nicht zuletzt aus einem Beistandsabkommen, das sie mit Schwedens König Gustav II. Adolf geschlossen hatten. Als Wallenstein die Stadt zu erstürmen versuchte, bekam er es nicht nur mit Veteranen aus Christians Armee zu tun – darunter mehreren Hundert Schotten –, sondern erstmals auch mit rund 600 schwedischen Soldaten. Nicht nur sie waren zur Abwehr der katholischen Truppen über die Ostsee gesegelt, sondern auch schwedische Ingenieure, die die Verteidigungsanlagen Stralsunds ertüchtigt hatten. Wallenstein ließ schließlich von Stralsund ab, denn er hielt seinen Triumph in Norddeutschland für groß genug, um auf die Einnahme einer einzelnen Stadt verzichten zu können. Außerdem gab es im September 1628 bei Wolgast noch eine letzte Schlacht gegen Christian IV. zu schlagen, die das Debakel des Dänenkönigs nur vergrößerte. Doch Stralsund war ein Menetekel. Spätestens hier zeigte sich, dass Gustav Adolf nicht vorhatte, den Krieg im Reich bloß als Zuschauer zu verfolgen. Zwar wollte er Ende der 1620er-Jahre noch keinen offiziellen Krieg gegen Kaiser Ferdinand beginnen, weil er vorerst noch gegen Polen kämpfte. Doch nun, da sein großer Konkurrent Christian militärisch ausgeschaltet war, erkannte er die Chance, Schweden über kurz oder lang als führende Macht im Ostseeraum zu etablieren.

Wallensteins Griff nach den Sternen

Die Gefahr aus dem Norden kümmerte Wallenstein und Tilly noch wenig, als sie am 22. Mai 1629 mit Vertretern Christians IV. in Lübeck Frieden schlossen. Der dänische König musste sich verpflichten, sich nicht mehr in Angelegenheiten des Reiches einzumischen und den deutschen Protestanten nicht noch einmal zu Hilfe zu kommen. Die Hochstifte in Norddeutschland, auf die er sich Hoffnungen gemacht hatte, blieben ihm verwehrt. Doch davon abgesehen waren die Friedensbedingungen für den Unterlegenen gnädig. Die kaiserlich-katholische Seite verzichtete darauf, ihm Reparationen und Gebietsabtretungen abzuverlangen. Dänemark blieb territorial intakt, war aber hoch verschuldet und – bis zum Kriegsende und weit darüber hinaus – zur Bedeutungslosigkeit verurteilt.

Für seine Kriegsdienste wollte Wallenstein bezahlt werden. Die dänische Krone jedoch, die der Kaiser ihm bereits 1627 angeboten hatte, lehnte er dankend ab. Er hatte sich selbst dafür eingesetzt, Christian IV. großmütig zu behandeln und ihm seinen Thron zu lassen, weil er hoffte, Dänemark auf diese Weise als Verbündeten zu gewinnen – eine Rechnung, die aufging. »Will unterdessen mit dem andern fürlieb nehmen«, schrieb der Generalissimus an den kaiserlichen Feldmarschall Hans Georg von Arnim, »denn dies ist sicherer.« »Dies« war das Herzogtum Mecklenburg. Wenn der Kaiser sich und seinen teuren Feldherrn schon nicht an dänischen Territorien schadlos halten konnte, dann an Mecklenburg und den erneut unterlegenen protestantischen Reichsständen. Ein Opfer der kaiserlichen Vergeltungsmaßnahmen war der calvinistische Landgraf Moritz der Gelehrte von Hessen-Kassel, der – auch auf Betreiben seiner eigenen Landstände – zur Abdankung zugunsten seines Sohnes gezwungen wurde und den Erbfolgestreit um Hessen-Marburg gegen seinen lutherischen Verwandten Ludwig von Hessen-Darmstadt verlor.

Die Herzöge von Mecklenburg, Adolf Friedrich von Schwerin und Johann Albrecht von Güstrow, wurden durch ein kaiserliches Patent zur Abdankung gezwungen und Wallenstein wurde im Juni 1629 mit ihrem Land belehnt. Bereits im Vorjahr hatte Ferdinand ihn zum »General des Ozeanischen und des Baltischen Meeres« und zum Herzog von Sagan erhoben, ein Vorgang, der selbst kaisertreue katholische Reichsstände alarmieren musste. Üblicherweise blieben die Ländereien abgesetzter Herzöge in der Familie und wurden einem konkurrierenden und politisch weniger widersetzlichen Zweig zugesprochen. Territorien einfach einzuziehen und aus Opportunität einem aus der Ferne stammenden General zuzuschanzen, einem Parvenü wie Wallenstein zumal – das war beispiellos und unerhört. Das bedrohte die Grundfesten der Ständegesellschaft.

Dass Wallenstein durch den Krieg reich wurde, hätten die Reichsfürsten sicherlich hinnehmen können, auch wenn sich die Klagen über das rücksichtslose und grausame Verhalten seiner Truppen in Freundes- und Feindesland häuften. Selbst ein gesellschaftlicher Aufstieg war in Maßen akzeptabel, wenn er mit besonderen Verdiensten um Kaiser und Reich begründet werden konnte. Aber die Abfolge von Standeserhöhungen, die Wallenstein bis 1629 durchlaufen hatte – vom Ritter zum Fürsten, dann zum Herzog, schließlich zum amtierenden Herzog von Mecklenburg und damit zu einem der wichtigsten Reichsfürsten –, sprengte den Rahmen all dessen, was die ständische Gesellschaft hinzunehmen bereit war. Wo sollte der Aufstieg Wallensteins enden: etwa mit einem Kurfürstentitel? Und wenn der Kaiser ohne weitere Umstände herzogliche Territorien einzog, um sie einem Dahergelaufenen zu verleihen – wem würde er dann wohl die Kurwürde wegnehmen, die er möglicherweise Wallenstein zugedacht hatte? Insbesondere Maximilian von Bayern machte sich darüber Gedanken, der seine brandneue Kurwürde einem kaiserlichen Verfassungsbruch verdankte. Hinzu kam, dass Maximilian sich und sein Ligaheer zunehmend durch den ehrgeizigen Wallenstein abgehängt sah.

Wallensteins Zugriff auf Mecklenburg war aus Sicht der Reichsstände ein Griff nach den Sternen – nach etwas, was ihm von Rechts wegen unerreichbar hätte bleiben müssen. Doch noch schien sich der sternengläubige Generalissimus, der – wie viele seiner Zeitgenossen – große Stücke auf

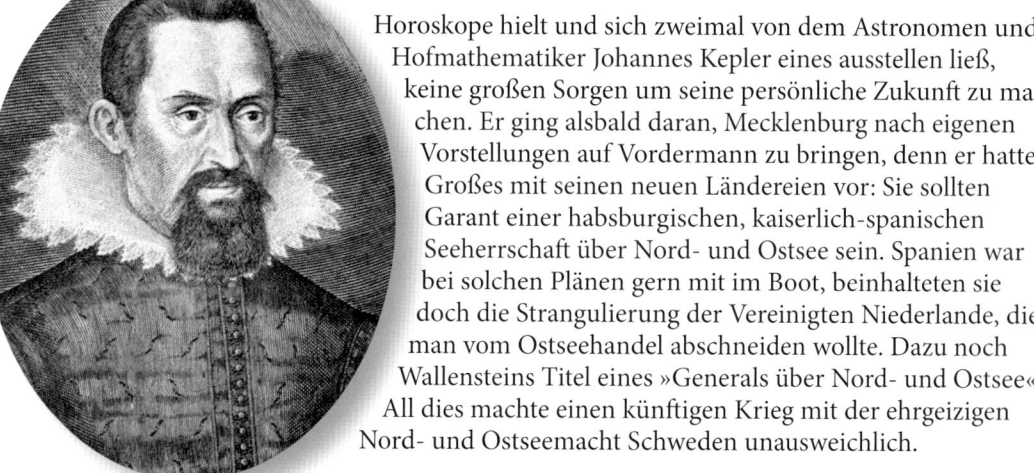

Horoskope hielt und sich zweimal von dem Astronomen und Hofmathematiker Johannes Kepler eines ausstellen ließ, keine großen Sorgen um seine persönliche Zukunft zu machen. Er ging alsbald daran, Mecklenburg nach eigenen Vorstellungen auf Vordermann zu bringen, denn er hatte Großes mit seinen neuen Ländereien vor: Sie sollten Garant einer habsburgischen, kaiserlich-spanischen Seeherrschaft über Nord- und Ostsee sein. Spanien war bei solchen Plänen gern mit im Boot, beinhalteten sie doch die Strangulierung der Vereinigten Niederlande, die man vom Ostseehandel abschneiden wollte. Dazu noch Wallensteins Titel eines »Generals über Nord- und Ostsee«: All dies machte einen künftigen Krieg mit der ehrgeizigen Nord- und Ostseemacht Schweden unausweichlich.

Johannes Kepler (1571–1630), nach einem zeitgenössischen Stich von Th. Lans

Gegenreformation mit der Brechstange

Ferdinand II. wiederholte am Ende des dänisch-niedersächsischen Krieges, was er schon nach dem böhmisch-pfälzischen getan hatte: Er kostete den Sieg der katholischen Seite bis zum Letzten aus – ohne Maß und ohne diplomatische Rücksicht –, um seine religionspolitischen Ziele zu verfolgen. Triebfeder waren die Chefideologen der Gegenreformation, allen voran die Jesuiten, denen ihr einstiger Zögling gern sein Ohr lieh. Am 6. März 1629 erließ der Kaiser sein Restitutionsedikt, das die katholische Auslegung des Augsburger Religionsfriedens in Gesetzesform goss: dass nämlich alles Kirchengut, das nach 1552 in protestantischen Besitz übergegangen war, rekatholisiert werden müsse. Adam Contzen, Beichtvater Maximilians von Bayern, brachte es auf den Punkt: »Diese Restitution sei der Zweck und die Frucht des Krieges« – und der Lohn für die blutigen Opfer der katholischen Seite.

Die religiöse Argumentation hinter dem Restitutionsedikt sah folgendermaßen aus: Bisher habe die katholische Seite aufgrund der Machtverhältnisse notgedrungen hinnehmen müssen, dass die Ketzer kirchliches Gut säkularisierten und sich in der Reichspolitik breitmachten. Aber nun, da Gott der katholischen Seite derartig glanzvolle »Victorien« geschenkt habe, wäre es eine Sünde, die protestantischen Umtriebe noch länger hinzunehmen.

Ein besonnener Kaiser hätte vielleicht eine zurückhaltende und auf Ausgleich bedachte Friedenslösung finden können; der Frieden von Lübeck zeigte ja, dass die siegreiche katholische Partei großmütig gegenüber einem unterlegenen protestantischen Herrscher sein konnte, wenn es ihr opportun schien. Doch im Umgang mit den Protestanten im eigenen Reich regierten Intoleranz und gegenreformatorischer Übereifer, sicherlich auch eine Art Goldrausch bei der Aussicht auf die Rückgewinnung ehemaliger Kloster- und Kirchengüter.

Die Jesuiten

Die Ordensgemeinschaft »Societas Jesu« wurde 1534 durch den baskischen Adligen Ignatius von Loyola gegründet. Von Anfang an waren die Jesuiten nicht als Klosterbruderschaft organisiert, weswegen die Ordensmitglieder flexibel blieben und in der Mission unabhängig agieren konnten. Die Gemeinschaft Jesu verstand sich als Erneuerungsbewegung innerhalb der katholischen Kirche und betonte die Verbindung jedes einzelnen Mitgliedes zu Jesus Christus, bei gleichzeitiger strenger Unterwerfung unter die Lehre Roms.

Die Jesuiten waren Hauptträger der Gegenreformation. In Ländern, in denen der Protestantismus Fuß gefasst hatte, gründeten sie Or-

In Anwesenheit jesuitischer Würdenträger unterzeichnet Kaiser Ferdinand II. das Restitutionsedikt, altkolorierte Federlithografie 1841.

denshäuser und leisteten von dort aus Seelsorge, Armenhilfe und Bildungsarbeit, oft unterstützt von Adligen, die weiter zum katholischen Glauben hielten. Die Jesuiten betrachteten die Rekatholisierung des Reiches als »Zweck und Frucht des Krieges«, wie es der Jesuit Adam Contzen, Beichtvater des bayerischen Herzogs Maximilian, formulierte. Protestanten galten ihnen als Häretiker, deren Irrglaube ausgelöscht werden musste.

Wo immer im Laufe des Dreißigjährigen Krieges protestantische Regionen von kaiserlich-ligistischen Truppen zurückerobert worden waren, machten sich alsbald vor allem Jesuiten ans Werk, den katholischen Glauben wieder zu etablieren. Ihre bilderbejahende und sinnenfreudige Frömmigkeit fand selbst im mehrheitlich protestantischen Böhmen Anklang – und wo nicht, half militärischer Zwang.

Vom Restitutionsedikt betroffen waren die Erzbistümer Magdeburg und Bremen sowie sieben Bistümer und 500 Klöster. Der Herzog von Württemberg verlor nahezu die Hälfte seines Territoriums, weil 50 württembergische Klöster restituiert werden mussten. Kommissare des Kaisers zogen durchs Reich, fertigten Listen des ehemaligen Kircheneigentums an und vertrieben die derzeitigen Besitzer. Daraufhin brachten sich die jüngeren Söhne katholischer Fürsten als Anwärter auf restituiertes Kirchengut in Stellung.

Die Neuauslegung des Augsburger Religionsfriedens betraf aber nicht nur territoriale Fragen. Sie erhöhte auch den Druck auf alle Reichsstände und deren Untertanen, die weder katholisch waren noch der »vngeänderten Augspurgischen Confession«, also der lutherischen, anhingen – insbesondere auf die Calvinisten – und drohte ihnen die Reichsacht an. Dasselbe galt für all diejenigen, die sich weigern sollten, das Restitutionsedikt anzuerkennen. Es legte – über alle Zweifel und Rechtsunsicherheiten, die seit 1555 bestanden hatten, hinweg – einfach fest: Die katholische Auslegung des Religionsfriedens war schon immer die einzig wahre und richtige; protestantische Interpretationen waren immer schon haltlos und unrecht. Sollten die Protestanten daran etwa noch Zweifel haben und ihre Sichtweise auch weiterhin vor Gericht vertreten wollen, solle das Reichskammergericht dies »ohne weiter disputirn« abschmettern. Schließlich hatte der Kaiser selbst als »Handhaber aller Ordnung« bereits darüber entschieden. Der Historiker Axel Gotthard hat hervorgehoben, dass Ferdinand hier ein »bedenkliches Amtsverständnis« zeigte, das bereits auf dasjenige absolutistischer Herrscher verwies. Nach diesem Herrschaftsbild stand der Kaiser nicht nur über dem Recht, sondern war selbst Ursprung des Rechts und verkörperte das Gemeinwohl.

Besonders fanatische Verfechter der Gegenreformation interpretierten das Restitutionsedikt als Freibrief, sofort alle protestantischen Geistlichen zu vertreiben; so etwa der Bischof von Augsburg, der bereits im August 1629 alle lutherischen Pfarrer aus der Reichsstadt jagte. Danach bemühten sich kaiserliche Kräfte, die bis dato zu 90 Prozent protestantische Stadt zu rekatholisieren. Der katholische Triumph schien vollkommen, aber in seiner Maßlosigkeit lag eine Gefahr, die die Sieger – wie schon 1623 – nicht sehen wollten.

Söldnerwesen auf dem Zenit

Wallenstein gilt als rücksichtslosester Vertreter der frühneuzeitlichen Feldherrenweisheit, dass der Krieg den Krieg ernähren muss. Er hatte Geld genug, eine riesige Armee zu werben und aufzustellen – teils aus eigener Tasche, teils aus Mitteln, die sein Bankier Hans de Witte ihm im Vertrauen auf Rückzahlung durch Kaiser Ferdinand lieh. Aber um ein Heer von Zigtausenden täglich zu unterhalten – mit Lebensmitteln, Waffen, Pferden, Kleidung, Werkzeug –, hätte wohl keine noch so gut gefüllte Kriegskasse ausgereicht. Selbst ein Kaiser konnte das nicht leisten. Als er 1625 gefragt wurde, ob er in der Lage sei, 20 000 Mann zu versorgen, soll Wallenstein geantwortet haben: »20 000 nicht, wohl aber 50 000.«

Das ging nur, wenn die besetzten Territorien mit Kriegssteuern belegt wurden, und je größer die Armee, desto höher der Druck. Im Juni 1625 überzeugte Wallenstein den stets um Geld verlegenen Kaiser, ein Dekret zu

Die Wenzelskrone des Königreiches Böhmen

Böhmen und das Reich

Böhmen war seit Ende des 11. Jahrhunderts eine Monarchie. Als 1526 der letzte König aus dem Haus der Jagiellonen im Krieg gegen die Türken fiel, gliederte Habsburg das Königreich Böhmen und dessen Kronländer – die Markgrafschaften Mähren, Ober- und Niederlausitz sowie das Herzogtum Schlesien – in das Heilige Römische Reich Deutscher Nation ein. Das Königreich behielt aber einen Sonderstatus innerhalb des Kaiserreichs: Es blieb sowohl ein Wahlkönigtum als auch ein stark protestantisch geprägter Ständestaat mit selbst- und machtbewussten Landständen.

Die radikalsten Verfechter der Wahlfreiheit vertraten die Ansicht, Böhmen dürfe sich einen König auch außerhalb des Hauses Habsburg wählen. De facto aber wurde die Wenzelskrone stets einem Habsburger zuerkannt. Der Kaiser konnte in Personalunion sowohl böhmischer König als auch Träger der Stefanskrone sein, also Herrscher über den kleinen Teil Ungarns, der nicht durch das Osmanische Reich besetzt war. Kaiser Matthias ließ seinen Wunschnachfolger Ferdinand bereits 1617 zum künftigen böhmischen König wählen, um die Erbfolge zu sichern. Kaiser- und Wenzelskrone übernahm Ferdinand mit Matthias' Tod 1619.

Im selben Jahr sagten Böhmen und seine Länder sich vom Habsburgerreich los. Die Unabhängigkeit währte nur bis 1620. Nach der Niederlage der böhmischen Stände und ihres »Winterkönigs« ließ Kaiser Ferdinand II. die Anführer des Aufstands hinrichten, der protestantische Adel wurde enteignet und vertrieben.

erlassen, das auch die Reichsstände und die kaiserlichen Erblande – beispielsweise Böhmen, Mähren und Schlesien – zu Kontributionszahlungen verpflichtete. Theoretisch sollten die Abgaben nur so hoch angesetzt werden, dass sie ausreichten, die katholisch-kaiserliche Armee zu versorgen, ein Freibrief für Raub sollte das Dekret nicht sein. Die Realität sah anders aus. Selbst angenommen, Kaiser Ferdinand hätte ein Ausbluten der von kaiserlichen Truppen besetzten Gebiete ernstlich unterbinden wollen: Kein Dekret – und kaum eine Strafandrohung – konnte verhindern, dass Soldaten und Offiziere sich einfach nahmen, was sie wollten.

Plünderungen waren seit den ersten Schlachten in Böhmen 1618 das Los der einfachen Bevölkerung. Ernst von Mansfeld, einer der erfahrensten und abgebrühtesten Söldnerführer des Dreißigjährigen Krieges, schrieb über seine Soldaten:

»Weder sie noch ihre Pferde können von der Luft leben. Alles, was sie haben, ob Waffen oder Kleidung, trägt sich ab. Wenn sie nachschaffen sollen, müssen sie Geld haben, und wenn es ihnen niemand gibt, werden sie es nehmen, wo sie es finden, nicht als ihnen gebührenden Teil, sondern ohne es abzuwägen oder zu zählen. Sie schonen niemanden, respektieren keinen Ort, sei er noch so heilig, weder Kirchen, Altäre, Gräber und Grüfte noch die Leichname darin.«

Das war einerseits eine nüchterne Beschreibung des typischen Söldnerverhaltens, andererseits aber auch eine Drohung an besiegte und besetzte Regionen: Was ihr uns nicht freiwillig gebt, nehmen wir uns mit Gewalt. Mansfeld befehligte nicht bloß eine Armee, sondern eine Art mobilen Staat. Mit den Soldaten zogen oft deren Frauen und Kinder; höhere Ränge hatten zudem Bedienstete – in Tillys Heer sollen es fünf Diener pro Leutnant und bis zu 18 für einen Obristen gewesen sein. Hinzu kamen Kanoniere und Knechte, die für die großen Pferdegespanne vor den Geschützen zuständig waren. Soldaten, die unterwegs plünderten und Beute machten, heuerten weitere Diener an, die ihnen das Diebesgut trugen. Bauerntöchter und Kinder, die man in der vagen Aussicht auf Lösegeld unterwegs entführt hatte, mussten ebenfalls mitziehen. Ärzte und Quacksalber, Hausierer und Marketenderinnen wie die von Bertolt Brecht verewigte »Mutter Courage«, Prostituierte, Bettler, Taschendiebe, Veteranen, Kriegskrüppel und durch den Krieg Entwurzelte jeden Alters schlossen sich den Armeen des Dreißigjährigen Krieges an – der Tross war mindestens doppelt so groß wie das eigentliche Heer. Wollte ein Söldnerführer wie Mansfeld diese Menschenmassen bei Laune halten und Meutereien und Desertionen verhindern, musste er seine Streitmacht an den Meistbietenden vermieten – und sie durch Landstriche führen, in denen es noch etwas zu holen gab. Eine zunehmend schwerere Aufgabe, je länger der Krieg dauerte.

Die Profession des berufsmäßigen Söldnerführers, des Kriegsunternehmers, war im Dreißigjährigen Krieg neu und schon deshalb erfolgreich, weil Könige und Kaiser sich die Unterhaltung großer Armeen aus eigenen Mitteln schier nicht mehr leisten konnten. Etwa 300 gewerbliche Generäle hatten im Laufe des Dreißigjährigen Krieges ihr Auskommen – und Wallenstein, dem es gleich zweimal gelang, große Heere aufzustellen, war sicherlich der erfolgreichste von ihnen, militärisch wie unternehmerisch. Belehnte Kaiser Ferdinand II. seinen Generalissimus mit dem Herzogtum Mecklenburg, vertiefte er einerseits das beiderseitige Treueverhältnis, gab dem Heerführer damit aber auch die Mittel an die Hand, erneut Soldaten zu werben. Zwar war Mecklenburg in bare Münze umgerechnet nicht sonderlich wertvoll, doch Wallensteins Bankier akzeptierte diese Art der Sicherheit, weil er auf die Kreditwürdigkeit des Kaisers baute.

Die Landsknechte, wie die Piken tragenden Fußsoldaten des Dreißigjährigen Krieges genannt wurden, bildeten internationale und bunt gemischte Truppen. Längst nicht alle Söldner in den kaiserlichen Armeen waren katholisch – und längst nicht alle, die für Ernst von Mansfeld, Christian von Braunschweig oder Gustav II. Adolf stritten, waren evangelisch. Zudem gab es kaiserliche Regimenter, in denen nur ein Bruchteil der Soldaten Deutsche waren, in süddeutschen Truppen zogen oftmals Italiener, Spanier, Polen, Ungarn, Kroaten, manchmal auch Türken mit. Viele Männer aus den armen Voralpengebieten versuchten ihr Glück

Das Massengrab von Wittstock

Warum wurden gerade diese 125 Soldaten vergleichsweise ordentlich in einer sechs mal 3,50 Meter großen Grube bestattet? Warum wurden bei Wittstock keine weiteren Massengräber gefunden, obwohl in der Schlacht am 4. Oktober 1636 doch 6000, vielleicht sogar 8000 Infanteristen und Reiter gefallen sind? Der Grabfund wirft Fragen auf, lässt aber auch viele Rückschlüsse auf das Soldatenleben im Dreißigjährigen Krieg zu.

Interessant ist etwa die Herkunft der Männer, die mit durchschnittlich 28 Jahren ihr Leben auf dem Schlachtfeld bei Wittstock ließen:

Archäologen bei den Ausgrabungen in Wittstock, 2007

Mindestens elf der 125 stammten aus Schottland, vielleicht sogar 44. Mithilfe von Analysen des Zahnschmelzes konnten Forscher zwei der Toten als Finnen, sechs als Letten und zwei als Schweden identifizieren. Der größte bei Wittstock gefundene Soldat maß 1,82 Meter, im Durchschnitt waren die Männer 1,70 Meter groß.

Bei der Erforschung des Grabes arbeiten Wissenschaftler verschiedener Disziplinen zusammen. Noch sind nicht alle Rätsel gelöst; mit der Rekonstruktion des Aussehens der Soldaten etwa haben die Forscher gerade erst begonnen. Als das Grab 2007 bei Bauarbeiten entdeckt wurde, war es der erste Fund seiner Art. Reguläre Bestattungen von Soldaten waren im Dreißigjährigen Krieg offenbar die Ausnahme. 2011 fanden Archäologen bei Lützen ein Grab mit den Überresten von 47 Männern. Doch üblicherweise blieben die Leichen Gefallener wohl einfach liegen, wurden verbrannt oder in Straßengräben verscharrt.

in der Armee. Neben Dänen, Schweden, Finnen, Norwegern und Balten kamen auch Engländer, Schotten und Iren zum Kämpfen ins Reich. Zu den prominentesten Kriegsteilnehmern von den Britischen Inseln gehörten Robert Monro, schottischer Kommandeur eines schwedischen Regiments, der über Jahre ein aufschlussreiches Kriegstagebuch führte, und Walter Butler of Roscrea, der einer irischen Adelsfamilie angehörte und Oberst unter Wallenstein war. Seine Rolle bei der Ermordung des Generalissimus hat Schiller in »Wallensteins Tod« drastisch geschildert.

Einen Einblick in das Leben und Sterben der Landsknechte gibt ein archäologischer Fund bei Wittstock an der Dosse. Dort wurde 2007 ein Massengrab mit den Überresten von 125 Soldaten entdeckt, die bei einer der blutigsten Schlachten des Dreißigjährigen Krieges am 4. Oktober 1636

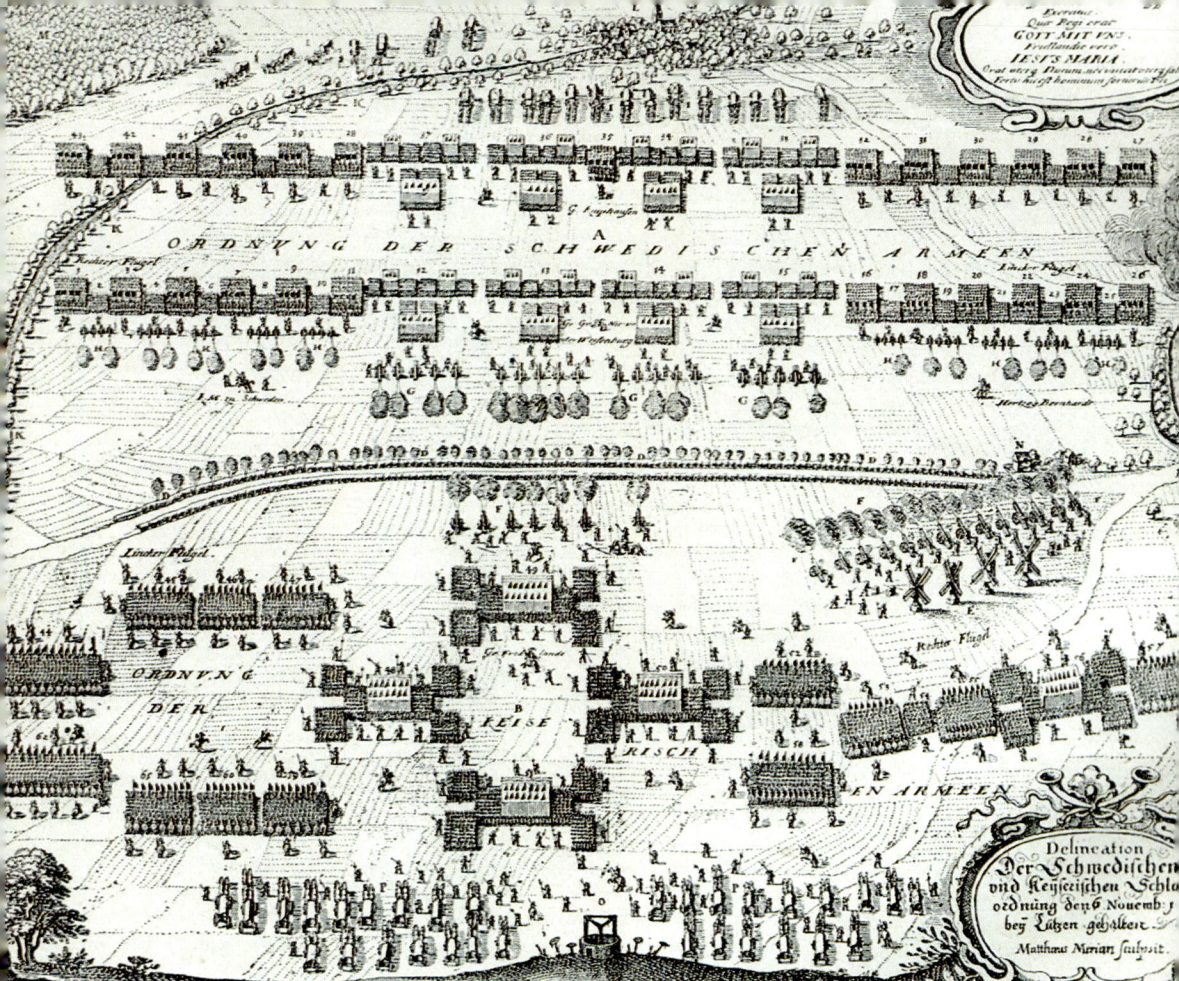

umgekommen waren. Die Skelette aus dem Massengrab weisen nicht nur
grauenvolle Verletzungen auf – die Schädel von Hellebarden gespalten oder
von Pferdehufen zertrümmert, Gliedmaßen von Bleikugeln zersplittert –, sie
verraten auch, dass die meisten der hier gefallenen Soldaten in ihrer Kind-
heit und Jugend unterernährt gewesen waren. Als Söldner hingegen wurden
sie offenbar mit Milchprodukten, Fleisch und Eiern gut versorgt, zweifellos
auf Kosten der Zivilbevölkerung. Die langen Märsche hatten die Knochen
der Männer sichtlich abgenutzt, die Soldaten litten an Entzündungen, Karies
und Parasitenbefall, jedes zehnte Skelett wies Anzeichen einer fortgeschritte-
nen Syphilis auf. Dass mehr Soldaten an Seuchen und ansteckenden Krankheiten starben als durch die Kampfhandlungen, ist sicher; es ist allerdings
keine Besonderheit des Dreißigjährigen Krieges. Zwischen 1861 und 1865
fielen insgesamt rund 200 000 Männer und Jungen auf den Schlachtfeldern
des Amerikanischen Bürgerkrieges. Mehr als doppelt so viele Bürgerkriegs-
soldaten starben an Krankheiten und Seuchen.

Waffen und Kriegstechnik »modernisierten« sich im Laufe des Krieges.
Vorderlader waren bereits seit 1500 bekannt und wurden auf allen Seiten
eingesetzt, allerdings waren sie so schwer und feuerten so ungenau, dass
sie die Hieb- und Stichwaffen der Infanterie – Piken, Hellebarden und
verschiedenste Klingen – nicht ersetzen konnten. Die Schweden brachten

Musketen mit, die nur halb so schwer waren wie die alten Vorderlader, und setzten diese neuen Waffen auch viel flexibler ein. Gustav Adolf ließ seine Musketiere todbringende Salven abfeuern und bildete vergleichsweise kleine und bewegliche Viereck-Formationen, sogenannte Schwadronen. Durch eine Verkleinerung in der räumlichen Tiefe der nur noch in sechs bis zehn Reihen aufgestellten Linienformation konnte der Truppenkörper auf dem Schlachtfeld extrem verbreitert werden. Das war eine echte Modernisierung, richtungsweisend für die Schlachten der Neuzeit.

»Modernere« Waffen, ja. Aber ein moderner Krieg? Einige Züge des Dreißigjährigen Krieges sind in der Tat erschreckend zeitlos. Die Warlords, die ihre Soldateska demjenigen anbieten, der am besten zahlt – es gibt sie noch heute, in Afrika, im Nahen Osten. Die unheilvolle Verbindung von Machtpolitik und Religionskonflikt ist ebenfalls keine Erfindung des 20. oder 21. Jahrhunderts. Und auch wenn der Dreißigjährige Krieg kein Stellvertreterkrieg war, wie sie in den vergangenen Jahrzehnten geführt wurden und werden – in Afghanistan, Irak und Iran, im Jemen –, wurden die Armeen zwischen 1618 und 1648 zu einem großen Teil mit ausländischem Geld bezahlt. Auf dem Gebiet des Heiligen Römischen Reiches wurden Schlachten geschlagen, die nicht zuletzt die Größe und Stärke anderer Reiche – Frankreich, Spanien, Dänemark, Schweden – mehren sollten. Und noch ein Übel gibt es seit Jahrhunderten: Waffenstillstände, die nicht halten, und Friedensschwüre, die gebrochen werden.

»Modernität« des Dreißigjährigen Krieges?

Als »ersten modernen Krieg« haben Historiker schon verschiedene Konflikte bezeichnet, etwa den Amerikanischen Bürgerkrieg oder den Ersten Weltkrieg. Maßstab für »Modernität« sind bei solchen Einordnungen oft der Einsatz maschineller Waffensysteme oder die Allgegenwart von massenmedialer Propaganda und Kriegsberichterstattung. Peter Milger hat 1998 den Dreißigjährigen Krieg als ersten modernen Krieg tituliert, da sich unweigerlich »Vergleiche mit den jüngeren Kriegen in Bosnien und Afrika« aufdrängten, »Elendsbilder, Schicksale, Motive, Propaganda, das Schachern bei den Friedenskonferenzen«. Diese Schlagworte sprechen aber wohl weniger für die Modernität des »teutschen Krieges« als für die Zeitlosigkeit des Leidens im Krieg und am Krieg.

Herfried Münkler bemerkte nach der Jahrtausendwende, dass der Dreißigjährige Krieg »ein angemessenes Analysemodell für viele Aspekte der gegenwärtigen Krise sein könnte, zum Beispiel durch die Verbindung von Hegemonial- mit Religionskonflikten, dazu die Warlords, die von außen kommende Kriegsfinanzierung, die Dauer des Krieges«. Typisch für heutige Kriege - ob in Nahost oder Afrika - scheint zu sein, dass sie mit wechselnden Fronten und Allianzen ausgetragen werden; auch das erinnert an die erste Hälfte des 17. Jahrhunderts. Modern im Sinne von »beispiellos und beispielgebend« war aber nicht der Krieg ab 1618; das waren die internationalen Friedensverhandlungen und der multilaterale Friedensschluss 1648.

Der schwedische Krieg

1630 bis 1635

Mit dem Frieden von Lübeck und dem Restitutionsedikt 1629 hatte die kaiserliche Macht Ferdinands II. ihren Zenit erreicht. Ähnlich wie nach dem böhmisch-pfälzischen Krieg gab es einen klaren Sieger und geschwächte, entmutigte Verlierer im In- und Ausland; ähnlich wie damals hätte der Krieg an dieser Stelle enden können. Doch gerade die Machtfülle des Kaisers wurde innenpolitisch zu seinem größten Problem – und im Norden, Süden und Westen Europas gab es Entwicklungen, die Ferdinand das Leben schwerer machten und den Krieg neu anheizten.

Kaiser als Bettelmann

1630 ließ Ferdinand II. einen Kurfürstentag in Regensburg einberufen. Dem Gremium, das den vor dem Krieg gescheiterten Reichstag ersetzen sollte, hatte der Kaiser im Grunde nur eine einzige Aufgabe zugedacht: Es sollte seinen Sohn Ferdinand zum römischen König wählen und damit zum unmittelbaren Anwärter auf den Kaiserthron. Zu Friedenszeiten wären die Kurfürsten diesem Wunsch vielleicht nachgekommen. Aber 1630 befand man sich nicht nur im Krieg, sondern zudem im sechsten Jahr des Generalats Wallensteins und im ersten Jahr des Restitutionsedikts, das die protestantischen Reichsstände in scharfe Opposition zum Kaiser trieb. Folgerichtig nahmen die beiden verbleibenden evangelischen Kurfürsten nicht an der Versammlung in Regensburg teil und entschuldigten sich mit Verweis auf das Edikt. Nur die katholischen Kurfürsten – Maximilian von Bayern und die drei Erzbischöfe von Mainz, Köln und Trier – waren versammelt. Immerhin aber wurde der Kurfürstentag auch zu einem internationalen Diplomatentreffen: Ein Gesandter des Papstes war ebenso vertreten wie Delegationen aus Frankreich, England, Venedig, der Toskana und Spanien.

Die Kurfürsten, insbesondere Maximilian, zögerten nicht, dem Kaiser ihren Unmut über den Generalissimus Wallenstein vorzutragen. Seit Beginn des dänisch-niedersächsischen Krieges war es ihnen ein Dorn im Auge, dass dessen riesiges Heer nahezu unterschiedslos Freundes- wie Feindesland ausplünderte, da dieser Feldherr die Devise, dass der Krieg den Krieg ernähren müsse, wie kein Zweiter verinnerlicht hatte. Der Friedländer ging dabei nach seinem eigenen Kriegsrecht vor und nahm keine Rücksicht auf das Herrschaftsgefüge in den Landstrichen, durch die seine Truppen zogen. Die ortsansässige Obrigkeit vom Bürgermeister bis zum Fürsten hatte kein Mitspracherecht, wenn Wallenstein Lebensmittel für seine Soldaten requirierte oder Quartier bezog. Maximilian von Bayern hatte sich schon 1629 beim Kaiser über den »ungezaumbten, schedlichen Mutwillen« beschwert, mit dem Wallensteins Söldner auch in katholischen Regionen auftraten.

Der Mantuanische Erbfolgestreit

Im Dezember 1627 starb mit Vincenzo II. der letzte Vertreter der Hauptlinie des Fürstenhauses Gonzaga, das seit dem 14. Jahrhundert im Herzogtum Mantua geherrscht hatte. Nach dem Erlöschen der Linie erhoben drei Parteien Anspruch auf das Erbe: Karl von Gonzaga-Nevers, der von Frankreich unterstützt wurde, Herzog Karl Emmanuel von Savoyen, den Spanien favorisierte, sowie Ferrante II. Gonzaga, Herzog von Guastalla, der sich den Rückhalt Kaiser Ferdinands II. sicherte.

Der Krieg zwischen den drei Prätendenten und ihren Unterstützern dauerte von 1628 bis 1631. Im Zentrum stand zunächst die wichtige Festung Casale in dem mit Mantua verbundenen Monferrat. Frankreich besetzte sie und zwang Emmanuel von Savoyen, seine Ansprüche auf das Monferrat aufzugeben. Daraufhin sandte Spanien Truppen aus, um Casale zu erobern. Als auch noch Truppen Wallensteins heranrückten, welche die Stadt Mantua Mitte Juli 1630 verwüsteten, schickte Richelieu weitere Streitkräfte nach Norditalien.

Im Herbst dieses Jahres handelten Richelieus Diplomaten mit beiden Gegnern, die sich den Militäreinsatz vor Ort auf Dauer nicht leisten konnten, Truppenabzüge und Friedensverträge aus. Frankreich behielt Casale, Karl von Nevers wurde Herzog von Mantua, musste jedoch auf Teile des Monferrats verzichten, mit denen Emmanuels Nachfolger Viktor Amadeus abgefunden wurde. Ferrante II. ging leer aus. Habsburg empfand den Ausgang des Erbfolgestreits als Niederlage und Prestigeverlust.

Der neue Herzog von Mantua, Karl I. von Nevers (1580–1637), zeitgenössischer Kupferstich

Noch bedenklicher schien den Kurfürsten aber die angeblich fürstenfeindliche Haltung des Emporkömmlings. Es wurde kolportiert, er habe verkündet, die Kurfürsten »Mores lehren zu wollen« – sie sollten dem Kaiser untergeben sein und nicht etwa umgekehrt. Daraus folge, dass Ferdinand seinem Vater selbstverständlich auf den Kaiserthron folgen müsse, das »bedurff der Wahl nit«, habe Wallenstein zu diesem Thema öffentlich geäußert. Das war ein direkter Angriff auf die fürstliche Libertät. Dass der Kaiser seinem General nicht Einhalt gebot, dass er ihn wieder und wieder beförderte, ihn mit Mecklenburg belehnt und sich militärisch in seine Abhängigkeit begeben hatte, statt sich einzig auf das treue und bewährte Ligaheer zu stützen – all das kreideten die Kurfürsten Ferdinand II. an.

Und auch mit der Außenpolitik des Kaisers war man nicht einverstanden. Argwöhnisch beobachtete man den Schulterschluss Ferdinands mit den spanischen Habsburgern und fürchtete, das Reich werde von Spanien in den Krieg gegen die Vereinigten Niederlande hineingezogen. Auch in den Mantuanischen Erbfolgestreit hatte sich Ferdinand ja bereits eingeschaltet, ohne die Kurfürsten zu konsultieren, und Teile des kaiserlichen Heers von Norddeutschland nach Norditalien verlegt. In diesem Fall kämpften die kaiserlichen Truppen zwar nicht an der Seite Spaniens, da der Kaiser einen anderen Anwärter auf das Herzogtum Mantua unterstützte als seine spanischen Vettern, aber dass sie gar nicht erst gefragt wurden, wenn der Kaiser einen Kriegszug im Ausland plante – das brachte die Kurfürsten in Rage. Denn eine »Wahlkapitulation« – eine Art Mitbestimmungsgesetz – besagte, dass der Kaiser »on furwissen rat und bewilligen« der Kurfürsten keinen Krieg, ob inner- oder außerhalb des Reiches, »anfahen oder unternemen« dürfe.

Auf dem Kurfürstentag fand sich der Kaiser unversehens in der Rolle des Bettelmanns wieder, denn die Einberufenen dachten gar nicht daran, sich zur Königswahl nötigen zu lassen. Sie stellten zwei gravierende Bedingungen: Erstens müsse das kaiserliche Heer stark verkleinert und zweitens Wallenstein entlassen werden. Die Kurfürsten trugen ihre Forderungen äußerst selbstbewusst vor und machten deutlich, dass sie nicht gewillt waren, dem Kaiser Eigenmächtigkeiten in der Kriegführung, der Bündnispolitik und anderen wichtigen reichspolitischen Fragen durchgehen zu lassen. Gegen die frühabsolutistischen Machtansprüche, wie Ferdinand sie im Restitutionsedikt formuliert hatte – der Kaiser als Quelle allen Rechts, als Verkörperung des Gemeinwohls, als alleiniger Herr über Krieg und Frieden –, setzten die Fürsten nachdrücklich ihren Anspruch auf Mitbestimmung und Libertät.

Und hatten damit Erfolg: Am 13. August 1630 gab Ferdinand nach, trotz seiner militärischen Triumphe und dem machtvoll durchgesetzten Restitutionsedikt. Dem Kaiser war offenbar bewusst, dass ebendieses Edikt ihm viele neue Gegner beschert hatte. Der mächtigste von ihnen innerhalb des Reiches war Kurfürst Johann Georg von Sachsen. Bisher hatte der lutherische Dresdner immer zum Kaiser gehalten und sich von der Protestantischen Union ebenso distanziert wie von dem ihm verhassten calvinistischen Abenteurer Friedrich V. Mit seiner Absage an den Regensburger Kurfürstentag jedoch machte er deutlich, dass er seine Allianzen neu überdachte. Ferdinand muss spätestens auf dem Kurfürstentag zudem bewusst geworden sein, wie sehr er selbst die treuesten seiner katholischen Bündnispartner verärgert hatte. Auf die Liga und ihr Heer konnte er nicht verzichten, wenn er seine Macht sichern und ausbauen wollte, auf den Generalissimus Wallenstein hingegen schon – jedenfalls während der vergleichsweise friedlichen Phase nach dem Ende des dänisch-niedersächsischen Krieges.

Ludwig XIII. (1601–1643), Gemälde von Philippe de Champaigne (Auschnitt), 1635

Obwohl die Kurfürsten die Wahl von Ferdinands Sohn zum römischen König weiterhin ablehnten, setzten sie ihre Forderungen durch. Wallenstein wurde entlassen. Fortan führte Tilly nicht nur die 20 000 Soldaten der Liga, sondern auch 40 000 Mann des kaiserlichen Heeres. Zudem beendete Ferdinand das militärische Abenteuer im Süden, das die Kurfürsten so erbost hatte: Noch auf dem Kurfürstentag handelte er mit den französischen Gesandten aus, dass sich seine Truppen aus dem Mantuanischen Erbfolgekrieg zurückziehen würden und das Reich den von Frankreich favorisierten Anwärter auf das Herzogtum Mantua, Karl von Nevers, anerkennen werde. Im Gegenzug versprachen die Diplomaten die Nichteinmischung Frankreichs in Reichsangelegenheiten – eine Zusage, an die sich König Ludwig XIII. allerdings nicht gebunden fühlte: Er ratifizierte das Abkommen einfach nicht. Frankreich konnte sich Ende der 1620er-Jahre verstärkt in den Krieg einschalten und dem allzu mächtig gewordenen Kaiser Knüppel zwischen die Beine werfen. Das »Hugenottenproblem« Ludwigs XIII. war endgültig gelöst: Die ausgehungerte Festung La Rochelle kapitulierte 1628 und im Jahr darauf wurden die letzten Refugien der Hugenotten in Frankreich ausgeschaltet. Ebenfalls 1629 vermittelte Kardinal Richelieu im Norden Europas einen Friedensschluss, der dem Dreißigjährigen Krieg eine neue Wendung geben sollte. Das zähe Ringen zwischen den Kriegsgegnern Polen und Schweden endete dank der französischen Diplomatie mit dem Waffenstillstand von Altmark. Schweden profitierte ganz erheblich von dem Abkommen, vor allem dank der ihm zugesprochenen Zolleinnahmen in Ostseehäfen wie Libau, Windau und insbesondere Danzig, und konnte sich nach dem verlustreichen Krieg finanziell wieder erholen. Damit hatte König Gustav II. Adolf endlich die Hände frei, um in den Krieg im Heiligen Römischen Reich einzugreifen.

74

Gustav Adolf landet

Spätestens seit dem Waffenstillstand von
Altmark bereitete der schwedische König
sein Volk auf einen Krieg mit dem Reich
vor. Dazu gehörte eine sorgfältige religiöse
und moralische Ertüchtigung. In der schwedischen Verfassung war festgelegt, dass der
König zur Verteidigung des evangelischen
Glaubens verpflichtet war. Dieser Passus
hatte Gustav Adolf bereits zur Rechtfer-
tigung des Krieges gegen Polen gedient,
dessen König Sigismund III. zwar ebenfalls
ein Spross der Wasa-Dynastie war, aber
eben ein katholischer. In den 1620er-Jahren
waren schwedische Pfarrer angehalten, ihre
Gemeinden bei jeder sich bietenden Gelegenheit an die unter religiöser Verfolgung
leidenden Protestanten in anderen Teilen
Europas zu erinnern. Es gelte, die Glaubensbrüder von der kaiserlichen, jesuitischen
und spanischen Tyrannei zu befreien. Die
Gegenreformation im Reich wurde als reale

Gustav II. Adolf (1594–1632)
im polnischen Rock, Gemälde
von Matthäus Merian d.Ä.,
um 1632

Bedrohung für Schweden und dessen lutherische Staatsreligion dargestellt.
Man müsse präventiv angreifen, ehe kaiserliche Truppen ihrerseits Schweden überfielen, lautete die Botschaft. Wenn der Krieg schon unvermeidlich
war, focht man ihn besser auf deutschem als auf schwedischem Boden aus.

Gustav Adolf ließ seine Kriegsgründe im Juli 1630 sogar in einem in
fünf Sprachen abgefassten Manifest in Europa verbreiten. Darin verwies er
auf die Aggression Wallensteins gegen Stralsund, das sich daraufhin unter
schwedischen Schutz begeben hatte, auf die Drangsalierung schwedischer
Kaufleute durch dessen Truppen und auf das Generalat über Nord- und
Ostsee, das der Kaiser an Wallenstein vergeben hatte. Zudem habe Ferdinand II. den vormaligen Kriegsgegner Polen unterstützt. Schweden sei
ergo bedroht und der König daher gezwungen, den Krieg zu eröffnen.

Am 6. Juli 1630 landete Gustav Adolf mit einer eher bescheidenen
Streitmacht von 10 000 Infanteristen und 3000 Kavalleristen auf der Insel
Usedom, setzte ungehindert aufs Festland über und nahm einen Landstrei-
fen in Hinterpommern in Besitz. Dem friedfertigen Herzog von Pommern,
Bogislaw, zwang der Schwedenkönig ein Schutzbündnis auf und kündigte
an, Pommern als Pfand zu behalten. Ausgehend von Stettin als Brückenkopf auf dem europäischen Festland drang die zwar kleine, aber sehr
erfolgreiche Expeditionsstreitmacht Gustav Adolfs bis Anfang 1631 bis
Mecklenburg und Brandenburg vor.

Dass die Schweden so rasch vorankamen, hatte mit dem Mantuanischen Erbfolgestreit zu tun. Wegen dieses Krieges war nicht nur ein großer Teil der kaiserlichen Armee nach Norditalien verlegt worden, auch die Spanier hatten Truppen aus den Niederlanden dorthin geschickt und stellten nun fest, dass ihre Streitkräfte nirgendwo stark genug waren, um sich durchsetzen zu können. Während die Schweden weiter vorrückten, verhandelten die katholischen Kurfürsten in Regensburg über Wallensteins Entlassung. Die Bedrohung aus dem hohen Norden hielt sie nicht davon ab, auf die Abberufung des verhassten Generalissimus zu pochen – wohl auch deshalb, weil sie die schwedische Gefahr unterschätzten. Die kaiserlichen Truppen an der Ostseeküste waren zwar dezimiert, aber dem schwedischen Heer zahlenmäßig immer noch überlegen. Der fast immer siegreiche Tilly werde mit den Invasoren schon fertig, glaubte man. Außerdem schadete das Auftauchen Gustav Adolfs und seines kleinen Heeres im Nordosten zunächst vor allem dem Herzog von Mecklenburg, Albrecht von Wallenstein. Und das konnte den Kurfürsten nur recht sein.

Gustav Adolf verbuchte derweil nicht nur militärische, sondern auch diplomatische und finanzielle Erfolge. Im Vertrag von Bärwalde verpflichtete sich Frankreich im Januar 1631, jährlich 400 000 Reichstaler an Schweden zu zahlen. Darin inbegriffen war die teilweise Kostenübernahme für ein von Gustav Adolf geführtes Heer von nunmehr schon 30 000 Fußsoldaten und 6000 Reitern. Im Gegenzug versprach der schwedische König den Katholiken im Reich Religionsfreiheit und verpflichtete sich, den bayerischen Herzog Maximilian, mit dem Richelieu kooperierte, und dessen Territorien unbehelligt zu lassen. Gustav Adolf war umsichtig genug, diesen Vertrag zu veröffentlichen. Damit stellte er einerseits seinen katholischen Vertragspartner Richelieu bloß und unterband dessen liebste Kriegslist, das Ränkeschmieden im Geheimen, andererseits vermied er, selbst als Marionette Frankreichs dazustehen. Der Kardinal nahm die unwillkommene Offenheit seines Vertragspartners notgedrungen hin. Er war überzeugt, den neuen Kampfgeist, den Gustav Adolf insbesondere den norddeutschen Protestanten eingab, ganz und gar für seine Zwecke und gegen Habsburg nutzen zu können.

Weniger erfolgreich war der schwedische Herrscher, wenn es darum ging, Bündnispartner im Reich zu gewinnen. Dass sich der »Winterkönig« Friedrich V. in seinem niederländischen Exil für den schwedischen Vormarsch begeisterte, ebenso wie die zugunsten Wallensteins abgesetzten Herzöge von Mecklenburg und ein paar verzweifelte Opfer des kaiserlichen Restitutionsedikts, war zu erwarten gewesen, brachte Gustav Adolf aber nicht viel ein. Derart Entmachtete und Mittellose konnten nicht nennenswert zu seinem Kriegszug beitragen – und bei den verbliebenen protestantischen Fürsten mit Macht und Geld verfing die schwedische Propaganda vom Beistand für die bedrängten Glaubensbrüder dagegen kaum. Sie sahen in Gustav Adolf weniger den Retter der evange-

lischen Sache – den »Löwen aus Mitternacht«, wie er in feurigen Flugschriften genannt wurde – als vielmehr den Eroberer aus dem Ausland,
dem es vielleicht um die Stärkung des Protestantismus, vor allem aber
um den eigenen Machtgewinn ging.

Der Löwe aus Mitternacht

»Gustav Adolf, der Löwe von Mitternacht« – nüchtern betrachtet liegt diese Bezeichnung ziemlich nahe: Denn zum einen ist der Löwe das Wappentier Schwedens und zum anderen ist »Mitternacht« nichts anderes als eine alternative Bezeichnung für den Norden – so wie Mittag (im Französischen »le Midi«) für den Süden. Doch die geheimnis- und verheißungsvolle Aura dieses Beinamens werden auch Gustav Adolfs Zeitgenossen empfunden haben. Der Löwe war nicht nur ein heraldisches, sondern auch ein biblisches und vor allem königliches Tier: ein reißendes, Furcht einflößendes Raubtier für seine Gegner, ein machtvoller Beschützer seiner Verbündeten.

Die Bezeichnung »Löwe aus Mitternacht« war weit verbreitet und populär. 1632 stimmten der Lieddichter Johann Vogel und der Nürnberger Organist Johann Staden eine Elegie auf den König an: »Wie? Ist der Held in Israel gefallen, der große Löw vom Wald aus Mitternacht?«, heißt es darin. Und noch 1634, zwei Jahre nach dem Tod des »Löwen«, veröffentlichte der Rothenburger Kantor Erasmus Widmann den Heldengesang »Gustav, der König in Schweden«: »Gustavus führte seine Heere / Von Mitternacht über Meere, / Sein'm Feind entgegenzoh: / Sein Cavallieri nicht weichten, / Sein Soldatesca desgleichen / Vorm Feinde gar nicht floh. / Gustav sein Blut mit Löwenmut / Satzt selbst hinan, war vornen dran: / Erhielt löblich Victoriam und Gloriam, / Victoriam, Victoriam und Gloriam.«

Mit gezücktem Schwert springt der »Löwe von Mitternacht« und gefeierte Retter des Protestantismus Gustav II. Adolf von Bord, Flugblatt von 1631.

Andererseits griff mit dem schwedischen König endlich ein Protestant in den Krieg ein, der neben Charisma, Führungsstärke und strategischem Geschick auch ein wachsendes Heer und – nicht zuletzt dank der Zahlungen aus dem katholischen Frankreich – die Mittel besaß, dem Krieg möglicherweise eine entscheidende Wendung zu geben. Scheiterte Gustav Adolf jedoch, würden seine deutschen Verbündeten es bitter zu büßen haben. Vorerst hielten es die führenden protestantischen Reichsstände, allen voran die beiden Kurfürsten in Sachsen und Brandenburg, für die klügste Variante, Neutralität zu üben.

Verlorene Friedensmüh

Johann Georg von Sachsen wollte allerdings nicht einfach nur zuschauen und abwarten, wie der Krieg sich entwickelte. Zehn Jahre nach dem unrühmlichen Scheitern der Protestantischen Union wählte er den Mittelweg zwischen deutschem Kaiser und schwedischem König und lud die evangelischen Reichsstände im Februar 1631 zu einem Protestantenkonvent nach Leipzig ein. Rund zwei Monate dauerte die Tagung, dann veröffentlichten die evangelischen Fürsten ihre Beschlüsse: Die katholische Seite müsse sich zu Friedensverhandlungen bereit erklären, damit ausländische Mächte nicht immer stärkeren Einfluss gewännen. Um zu beweisen, dass man nicht mit Gustav Adolf paktieren wolle, beschloss man die Aufstellung eines eigenen, 40 000 Mann starken Heeres, das protestantische Territorien vor den Übergriffen katholischer Truppen schützen sollte. Johann Georg warb dafür sogar einen der besten Offiziere Wallensteins an, den Protestanten und gebürtigen Brandenburger Hans Georg von Arnim.

Am 4. April schickte der sächsische Kurfürst eine Abschlusserklärung des Konvents an den Kaiser. Falls Ferdinand das Restitutionsedikt rückgängig mache, würden die Protestanten – allen voran die Kurfürsten von Sachsen und Brandenburg – ihn auch militärisch unterstützen. Wenn nicht, dann sei Neutralität für sie keine Option mehr und sie würden sich wohl auf die Seite Gustav Adolfs schlagen, kündigten die Verfasser kaum verhohlen an: Denn der Kaiser könne nicht erwarten, dass sie sich tatenlos zwischen seiner Armee und der Gustav Adolfs zerreiben lassen würden.

Dieser Versuch der protestantischen Reichsstände, die weitere Eskalation des Krieges zu stoppen, einen deutschen Friedensschluss herbei-

Hans Georg von Arnim (1583–1641), zeitgenössischer Kupferstich

zuführen, folgenschwere Interventionen aus dem Ausland zu verhindern und sich sowohl vor sich selbst als auch vor der Außenwelt als selbst- und machtbewusste Partei zu inszenieren, kam allerdings zu spät – und die Protestanten waren zu schwach, um dem immer schneller rollenden Streitwagen in die Speichen zu greifen. Auch eine konfessionsübergreifende Versammlung im Herbst 1631 in Frankfurt am Main konnte nichts ausrichten. Katholische und protestantische Reichsstände loteten auf diesem Konvent Einigungschancen aus. Doch die katholische Seite verließ die Versammlung vorzeitig, nicht zuletzt wegen des bedrohlichen schwedischen Vormarsches.

Die zaghaften Schritte auf der Suche nach einem reichsinternen Weg zum Frieden führten also nicht weit, diese Chance war 1623 und erneut 1629 vertan worden. Aber immerhin zeigten die verspäteten Initiativen, dass die Fürsten beider Konfessionen zur Verhandlung bereit waren, auch oder gerade ohne den Kaiser, dessen Schwäche auf dem Kurfürstentag 1630 offenbar geworden war. Es gab ein Machtvakuum, das auch Maximilian von Bayern nicht verborgen blieb: Er schloss an Ferdinand vorbei einen geheimen Vertrag mit Frankreich, in dem sich die Parteien zu acht Jahren gegenseitigem Beistand verpflichteten. Zudem erkannte Frankreich Maximilians im böhmisch-pfälzischen Krieg erbeutete Kurwürde an.

Gustav Adolf wurde – in damaligen propagandistischen Flugschriften, aber auch später, insbesondere von deutschen und schwedischen Protestanten im 19. Jahrhundert – als Streiter für den evangelischen Glauben verehrt. An seiner religiösen Überzeugung gab und gibt es keinen Zweifel. Dennoch kämpfte der schwedische König zuallererst für die Machtentfaltung seines eigenen Reiches. Schweden sollte nicht nur als ideeller, sondern auch als materieller Sieger aus diesem Krieg hervorgehen – durchaus auf Kosten des Reiches – und seine Vorherrschaft über die Ostsee weiter ausbauen. Gustav Adolfs Gegner war daher nicht nur der katholische Kaiser. Es waren auch diejenigen deutschen Fürsten, die in dem schwedischen König in erster Linie einen gefährlichen Eindringling sahen. Und deren Anführer war ausgerechnet ein Protestant: Johann Georg von Sachsen. Wäre Kaiser Ferdinand umsichtiger gewesen und hätte versucht, den Sachsen für sich zu gewinnen, wäre eine Allianz der beiden gegen die Schweden durchaus im Rahmen des Möglichen gewesen. Stattdessen zerschnitt er das Tischtuch vollständig: Auf das Leipziger Verständigungsangebot ging er nicht ein und verbot allen Untertanen, die protestantischen Fürsten bei der Rekrutierung eigener Truppen zu unterstützen.

Kurfürst Johann Georg I. von Sachsen (1585–1656), zeitgenössischer Kupferstich von Anselm van Hulle

»Hier streitet Gott und Teufel«

Gustav Adolfs Vormarsch kam im Frühjahr 1631 weiter gut voran. Die Ostseeküste zwischen Stralsund und Stettin samt Hinterland war schwedisch besetzt, oderaufwärts arbeiteten sich die Truppen 150 Kilometer weit ins Landesinnere vor und die verbündeten Herzöge von Mecklenburg gingen daran, ihr Land vom Meer aus zurückzuerobern. Auch Friedrich V. machte sich Hoffnungen, sein pfälzisches Kurfürstentum zurückzubekommen, und kehrte aus dem niederländischen Exil ins Reich zurück. Doch dem Schwedenkönig passte er nicht ins Konzept. Allenfalls hätte Gustav Adolf die Pfalz als Lehen an einen ihm unterwürfig Huldigenden vergeben. Das war für Friedrich nicht hinnehmbar. Auf ganzer Linie gescheitert, starb er Ende 1632 in Mainz an einem »pestilenten Fieber«.

Die Elbfestung Magdeburg, eine der reichsten Städte Deutschlands, war mit Gustav Adolf verbündet, seitdem ihr zuvor abgesetzter protestantischer Administrator Christian Wilhelm Anfang August 1630 mit schwedischer Hilfe wieder in die Stadt eingezogen war. Protestantische

Christian Wilhelm

Christian Wilhelm, ein Sohn des brandenburgischen Kurfürsten Joachim Friedrich, wurde als Zehnjähriger 1598 zum künftigen Administrator von Magdeburg gewählt und trat sein Amt mit 21 Jahren an. Die Herren des Domkapitels fürchteten, er wolle das Amt erblich machen - eine Gefahr, die im früheren Erzbistum Magdeburg logischerweise nie bestanden hatte. Christian Wilhelms Heirat 1614 lehnte das Domkapitel daher ebenso ab wie seinen von nun an geführten Titel eines »lutherischen Administrators«. Auch in der Stadt Magdeburg hatte Christian Wilhelm einen schweren Stand, da ihm die Anerkennung durch den Kaiser fehlte.

Im dänisch-niedersächsischen Krieg wurde er 1626 Generalleutnant in der dänischen Armee, nach deren Niederlage er vergeblich neue Verbündete in Ungarn und Frankreich suchte und 1629 nach Schweden flüchtete. Im folgenden Jahr landete er mit Gustav Adolfs Invasionsarmee in Pommern. Im Auftrag des Königs sollte er nach Magdeburg zurückkehren und Truppen werben. In der Stadt fand er Aufnahme, da Schweden militärische Unterstützung versprach. Das Domkapitel, das ihn längst abgesetzt hatte, verweigerte sich ihm.

Bei der Eroberung Magdeburgs durch Tillys Truppen wurde Christian Wilhelm schwer verwundet gefangen genommen und erst wieder auf freien Fuß gesetzt, nachdem er 1632 zum katholischen Glauben übergetreten war.

Christian Wilhelm von Brandenburg (1587-1665), zeitgenössischer Kupferstich

Flugschriften in ganz Deutschland kündeten von diesem Triumph. In Magdeburg selbst sahen die Bürger die Rückkehr ihres rebellischen Stadtoberhaupts jedoch auch mit Sorge: Offener Widerstand gegen den Kaiser, fürchteten sie, werde ihre Stadt zur Zielscheibe für Ferdinands Truppen machen.

Mitte April 1631 nahm Gustav Adolfs Armee das befestigte Frankfurt an der Oder ein und besiegte dabei acht Regimenter kaiserlicher Truppen, die einst unter Wallensteins Kommando gestanden hatten. Wallenstein hatte seine Absetzung zwar ohne Gegenwehr hingenommen – die Sterne sollen dem astrologiegläubigen Generalissimus diesen Schritt des Kaisers ohnehin angekündigt haben –, aber er sah nicht ein, dass er seinen Konkurrenten Tilly und dessen Truppen, die einst seine eigenen gewesen waren, unterstützen sollte. Bisher hatten sich Soldaten, die in Wallensteins Territorien Mecklenburg, Sagan und Friedland einquartiert waren, auf eine gute Versorgung verlassen können. Nun lieferte Wallenstein Proviant nur noch gegen Barzahlung – was einem beinahe vollständigen Lieferstopp gleichkam – und trieb den Kornpreis in die Höhe. Infolgedessen desertierten viele der hungrigen Söldner, Pferde verendeten. Tilly zürnte, er habe noch nie eine so schlecht versorgte »Armada« gesehen, »sintemahl kein Artigleria-Pferde, khein einzig Officierer, khein Stückhe [Kanonen], so zue geprauchen, khein Pulver, Kugeln, Hackhen und Schauffeln, khein geldt noch Proviandt vorhanden«.

Bei Wallenstein stieß solche Klage auf taube Ohren. Er hatte das Talent, sogar noch von seiner Zwangspensionierung zu profitieren, und trieb seinen alten Rivalen mitleidlos in die Enge. Seinem langjährigen flämisch-calvinistischen Bankier Hans de Witte erging es noch übler. Von der staatlich geförderten Münzverschlechterung der »Kipper- und Wipperzeit« zwischen 1620 und 1623 hatte er noch profitiert. Doch das Verhältnis zwischen dem Bankier und dem Generalissimus kühlte schon während Wallensteins Generalat ab, weil der Friedländer nur selten seine Schulden beglich. Das Wort des Kaisers musste de Witte vielfach als Sicherheit genügen. Als Ferdinand II. im August 1630 Wallenstein entließ, sah Hans de Witte alle Kredite platzen und ertränkte sich vor Verzweiflung einen Monat später im Brunnen seines Prager Hauses.

Tilly sah sein unterversorgtes Heer in einer Zwangslage und ließ sich von seinem Stellvertreter, dem Reitergeneral Graf Gottfried Heinrich Pappenheim, davon überzeugen, dass man jetzt Magdeburg angreifen müsse. Zum einen war die Stadt wegen ihrer Lage an der Elbe von entscheidender strategischer Bedeutung, zum anderen war sie reich – und das kaiserlich-katholische Heer brauchte dringend Vorräte. Ehe Tilly sich im April 1631 mit Pappenheim zusammentat, der sich anschickte, Magdeburg zu belagern, versuchte er noch, mit einem 18 000-Mann-Heer Richtung Ostsee vorzustoßen und so Gustav Adolfs Machtbasis zu schwächen. Diesem Manöver fiel die Stadt Neubrandenburg zum Opfer:

Kipper und Wipper

Schon um 1590 setzte im Reich eine starke Münzverschlechterung ein, die in der »Kipper- und Wipperzeit« von 1619 bis 1623 gipfelte, als Landesherren systematisch hochwertige Silbermünzen aussondern und einschmelzen ließen. Das »gute Geld« wurde gegen minderwertige Münzen mit geringem Silberanteil getauscht. Das Begriffspaar »Kippen und Wippen« steht für den Vorgang des Geldwiegens und Aussortierens.

Die Landesherren nutzten eine Bestimmung in der Reichsmünzordnung aus, laut der sie das Recht hatten, kleine regionale Münzen zu prägen. Daher war von der Geldentwertung vor allem das Kleingeld betroffen – Groschen, Pfennige und Kreuzer. Aber auch große Silbermünzen wurden verschlechtert, insbesondere in Böhmen, wo Wallensteins Bankier Hans de Witte im Januar 1622 durch den Kaiser und böhmischen König Ferdinand II. an die Spitze des Prager Münzkonsortiums berufen wurde. Für ein Jahr erhielt das Konsortium die Lizenz zum Geldprägen und musste dem Kaiser dafür sechs Millionen Gulden zahlen. Aus einer Menge Silber, die zuvor für 46 Gulden gereicht hätte, fertigte das Münzkonsortium nun 79.

In manchen Territorien waren während der Kipper- und Wipperzeit so viele schlechte »Heckenmünzen« in Umlauf, dass die Inflation stark anstieg. Leidtragende waren Bedienstete und Soldempfänger, die ihren Verdienst nur noch in minderwertigen Münzen ausbezahlt bekamen. Eine Geldreform wurde notwendig, zumal Söldner nur für »gutes Geld« zu kämpfen bereit waren.

Drei-Groschen-Münze mit dem Porträt Wallensteins aus dem Jahr 1629

Tillys Heer eroberte sie und richtete dabei fürchterliche Verwüstungen an. Von den 300 bis 400 Einwohnern, die das schwedisch besetzte Neubrandenburg im März 1631 noch hatte, kamen rund 160 ums Leben – selbst in der Kirche wurden Menschen niedergemetzelt. Seinen Marsch Richtung Küste brach Tilly bald darauf ab, da er seine Truppen für zu schwach hielt, ihr geplantes Ziel zu erreichen.

In Magdeburg lebten zu jener Zeit etwa 30 000 bis 35 000 Menschen. Gustav Adolf hatte nicht nur den protestantischen Stadtadministrator Christian Wilhelm wieder in sein Amt eingesetzt, sondern auch den hessischen Offizier Dietrich von Falkenberg in die Stadt abkommandiert, der ihre Verteidigung organisieren sollte. Nicht alle Bürger waren überzeugt von dieser Strategie. Es war für jedermann absehbar, dass um Magdeburg gekämpft werden würde und die Einwohner fürchteten sich vor den zu erwartenden Folgen. Daher versorgten sie Falkenbergs Verteidigungsarmee in ihren Mauern nur widerwillig. Im Mai, als Pappenheims und Tillys Soldaten immer näher rückten und den Belagerungsring schlossen, verlangten die Stadtältesten Verhandlungen, um die Plünderung Magdeburgs zu verhindern.

Die Protestanten Europas schauten auf diese Stadt – und auf Gustav Adolf. Mit der Eroberung von Frankfurt an der Oder hatte der König vergeblich versucht, Tilly abzulenken. Seine Armee lag noch immer in Brandenburg, nicht allzu weit von Magdeburg entfernt, doch was ihm fehlte, um der bedrängten Stadt zu Hilfe zu kommen, waren machtvolle deutsche Verbündete. Er hatte die Kurfürsten von Sachsen und Brandenburg gedrängt, sich mit ihm zum Schutz Magdeburgs zusammenzutun – erfolglos. Ohne ihre Unterstützung aber wagte Gustav Adolf nicht, an der Elbe einzugreifen. In Brandenburg stieß sein Vormarsch auf Furcht und Ablehnung: Die Bauern flohen vor seiner Armee, die Stadt- und Dorfvorsteher verweigerten dem schwedischen Heer die Verpflegung, weil sie die feindselige Haltung ihres Kurfürsten kannten. Gustav Adolfs Truppen waren nicht nur schlecht versorgt, der König musste sogar befürchten, ein vom Leipziger Protestantenkonvent unterstütztes Heer könnte ihm in den Rücken fallen und ihn zwingen, das Reich zu verlassen.

Gottfried Heinrich Graf zu Pappenheim (1594–1632), zeitgenössischer Kupferstich von Wenzel Hollar

Er haderte heftig mit den protestantischen Reichsständen und den beiden Kurfürsten im Besonderen. Aus seiner Sicht gab es – abgesehen von seinem persönlichen und nationalen Ziel, dem Machtgewinn für Schweden – nur einen gewichtigen Kriegsgrund: die Rettung des Protestantismus. Wer dafür focht, kämpfte für eine gerechte Sache. Wer zögerte, sich heraushielt oder Bündnisse zur Erreichung dieses Ziels verweigerte, der übte Verrat, verhielt sich ehrlos und sündhaft. Einem Gesandten des brandenburgischen Kurfürsten hatte Gustav Adolf mit auf den Weg gegeben: »Ich will von keiner Neutralität nichts wissen noch hören. Seine Liebden muss Freund oder Feind sein. Hier streitet Gott und der Teufel. Will Seine Liebden es mit Gott halten, so trete sie zu mir; will sie es aber lieber mit dem Teufel halten, so muss sie fürwahr mit mir fechten.«

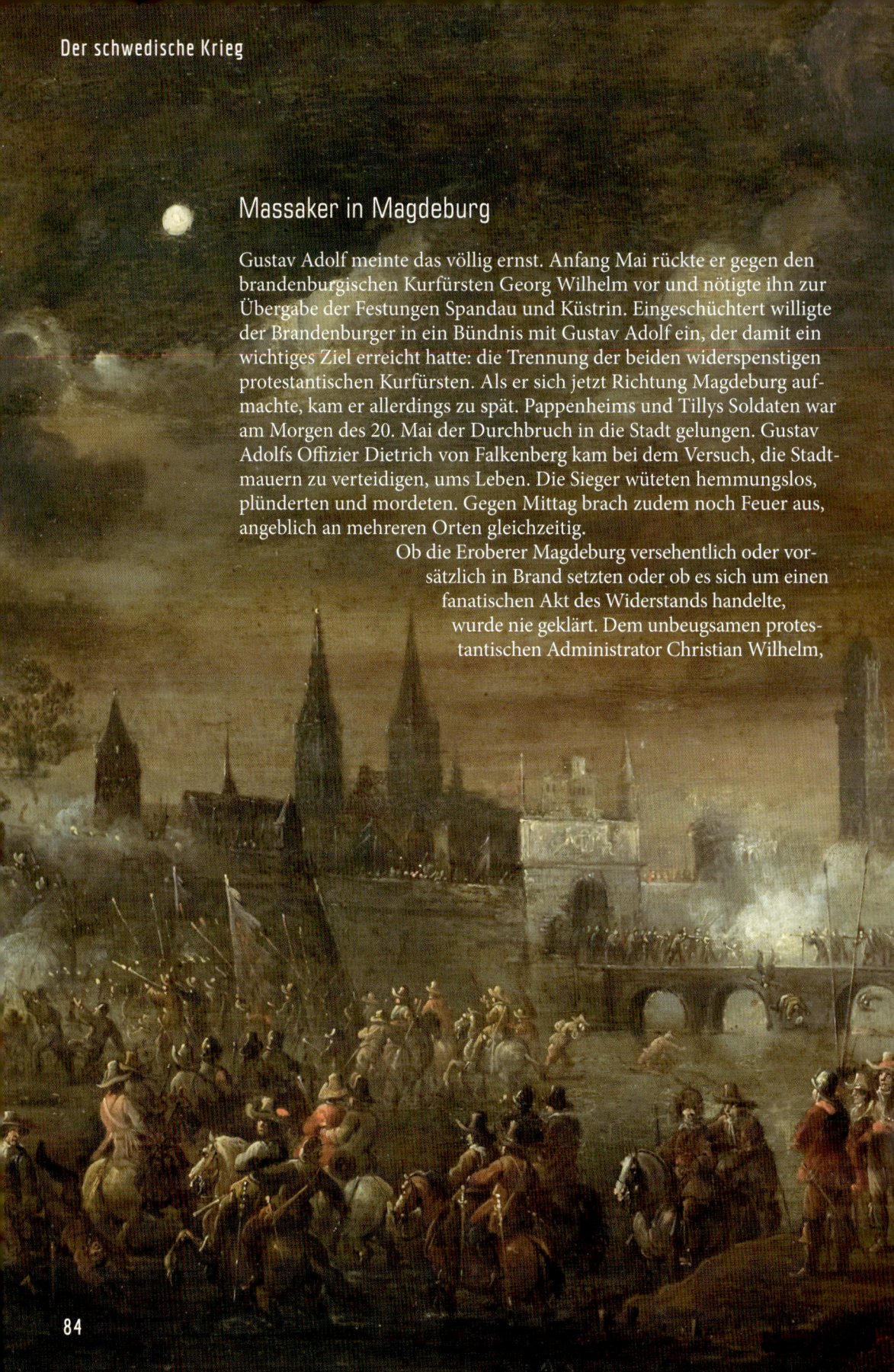

Massaker in Magdeburg

Gustav Adolf meinte das völlig ernst. Anfang Mai rückte er gegen den brandenburgischen Kurfürsten Georg Wilhelm vor und nötigte ihn zur Übergabe der Festungen Spandau und Küstrin. Eingeschüchtert willigte der Brandenburger in ein Bündnis mit Gustav Adolf ein, der damit ein wichtiges Ziel erreicht hatte: die Trennung der beiden widerspenstigen protestantischen Kurfürsten. Als er sich jetzt Richtung Magdeburg aufmachte, kam er allerdings zu spät. Pappenheims und Tillys Soldaten war am Morgen des 20. Mai der Durchbruch in die Stadt gelungen. Gustav Adolfs Offizier Dietrich von Falkenberg kam bei dem Versuch, die Stadtmauern zu verteidigen, ums Leben. Die Sieger wüteten hemmungslos, plünderten und mordeten. Gegen Mittag brach zudem noch Feuer aus, angeblich an mehreren Orten gleichzeitig.

Ob die Eroberer Magdeburg versehentlich oder vorsätzlich in Brand setzten oder ob es sich um einen fanatischen Akt des Widerstands handelte, wurde nie geklärt. Dem unbeugsamen protestantischen Administrator Christian Wilhelm,

der Verhandlungen mit den Belagerern stets strikt abgelehnt hatte, trauen manche Historiker eine Brandstiftung in den eigenen Mauern zu. Allerdings wurde er während der Plünderung von Söldnern Pappenheims gefangen genommen und der Reitergeneral selbst soll ihn gerade noch aus den Händen seiner mordlustigen Soldaten gerettet haben.

Magdeburg brannte den ganzen Tag, Schwelbrände dauerten noch drei Tage lang an. Nur etwa ein Drittel der Einwohner überlebte, darunter viele Frauen und Mädchen, die von den Soldaten als Kriegsbeute ins Heerlager verschleppt worden waren. Hunderte Menschen, manche Schätzungen sprechen von 2000 bis 4000, flüchteten sich in den Dom, der sich als einzige halbwegs sichere Zufluchtsstätte erwies. Pappenheim schrieb am Tag nach dem Gemetzel: »Ich halt es seyen über zwaintzig Tausent Seelen darüber gegangen. Es ist gewiß, seyd der Zerstörung Jerusalem, kein grewlicher Werck und Straff Gottes gesehen worden. All unser Soldaten seind reich geworden. Gott mit uns.«

Die Belagerung von Magdeburg, Gemälde von Pieter Meulener, 1650

Pappenheims Schätzung der Opferzahl gilt heute als ungefähr zutreffend, eher lag sie noch höher. Bemerkenswert ist, wie er das Massaker von Magdeburg einerseits als »greulich«, andererseits als »Strafe Gottes« bezeichnete. Letztere Auffassung war in der katholischen Propaganda verbreitet: Die Ketzer hatten es nicht anders verdient. Drei Tage lang durften die Sieger nach Herzenslust plündern. In der zeitgenössischen Chronik »Theatrum Europaeum« heißt es: »Darauff ist es an ein Fressen unnd Sauffen gegangen / welcher drey gantzer Tag nach einander geweret / unnd also die Magdeburgische Hochzeit / wie sie vom Tylli genennet / celebrieret worden.« Fünf Tage nach der Eroberung der Stadt ließ Tilly den Dom wieder katholisch weihen, Kanonen schossen auf den Resten der Stadtmauern Salut, um den Wiedereinzug des wahren Glaubens zu verkünden. Inmitten der schwelenden Trümmer erklärte der fromme Feldherr, Magdeburg solle von nun an seiner Schutzherrin geweiht sein und Marienburg heißen.

Die Überlebenden waren größtenteils gefangen genommen worden. Wer noch Geld besaß, konnte sich freikaufen, die Übrigen mussten mit dem kaiserlichen Heer ziehen. Priester im katholischen Heerlager drängten die Söldner, die geraubten Frauen zu heiraten oder sie gegen Geld an ihre Männer zurückzugeben. Was die Bürger noch an Wertsachen übrig hatten, wurde ihnen jetzt abgepresst; beim Plündern hatten die Sieger wegen des Brandes nicht so viel Beute machen können wie erhofft. Zumindest deshalb ist es eher unwahrscheinlich, dass die Eroberer die Stadt absichtlich in Brand steckten. In unversehrtem Zustand hätte sie ihnen mehr genutzt.

Als Retter des protestantischen Glaubens hatte Gustav Adolf im Falle Magdeburgs vollständig versagt. Doch der schlagkräftigen schwedischen und protestantischen Propaganda gelang es, aus dem Massaker noch Nutzen zu ziehen. Vor der Eroberung hatten Flugblätter und Flugschriften die Stadt Magdeburg – symbolisiert durch die Jungfrau in ihrem Wappen – für ihre Standfestigkeit und Tugendhaftigkeit gepriesen, mit der sie sich des ältlichen Freiers Tilly erwehrte. Jetzt kündeten noch mehr Blätter von der verbrecherischen Schändung der Jungfrau und malten das Inferno in allen erdenklichen Einzelheiten aus. Sollte Tilly den Begriff »Magdeburgische Hochzeit« tatsächlich selbst verwendet haben, wie es das »Theatrum Europaeum« nahelegt, dann bediente er sich der gleichen Symbolik und ging über die sehr reale Vergewaltigung Tausender Magdeburger Mädchen und Frauen hinweg. Die Abscheu, die die Protestanten für den alten General empfanden, dürfte dadurch nicht geringer geworden sein. Aber selbst in der katholischen Welt gab es nach dem Fall der strategisch wichtigen Stadt kaum Siegesfeiern. Das Massaker wurde als so schrecklich empfunden, dass es den militärischen Triumph überschattete. Dem Sieger Tilly war das schon bald klar. An Maximilian schrieb er, »die protestirende Stend« würden sich nun

Der Verleger und Kupferstecher Matthäus Merian, Vater der Naturforscherin und Künstlerin Maria Sibylla Merian, gab ab 1633 in Frankfurt am Main die Chronik »Theatrum Europaeum« heraus. Das Geschichtswerk brachte es bis zu seiner Einstellung 1738 auf 21 Bände. Die ersten sechs erschienen bis 1652 und decken die Geschichte des Dreißigjährigen Krieges ab.

CAPITVLATIONES.

Was gestalt Herrn General Grafen von Tylli den 20. May 1631. die alte Jungfraw zu Magdeburg verheirat worden / vnd seyndt folgende Heyraths Nottel.

1. Soll Vlm das Heyrat gut geben.
2. Straßburg die Morgengab darlegen.
3. Wirdt Nürenberg die Hochzeit halten.
4. Augspurg vnd Regenspurg als Brautführer walten.
5. König in Schweden Ehrvatter sein.

6. Schenckt Würtenberg den Wein.
7. All vngehorsame Stätt zusamen Folgen der Braut in Gottes namen. Da wirdt bey dieser Hochzeit eben Gants schön blutfarbe Kräntzel außgeben.

Zeitgenössisches Flugblatt zur »Magdeburger Hochzeit«

Die Verfasser der Chronik zogen Briefe, Flugschriften, Flugblätter, Akten und Zeitungen als Quellen heran, aus denen sie umfassend zitierten. Autor der ersten beiden Bände war der Elsässer Lehrer Johann Philipp Abele. Er war Protestant, nahm aber seine Chronistenpflicht ernst und bemühte sich um eine weitgehend neutrale Darstellung der Ereignisse. Dennoch ließ Merian den ersten Band später mit Verweis auf Abeles »Partheylichkeit« von einem anderen Autor überarbeiten – wohl nicht zuletzt wegen des Mei-nungs- und Stimmungsumschwungs nach dem Tod Gustav Adolfs und der schwedischen Niederlage bei Nördlingen.

Interessant ist das »Theatrum Europaeum« nicht nur als zeitgenössisches Geschichtswerk und Quellensammlung, sondern auch wegen seiner aufwendigen Illustrationen. Matthäus Merian fertigte rund 140 dieser Kupferstiche selbst an. Nach seinem Tod 1650 führten seine Nachfahren die beliebte Chronik fort, deren erste sieben Bände jeweils zwischen drei und sechs Auflagen erlebten.

»sonnder zweifel in desto sterckere verhassung stellen«. Vielleicht ahnte er bereits, dass sein Name für immer mit dem Gemetzel von Magdeburg verknüpft sein würde.

Magdeburg brauchte Jahrhunderte, um sich von den Verheerungen zu erholen. 1639 hatte die einst stolze Stadt nur noch wenige Hundert Einwohner, viele Überlebende waren ins protestantische Braunschweig gezogen und kamen nicht zurück. Das Wort »Magdeburgisieren« bezeichnete von nun an die gnadenlose Vernichtung von Städten und Dörfern durch Feuer und plündernde Soldateska. Und kaiserlich-ligistische Soldaten, die um Gnade baten, bekamen in den folgenden Kriegsjahren oft die Erwiderung »Magdeburger Pardon!« zu hören, ehe ihre Gegner sie niedermachten.

Schwedische Siege

Die Erstürmung Magdeburgs hatte längst nicht so viel Beute eingebracht wie erhofft; an Tillys Versorgungsengpass hatte sich nichts geändert. Also zogen die kaiserlichen Truppen nach Sachsen weiter, wo Tillys Ruf als »Schlächter von Magdeburg« bei der Auspressung der Landbevölkerung sicherlich hilfreich war. Tilly und Pappenheim hätten versuchen können, Gustav Adolf in der Schlacht zu stellen, aber dem stand nicht zuletzt die widersprüchliche Bündnispolitik Maximilians von Bayern entgegen, in dessen Dienst Tilly als Feldherr der Liga noch immer stand. Maximilian ließ seine Truppen einerseits Seite an Seite mit der kaiserlichen Armee kämpfen – mit Tilly hatten beide Streitmächte ja sogar denselben General –, andererseits konnte er das Ligaheer nach seinem Geheimabkommen mit Frankreich schwerlich gegen die Schweden marschieren lassen, weil Gustav Adolf ebenfalls Bündnispartner Frankreichs war.

Dass die Armee nun die Territorien Johann Georgs von Sachsen schröpfte, konnte Maximilian aber auch nicht recht sein. Denn bei einem weiteren Versuch, jenseits von Kaiser und schwedischem Agressor ein Verfassungs- und Friedensbündnis zu schließen, wäre der sächsische Kurfürst sein wichtigster Bündnispartner gewesen. Doch erste zaghafte Ansätze dazu wurden bereits im Keim erstickt. Denn Johann Georg von Sachsen, bedrängt sowohl von Tillys hungriger Armee als auch von dem dringend auf Bündnispartner angewiesenen Gustav Adolf, sah ein, dass seine Neutralitäts- und Friedenspolitik gescheitert war.

Während das mit frisch rekrutierten Söldnern auf 36 000 Mann aufgestockte Heer unter Tillys Führung durch Sachsen zog, Merseburg eroberte und auf dem Weg nach Leipzig schwere Verwüstungen anrichtete, besiegelten Gustav Adolf und Johann Georgs General Hans Georg von Arnim ein Militärbündnis auf gegenseitige Unterstützung. Der Oberbefehl über die vereinigten schwedisch-sächsischen Truppen sollte bei den Skandinaviern liegen. Für Johann Georg ließ der Vertrag jedoch eine Hintertür offen: Die Vereinbarungen galten, solange eine Notlage andauerte – und das Recht, den Begriff »Notlage« zu definieren, sprach der Sachsenfürst stillschweigend sich selbst zu. Diese Ungenauigkeit im Vertragstext sollte er in den kommenden Monaten so großzügig ausnutzen, dass sich Gustav Adolf seines Bündnispartners nie ganz sicher sein konnte.

Am 15. September fiel Leipzig in Tillys Hände. Doch jetzt wurde es gefährlich für die kaiserlich-ligistische Armee, denn 40 Kilometer nördlich

PRÆLII
INTER
SERENISS: SUECC
REGEM ET SAXON
ELECTOREMNEC...
CATHOLICÆ LIGÆ (
RALEM COM: Á TILI V
SEPTEMBER ANNI MDC)

PROPE LIPSIAM COMMISS

der Stadt vereinten sich das schwedische und das sächsische Heer. Tilly beschloss daher, sich und seine siegestrunkenen Truppen in Leipzig zu verschanzen und auf Verstärkung zu warten. Sein Stellvertreter Pappenheim indes hatte andere Pläne. Er zog mit einem kleinen Trupp dem protestantischen Heer entgegen und provozierte so am 17. September in der Nähe des Dorfes Breitenfeld die Schlacht. Als Tilly erfuhr, dass Pappenheim sich bereits in Sichtweite der feindlichen Armee befand, blieb ihm nichts anderes übrig, als ebenfalls vorzurücken – angeblich mit dem Stoßseufzer: »Dieser Kerl wird mich um meine Ehre und meinen guten Ruf bringen und den Kaiser um sein Land und Volk.«

Die Schlacht bei Breitenfeld am 7. September 1631, zeitgenössischer Kupferstich von Matthäus Merian d.Ä. aus dem »Theatrum Europaeum«

Handfeuerwaffen

Die Schusswaffenträger der Infanterie waren die Musketiere. Ihre Gewehre wogen anfangs noch bis zu 15 Kilogramm und mussten beim Zielen und Abfeuern auf Gabelstöcke gestützt werden. Erst die Schweden führten Musketen ein, die nur noch etwa fünf Kilogramm wogen und ohne Stütze auskamen. Die Musketiere hatten ursprünglich die Aufgabe, zu Beginn der Schlacht die gegnerische Infanterie zu dezimieren. Hatten sie »ihr Pulver verschossen«, zogen sie sich hinter die Pikeniere zurück, denn schnelles Nachladen war bei den Schusswaffen des Dreißigjährigen Krieges, die allesamt Vorderlader waren, nicht möglich. Je leichter und treffsicherer die Handfeuerwaffen wurden, desto größer ihre Rolle in der Schlacht.

Zu dieser Entwicklung gehörte auch, dass die Kavallerie vermehrt mit Schusswaffen, vornehmlich Arkebusen, ausgerüstet wurde. Diese besaßen noch ein Luntenschloss wie die Muskete – und eine ähnlich geringe Treffsicherheit. Sie wurden im Laufe des Krieges durch leichtere, handlichere Karabiner ersetzt.

Berittener Arkebusier, Aquarell eines unbekannten Künstlers, Ende 16. Jahrhundert

Die Schweden und Sachsen hatten an diesem heißen Tag zunächst sowohl die Sonne als auch das Gelände gegen sich – und Johann Georg, wegen seiner Trunksucht landläufig der »Bierjörge« genannt, machte sich bei seinem neuen Alliierten Gustav Adolf denkbar unbeliebt, als er am Nachmittag die Flucht ergriff und bis ins 24 Kilometer entfernte Eilenburg ritt. Währenddessen raubten zwei Regimenter von Arnims Reiterei lieber den schwedischen Tross aus, als sich den Attacken von Tillys und Pappenheims Truppen auszusetzen. Dass er die Schlacht bei Breitenfeld am Ende doch noch gewann, hatte Gustav Adolf seiner neuartigen Truppenaufstellung zu verdanken, die es den Musketieren erlaubte, mit ihren vergleichsweise leichten Schusswaffen scheinbar ohne Ende Salven abzufeuern – und seiner Kriegslist, gegen Abend noch einmal frische Reiterreserven in die Schlacht zu werfen. Tillys Söldner flüchteten in Scharen, der General selbst wurde verletzt. 12 000 Soldaten des kaiserlich-ligistischen Heers fielen, 7000 wurden gefangen genommen und umgehend für Gustav Adolfs Armee rekrutiert. Die geschlagenen katholischen Truppen konnten Leipzig nicht halten und zogen sich nordwärts zurück.

Die Folgen der Niederlage bei Breitenfeld waren enorm – für die Liga wie für die Wiener Hofburg. Der Nimbus der Unbesiegbarkeit war nach 13 Kriegsjahren dahin. Auch der erfolgsverwöhnte alte Kämpe Tilly war nach der Schlacht nicht mehr derselbe. Maximilian von Bayern fand, sein General sei »ganz perplex« und nicht mehr in der Lage, Entscheidungen zu fällen. Die Katholische Liga löste sich zwar – noch – nicht auf, aber die Niederlage offenbarte, dass das Militärbündnis ausgehöhlt war. Sein Gründer und Anführer Maximilian trachtete nur noch danach, Bayern zu schützen, wofür er sogar versuchte, allerdings vergeblich, ein Neutralitätsabkommen mit Gustav Adolf auszuhandeln.

Den Protestanten hingegen schenkte der Sieg bei Breitenfeld neuen Mut: Nach Jahren der Niederlagen und der Angst vor der Auslöschung ihrer Konfession im Reich hatte ihr Held das Blatt endlich gewendet. Es war der erste Sieg der protestantischen Sache, und was für einer! Die Protestanten Europas erwarteten nicht weniger, als dass der »Löwe aus Mitternacht« sich nun gegen Wien wenden werde. Auch Johann Georg plädierte dafür. Aber Gustav Adolf traute seinem wankelmütigen Alliierten nicht. Er befürchtete,

der Kurfürst werde ihm in den Rücken fallen, während er sich nach Süden vorkämpfte, und einen Separatfrieden mit dem Kaiser schließen. Also zwang er Johann Georg zur weiteren Kooperation, indem er Arnims Truppen nach Böhmen schickte, da Wallenstein angeboten hatte, das von ihm verwaltete Prag kampflos aufzugeben. Hierbei handelte es sich zwar um ein Kriegsmanöver des Friedländer Herzogs, um den Kaiser in die Enge zu treiben und seine alte Position zurückzubekommen, aber Gustav Adolf griff trotzdem zu. Mitte November erklärte Arnim die Stadt Prag im Namen seines Kurfürsten für besetzt – oder, aus Sicht der böhmischen Protestanten, für befreit.

Gustav Adolf zelebrierte derweil einen wahren Siegeszug Richtung Westen und Süden. Katholische Bistümer, die bisher vom Krieg weitgehend verschont geblieben waren, erlebten mit Schrecken den schwedischen Vormarsch. Anfang Oktober erreichte Gustav Adolf Erfurt, keine zwei Wochen später Würzburg, wo die Zivilbevölkerung –

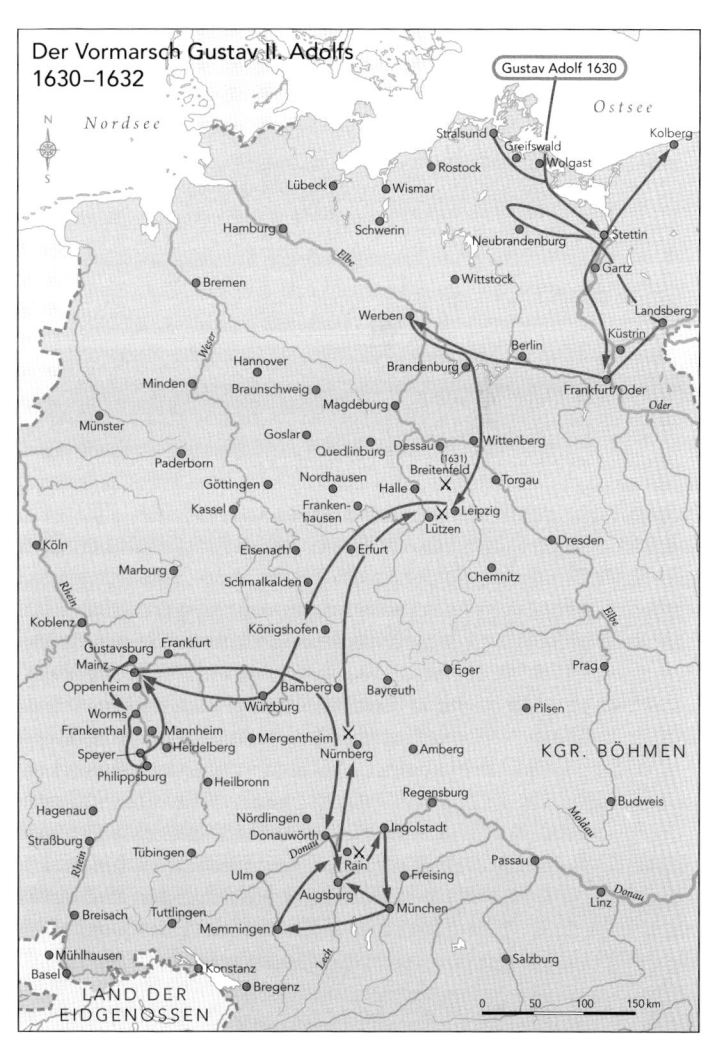

Der Vormarsch Gustav II. Adolfs 1630–1632

Stadtbürger und viele Flüchtlinge aus der Umgebung – gnädig geschont wurde. Im November nahm der schwedische König unter anderem Aschaffenburg, Hanau und Frankfurt ein. Nun liefen ihm auch endlich begeisterte Anhänger und Bundesgenossen zu. Landgraf Wilhelm von Hessen-Kassel schloss sich Gustav Adolf an, als es in Richtung Heidelberg weiterging. Der 27-jährige Herzog Bernhard von Sachsen-Weimar durfte seine Tauglichkeit mit der Einnahme Mannheims beweisen. Kurz vor Weihnachten besetzten die Schweden Mainz. Gustav Adolf gebot zum Jahresende über 80 000 Mann unter Waffen, aufgeteilt auf sieben Heere und zahlreiche Besatzungen in den eroberten Gebieten. Der Herzog von Braunschweig-Lüneburg, der Landgraf von Hessen-Darmstadt, die Markgrafen von Bayreuth und Ansbach und etliche andere mehr wollten seine Bundesgenossen sein.

Die Gustav-Adolf-Verehrung unter den Protestanten im Reich nahm schwärmerische Züge an und die geschickte schwedische Propaganda befeuerte sie noch weiter. Für den schwedischen König wurde in vielen Kirchen gebetet, fromme Protestanten knieten vor seinem Bildnis nieder oder trugen es als Silberanhänger um den Hals. Flugschriften und -blätter feierten den »goldenen König«, den Gottesstreiter, den »Gott aus Mitternacht«. Für die Katholiken freilich war Gustav Adolf Inbegriff des Schreckens, der feindliche Eindringling aus dem Norden wurde leidenschaftlich gehasst. Bauern in katholischen Regionen bekämpften die schwedischen Soldaten, wie und wo sie nur konnten. Und die gingen ihrerseits brutal gegen die ihnen feindlich gesinnte Zivilbevölkerung vor.

Verbrannte Erde

»Wie schlimm war der Dreißigjährige Krieg?«, fragt Axel Gotthard in seiner 2016 erschienenen Einführung ins Thema. Seine Antwort, nach Abwägung von Zeitzeugenberichten, Schätzungen von Opferzahlen und – auch abwiegelnden – Historikermeinungen: »Der Dreißigjährige Krieg war der schlimmste Krieg der Weltgeschichte.« Nun ist »schlimm« keine klar definierte, geschweige denn messbare Größe. Die Vorstellung, man wollte den »Schlimmheitsgrad« des Dreißigjährigen Krieges mit dem des Zweiten Weltkrieges vergleichen, ist haarsträubend. Aber zeitgenössische Berichte und Tagebücher – ob von Feldherren, Söldnern, Handwerkern oder Äbtissinen verfasst –, Chroniken wie das »Theatrum Europaeum«, Bestandsaufnahmen in den vom Krieg verheerten Landstrichen und archäologische Funde zeigen allesamt: Verharmlosungen sind nicht angebracht. Der Dreißigjährige Krieg war eine Katastrophe für die Menschen, die ihn erlebten – selbst wenn sie das Glück hatten, ihn zu überleben.

Wie viele Opfer er forderte, lässt sich nur mutmaßen, und die Zahl derer, die zwischen 1618 und 1648 am Krieg und seinen Folgen starben, war regional unterschiedlich. Eine gängige Schätzung besagt, dass auf

dem Gebiet des Heiligen Römischen Reiches Deutscher Nation um 1650 nur noch zehn Millionen Menschen lebten – zu Kriegsbeginn waren es 16 Millionen gewesen. Axel Gotthard hält die vor 75 Jahren geäußerte Annahme des Historikers Günther Franz, in den Städten sei die Einwohnerzahl während des Kriegs um ein Drittel gesunken und auf dem Land um 40 Prozent, für plausibel. Manche Gebiete traf es noch viel schlimmer. Magdeburgs und Nürnbergs Einwohnerzahlen erreichten erst um die Mitte des 19. Jahrhunderts wieder den Stand vor Kriegsbeginn. In Württemberg lebten um die Mitte der 1630er-Jahre 100 000 Menschen, Anfang des 17. Jahrhunderts waren es noch 450 000 gewesen.

Andere Regionen wiederum, etwa in Nordwestdeutschland, kamen weitaus glimpflicher davon. Auch in Berlin blieb es noch bis in die 1640er-Jahre vergleichsweise ruhig. Doch im schwedischen Krieg erlebten die Stadt und ihre Umgebung ruinöse Einquartierungen und Kriegsgräuel, hinzu kamen Pest, Pocken und Ruhr. Vor dem Krieg zählte die Doppelstadt Berlin-Cölln etwa 12 000 Einwohner, 1648 waren es noch 5000. »Summa, das ganze Land, beide Städte und deren Einwohner, sind, teils durch Pest, Brand, Raub und andere Erpressungen, so sehr verringert und in solche äußerste Armut gebracht worden, dass teils aus Verzweiflung zum Wasser, zum Strange, teils zum Messer ihnen selbst Hand anzulegen und das Leben zu nehmen, geeilet«, berichtete der Stadtrat 1640 an den Kurfürsten von Brandenburg.

Solche Berichte und Klagen gibt es viele. Manche wurden mit Hintergedanken verfasst – Stadträte und Dorfvorsteher bettelten damit bei ihren Fürsten um Hilfszahlungen, Unterstützer der einen oder anderen Kriegspartei wollten die Soldaten der Gegenseite als besonders barbarisch darstellen –, aber auch wenn manche Schilderungen nicht frei von Übertreibungen sein dürften, spiegeln sie die Lage in den betroffenen Regionen wohl recht realitätsnahe wider. Die Reihenfolge der im Bericht des Berliner Stadtrats genannten Plagen ist sicher kein Zufall: Die »Pest« – als Synonym für zahlreiche Seuchen und potenziell tödliche Krankheiten, darunter Typhus, Blattern und Beulenpest – war tatsächlich die häufigste kriegsbedingte Todesursache in den dreißig schrecklichen Jahren. Söldner aus ganz Europa schleppten Bakterien und Viren ein, denen in Deutschland kaum ein Immunsystem gewachsen war. Die schlecht ernährte und in ständiger Angst lebende Landbevölkerung war besonders anfällig.

Angst war das alles beherrschende Lebensgefühl jener Zeit, nichts und niemand schien mehr sicher und keine geistliche oder weltliche Macht konnte die öffentliche Ordnung noch garantieren. Selbst wenn einem Landstrich jahrelang Ruhe vergönnt war, konnte er ohne lange Vorwarnung von durchziehenden Armeen heimgesucht oder gar zum Kriegsschauplatz werden. Die Lebensgrundlage war selbst in Friedenszeiten ständig bedroht, etwa durch Missernten, Unwetter und Brände, aber jetzt mussten die Menschen zudem erleben, dass Soldaten aus fernen Ländern ihnen ihre gesamte Habe raubten und das Haus über dem Kopf anzündeten, sie mit Misshandlung und Mord bedrohten und dem Hungertod aussetzten. Private Aufzeichnungen machen das Elend anschaulich. Hans Heberle, ein Schuster aus einem Dorf bei Ulm, führte Buch darüber, wie oft er mit seiner Familie in der Stadt Schutz suchen musste, wenn wieder einmal eine Armee durchzog. »Das ist die 23. Flucht«, notierte er im August 1646. Häufig mussten die Dorfbewohner ihre Felder zurücklassen, ohne die Ernte einbringen zu können, und durchziehende Truppen hinterließen oft allein schon aus Kalkül verbrannte Erde, um feindlichen Heeren die Versorgung unmöglich zu machen.

Volkmar Happe, Hofrat in Diensten des Grafen von Schwarzburg-Sondershausen in Thüringen, schilderte 1626 die Folgen der Einquartierungen katholischer Truppen in der Region: »In manchem Dorfe haben fünf, sechs Regimenter gelegen, in manchem Bauernhaus eine ganze Kompanie. Die haben wie die Raupen alles beschmutzt, aufgefressen, verfüttert, verwüstet und vernichtet.« Ohnehin musste Schwarzburg-Sondershausen täglich unter anderem 12 400 Pfund Brot, 9300 Pfund Fleisch und 6200 Maß Bier an das Heerlager liefern. Trotz allem waren solche Einquartierungen, sofern sie in halbwegs geordneten Bahnen verliefen, noch die gnädigere Form der Auspressung. Schlimmer noch waren die Marodeure. Happe bezeugte 1631 regelmäßig deren Untaten: »Es ist in diesem Monat alle Tage in allen Dörfern geplündert worden, und das Weibsvolk, das ergriffen wurde, ist geschändet worden. Der Jammer ist gar nicht zu beschreiben.« Zurück blieben in vielen Regionen leere und unbewohnte Dörfer, etwa in Mittelfranken. »Verbrennt und in Aschen«, »so nicht abgebrannt, ganz öd und unbewohnt«, »alles abgebrannt bis auf zwei Häuser«, »gleichfalls ganz öd«: So fand der Magistrat der Stadt Nürnberg die Ortschaften der Gegend im Jahr 1635 vor.

Offiziere und Soldaten nahmen den Menschen weg, was sie selbst gebrauchen konnten – von Pferden über Werkzeug bis hin zu Lebensmitteln – und vernichteten alles Übrige. Eine Delegation aus Pommern beklagte sich 1629 in einem Schreiben an den Kaiser über Wallensteins Truppen, weil die Soldaten »die Dörfer fast alle Nacht spolierten [ausraubten] und plünderten, den Bauern ihre Wagen, Pflüge und andere zum Ackerbau nötige Instrumenta entweder weggeführten oder mutwillig verbrannten, die Leut prügelten und verwundeten, also dass dieselbige bisweilen wohl gar ums Leben kämen«. Die Söldner dächten sich immer neue Torturen aus, »um zu erfahren, ob einer oder ander etwas vergraben«. Berüchtigt war der »Schwedentrunk«, eine Folter, bei der dem Opfer ätzende Jauche eingetrichtert wurde. Schwedische Soldaten waren weder die Erfinder noch die einzigen Anwender diese Methode. Ohnehin war es für die Zivilbevölkerung – selbst wenn sie eine der Kriegsparteien favorisierte – im Laufe des Krieges immer unwichtiger, welcher Seite die Soldateska angehörte: In ihren Grausamkeiten waren sie alle gleich. »Morden, Rauben, Stehlen, Nehmen, Schänden, Huren etc., das sind unserer Soldaten ritterlichste Taten und Tugenden«, so schimpfte Volkmar Happe auf die protestantischen Truppen, »es sind unsere Kontributions-Schlucker nicht ein Haar besser als der Feind.«

Frauen und Mädchen waren Freiwild. Drastisch schilderten die pommerschen Abgesandten, »was für abscheuliche Sünd und Schand mit Jungfrauen und Weiberschänden, auch Notzucht verübt worden, Jungfrauen wären

Raubende Soldateska, Holzstich nach einer Radierung von Hans Ulrich Franck, um 1646

vor solchen unzüchtigen Gästen aus den Fenstern gesprungen, ja es wären unterschiedliche Exempel vorhanden, dass alte, auch kranke Weiber und Mägde zu tot geschändet und hernach von den Hunden gefressen; es wären auch der toten Körper mehr denn viehischer Weis mit dergleichen Schandtaten nicht verschont worden«. Es gibt keinen Zweifel: Auch aus Sicht der Zeitgenossen war das Ausmaß der Grausamkeiten außerordentlich. Wer heute argumentiert, die Zeiten damals seien ohnehin roh und brutal gewesen – man denke an die öffentlichen Hinrichtungen und Verstümmelungen, die Hexenverbrennungen –, daher hätte man es im Krieg nur mit »epochentypischer« Brutalität zu tun gehabt, der täuscht sich: Das Kriegsleid war aus Sicht der Zeitzeugen unvergleichlich schlimm. Und es wurde auch niemals zur Normalität. Selbst die Jungen, die nichts anderes kannten als den Krieg, hatten eine klare Vorstellung davon, wie ihr Leben eigentlich sein sollte: friedlich, geordnet, unbedroht.

Wallensteins Wiederkehr

Von diesen herbeigesehnten friedlichen Zeiten war man um die Jahreswende 1631/32 noch weit entfernt. Gustav Adolf, der Triumphator der Stunde, versetzte Ferdinand II. in Angst und Schrecken. Selbst eine Bittprozession mitten im Winter, bei der der Kaiser persönlich durch den Wiener Straßenschlamm gewatet war, hatte nicht geholfen – und die habsburgischen Verwandten in Spanien lehnten sein Hilfeersuchen mit Verweis auf ihre knappen Finanzen ab. Überdies hatte Gustav Adolf ihre Truppen am Rhein in eine fatale Lage gebracht: Die verängstigten Kurbischöfe von Köln und Trier stellten sich lieber unter den Schutz Frankreichs, als es weiterhin mit Gustav Adolfs spanisch-habsburgischen Gegnern zu halten.

Ferdinand wusste sich nur noch einen Rat: Wallenstein musste zurückkehren. Der Friedländer ließ sich lange bitten und lenkte erst ein, als eine kaiserliche Delegation bei ihm erschien, um seine Bedingungen zu erfragen.

Am 31. Dezember sagte der Friedländer zu, bis Ende März ein neues Heer zu werben; für die Kosten wolle er allerdings nicht aufkommen, und wie lange er als Befehlshaber zur Verfügung stünde, ließ er offen. Seine Einwilligung, die erst im April vertraglich fixiert wurde, ließ er sich wie üblich mit wertvollen Versprechen bezahlen. Wahrscheinlich verlangte er nicht nur die uneingeschränkte Verfügungsgewalt über die Armee, sondern auch das Recht, über Friedensverhandlungen zu entscheiden und Verträge zu schließen, zudem einen Teil des habsburgischen Territoriums und die Kurwürde der Pfalz oder Brandenburgs. Aufzeichnungen darüber sind nicht bekannt.

Vorerst ging Gustav Adolfs Siegeslauf weiter. Im Frühjahr 1632 stieß sein Heer weiter nach Süden vor. Tilly stellte sich ihm am Lechübergang bei Rain entgegen, wo der 73-jährige Feldherr am 15. April von einer Kanonenkugel im Oberschenkel getroffen wurde und 15 Tage später an den Folgen der Verletzung starb. Der »Verderber von Magdeburg« war nicht mehr – und der Weg nach Bayern stand Gustav Adolf offen. An seine Abmachung mit Richelieu, Maximilian und dessen Territorien zu schonen, fühlte er sich offensichtlich nicht gebunden, schon deshalb nicht, weil sich Maximilian Anfang April Tillys Heer angeschlossen hatte. Am 24. April wurde Gustav Adolf von den protestantischen Bürgern Augsburgs mit Jubel empfangen, Mitte Mai erreichte er München, dessen Bürger 250 000 Taler zahlten, damit er ihre Stadt verschone. Maximilian floh nach Salzburg.

Während Tilly die Schlacht bei Rain am Lech und sein Leben verlor, hielt sich Wallenstein mit seinem frisch ausgehobenen 20 000-Mann-Heer an der böhmischen Grenze auf und konnte sich nicht zum Eingreifen entschließen. Auch als in den Vereinbarungen von Göllersdorf endlich die von ihm gewünschten Bedingungen für seine Rückkehr an die Heeresspitze fixiert waren, griff er nicht etwa die in Prag stationierten Sachsen an, sondern erlaubte ihnen, sich unbehelligt aus Böhmen zurückzuziehen, und ließ durchblicken, sich auch ein Bündnis mit Sachsen vorstellen zu können. Am 25. Mai nahm Wallenstein Prag wieder ein. Ein wichtiges Ziel hatte er damit erreicht: Gustav Adolf und Johann Georg von Sachsen waren zwar noch nicht entzweit, doch der schwedische König hatte erneut Grund, an der Bündnistreue des unsicheren sächsischen Kantonisten zu zweifeln.

Unter solchen Umständen konnte es der »Löwe aus Mitternacht« nicht riskieren, seinen Eroberungsfeldzug fortzusetzen. Zunächst einmal wollte er das Gewonnene sichern und zog im Juni erneut nach Nürnberg, wo er eine Art »Deutschlandplan« offenlegte. Eine Einigung mit dem Kaiser konnte es danach nur unter mehreren gewichtigen Bedingungen geben: Duldung der protestantischen Religion überall im Reich, Rückgabe aller restituierten evangelischen Gebiete und Besitztümer, Abtretung der Küste zwischen Elb- und Weichselmündung an Schweden – zum Ausgleich für diesen Gebietsverlust sollte der Kurfürst von Brandenburg Schlesien bekommen. Als Zeichen ihrer Macht und für deren Sicherung sollten die protestantischen Fürsten ein großes stehendes Heer rekrutieren; Gustav Adolfs Formulierung

»Corpus Evangelicorum« geht noch darüber hinaus und meint vermutlich eine Art protestantisches Reich im Reich – oder ein neues Staatsgebilde, das das alte Reich ersetzen sollte.

Wallenstein führte seine Truppen derweil nach Bayern und vereinte sie im Juli mit denen Maximilians. Bei Zirndorf, nicht weit von Nürnberg, schlugen beide Armeen ihr gemeinsames Lager auf. Gustav Adolf hatte alle seine Truppen aus Süddeutschland ebenfalls nach Franken beordert, sodass die Nürnberger Gegend über Wochen einem riesigen Heerlager für insgesamt rund 100 000 Mann glich. In diesem feuchten Sommer grassierten Seuchen, die Versorgung beider Armeen stockte und die Moral unter den Söldnern sank. Um sich vor der marodierenden Soldateska zu schützen, suchte die Bevölkerung aus dem Umland Schutz innerhalb der Nürnberger Stadtmauern, was die hygienischen Verhältnisse in der Stadt immer weiter verschlimmerte. Hunger und Krankheit rafften Zivilisten und Soldaten unterschiedslos dahin.

Der König stirbt

Gustav Adolf versuchte ab Ende August immer wieder vergeblich, das gegnerische Lager zu stürmen, doch Wallensteins gut verschanzte Artillerie fügte den Angreifern hohe Verluste zu. Mitte September gab der König auf und zog mit den hungrigen, kranken und niedergeschlagenen Resten seiner Armee nach Südwesten in der Hoffnung, dort Proviant fassen zu können. Wallenstein, der Sieger des Nürnberger Belagerungsduells, wählte die entgegengesetzte Richtung und wandte sich gen Sachsen. Gustav Adolf blieb nichts anderes übrig, als ihm zu folgen: Mochte der sächsische Kurfürst auch ein unzuverlässiger Bundesgenosse sein – Gustav Adolf konnte es sich nicht leisten, ihn zu verlieren.

Wie schon zwölf Jahre zuvor kam es auch 1632 zu einer Schlacht, als die Kriegssaison eigentlich schon vorüber war. Und wie am Weißen Berg sollte auch die Schlacht bei Lützen nahe Leipzig dem Krieg eine entscheidende Wendung geben. Dass die Schweden und ihre Verbündeten diesen Kampf

Tod König Gustavs II. Adolf in der Schlacht bei Lützen am 6. November 1632, Gemälde von Carl Wahlbom, 1855

99

am 16. November 1632 gewannen – und selbst das ist unter Historikern umstritten –, war bedeutungslos, denn sie verloren ihren König. Wie immer ritt Gustav Adolf selbst in die Schlacht, statt sich wie so viele andere Fürsten und Könige der Geschichte auf einen sicheren »Feldherrnhügel« zurückzuziehen. Als sein linker Arm von einer Musketenkugel getroffen wurde, verlor er die Gewalt über sein Pferd und geriet zwischen Wallensteins Reiter, wo ihn Schüsse in Kopf und Rücken töteten. Noch in der Schlacht rafften die Kaiserlichen sämtliche Kleidungsstücke des gefallenen Königs an sich, zogen sich in der Nacht in Richtung Leipzig zurück und überließen den Schweden das Schlachtfeld. Wallenstein hatte einen seiner wichtigsten Mitstreiter verloren, den Reitergeneral Gottfried Heinrich Graf zu Pappenheim. Doch der Verlust der Schweden wog unvergleichlich schwerer.

Gustav Adolf war unersetzlich. Eine charismatische Führungsfigur wie ihn, jemanden, der die viele Kriegsjahre lang verzagten Protestanten ermutigen, begeistern und mitreißen konnte, gab es nicht noch einmal. Er war ein Machtpolitiker, aber eben auch ein Streiter für den aus Sicht der Protestanten einzig rechten Glauben. Seine großen Pläne für Schweden und Deutschland – es gibt sogar Theorien, Gustav Adolf habe selbst Kaiser werden oder das Reich der schwedischen Krone unterstellen wollen – mussten nach seinem Tod zwangsläufig weit zurückgestutzt werden.

Oxenstiernas Heilbronner Bund

»In der Welt gibt es keinen, der in dieser Zeit diesem König gleich wäre«, schrieb der schwedische Reichskanzler Axel Oxenstierna nach Gustav Adolfs Tod. »Ein solcher ist in vielen hundert Jahren nicht angetroffen worden. Ich weiß auch nicht, ob nach uns so leicht wieder einer von dieser Art kommen wird. So mag er mit Recht bei uns der weise und große Gustav heißen – Vater des Vaterlandes.« Kein Mensch allein, das war unter den trauernden Schweden Konsens, konnte die Aufgaben übernehmen, die dieser überlebensgroße historische Akteur hinterlassen hatte. Der militärische Part wurde zunächst unter den Generälen Gustav Horn und Bernhard von Weimar aufgeteilt. Zuständig für die schwedische Politik und Administration im Reich war Oxenstierna. Er erhielt vom Reichsrat in Stockholm weitgehende diesbezügliche Machtbefugnisse und gehörte auch dem fünfköpfigen Regentschaftsrat an, der im Namen von Gustav Adolfs einzigem Kind, der sechsjährigen Christina, regierte.

Kanzler Oxenstierna schränkte sowohl die schwedischen Kriegsziele als auch die Ressourcen ein, die Schweden noch in den mitteleuropäischen Kriegsschauplatz investieren wollte, wobei die wichtigste ohnehin fast aufgebraucht war: kampffähige Männer. Seine besten Soldaten hatte Gustav Adolf stets im eigenen Land rekrutiert, doch nach zwei Kriegsjahren waren so viele Schweden gefallen, dass sich die Verluste nicht mehr ausgleichen ließen. Die verbleibenden schwedischen Truppen waren nach Gustav Adolfs Tod in Unruhe geraten und begehrten auf, nicht zuletzt wegen der schlechten Versorgungslage. Zur Beschwichtigung der Armee wandte Oxenstierna große Summen auf und übertrug das Herzogtum Franken an Bernhard von Weimar.

Gustav Adolfs Ziel eines »Corpus Evangelicorum« wurde von Oxenstierna nicht weiter verfolgt, ihm ging es vorrangig darum, ohne Gesichtsverlust den Rückzug aus dem Reich antreten zu können. Zumindest die deutsche Ostseeküste aber – und vor allem Pommern – sollte in schwedischem Besitz verbleiben, das war Bedingung. Was die weitere Kriegführung anging, vertrat Schweden den Standpunkt, dass seine protestantischen Verbündeten nun weitgehend selbst für ihre Interessen kämpfen sollten, allerdings unter schwedischer Führung. Oxenstierna rief daher im April 1633 den Heilbronner Bund ins Leben, ein Bündnis Schwedens mit den vier oberdeutschen Reichskreisen – dem fränkischen, schwäbischen, ober- und kurrheinischen –, das in erster Linie die Finanzierung der gemeinsamen Armee sicherstellen sollte.

Zusammenschluss der protestantischen Reichsstände im Heilbronner Bund unter Führung des schwedischen Kanzlers Axel Oxenstierna (1583–1654), altkolorierte Federlithografie, 1841

In dessen »Bundesrat« sollte Schweden drei von zehn Stimmen innehaben, Bundesdirektor mit Entscheidungsgewalt über militärische Angelegenheiten und etwaige Friedensverhandlungen war Oxenstierna. Gemeinsam sollten die Bundesgenossen eine Armee von 78 000 Soldaten unterhalten, die zum Teil mit den Geldern, die Schweden aus Frankreich erhielt, finanziert werden sollte. Als Ziele des Bündnisses wurden die Wiederherstellung der Libertät, die Umkehrung der Restitution und ein »richtiger und sicherer Frieden« festgeschrieben. Oxenstierna knüpfte an die föderalen Elemente der Reichsverfassung an und stellte sie klar über die kaiserliche Zentralgewalt. Die Macht im Reich sollte zugunsten der Fürsten – insbesondere der protestantischen – umverteilt werden, vor allem aber zugunsten Schwedens.

Johann Georg von Sachsen blieb dem Bündnis fern und warf Oxenstierna vor, die protestantische Partei im Reich zu spalten. Auch Kurbrandenburg hielt sich vom Heilbronner Bund fern, da Schweden von seinem Anspruch auf Pommern nicht abrücken wollte, auf das der Berliner Kurfürst seinerseits Erbansprüche erhob. So war der Heilbronner Bund dazu verdammt, eine schwedisch-südwestdeutsche Allianz zu bleiben. Ein weiteres Problem der Heilbronner war ihr Geldmangel. Die Mittel des Bündnisses reichten nicht, um die gemeinsame Armee zu finanzieren. Oxenstierna entschädigte die Offiziere mit Land statt Geld – für sich selbst sah er das Kurfürstentum Mainz vor.

Währenddessen versuchte Wallenstein, seinen ehemaligen Mitstreiter, den sächsischen General Arnim, wieder auf seine Seite zu ziehen und mit ihm gemeinsam gegen die schwedische Armee vorzugehen. Arnim weigerte sich – und hielt auch stand, als Wallenstein im Sommer 1633 den Versuch unternahm, die von Sachsen kontrollierten Teile Schlesiens zurückzuerobern. Doch zwischen Johann Georg und Arnim klaffte nun ein Riss, denn im Unterschied zu seinem General war der sächsische Kurfürst durchaus bereit, sich von Oxenstierna zu lösen und einen Separatfrieden mit dem Kaiser zu schließen. Wallenstein hatte wieder einmal mit Geschick Keile zwischen seine Feinde getrieben und dabei übersehen, dass er sich selbst innerhalb der kaiserlich-katholischen Partei immer weiter isolierte.

Wallensteins Tod

Wallenstein war ein Genie eigener Art: nicht als Feldherr und Kriegsstratege, sondern als Kriegsunternehmer und -organisator. Keiner konnte so schnell ganze Armeen anwerben wie er und keiner setzte die Maxime »Der Krieg muss den Krieg ernähren« so kompromisslos durch. Dass im

Bernhard von Sachsen-Weimar (1604–1639), Kupferstich von J. von Heyden, 1634

Krieg besondere Abgaben zu leisten waren, vorzugsweise durch die Bevölkerung der eroberten Gebiete, war nichts Neues. Lange war es üblich, dass diese Kontributionen ganz oder teilweise in Lebensmitteln entrichtet wurden. Doch Wallensteins Militärwirtschaftssystem basierte darauf, dass die Abgaben nicht bloß für die Verpflegung der Truppen ausreichten: Sie mussten sämtliche Kosten decken. War es erst einmal aufgestellt, durfte ein Heer weder dem Auftraggeber noch dem Kriegsunternehmer auf der Tasche liegen. Es kümmerte Wallenstein auch nicht sehr, ob sich seine Söldner aus Freundes- oder Feindesland ernährten – Hauptsache, sie fanden in den Gebieten, durch die sie zogen, genügend Ressourcen vor.

Das Kontributionssystem des Friedländers hatte schon vor dessen Absetzung zu lautem Murren auch unter katholischen Landesherren geführt. Doch auch nun ließ der Kaiser seinen Generalissimus wieder gewähren, weil er Wallenstein für unersetzlich hielt und weil dessen Erfolge bei der Rekrutierung und Unterhaltung von Armeen beispiellos waren. 1633 jedoch wuchs der Widerwillen gegen Wallenstein auch in der Hofburg. Zunächst einmal nahm man ihm übel, dass er seine Truppen das ganze Jahr über in Böhmen stationiert ließ, wo sie sich an den kaiserlichen Domänen schadlos hielten, während Bernhard von Weimar nahezu ungehindert nach Bayern vorstieß und im Herbst Regensburg eroberte. Maximilian von Bayern hatte 1630 besonders auf Wallensteins Entlassung gedrängt. Nun verweigerte Wallenstein dem Kurfürsten geradezu demonstrativ die Unterstützung.

Doch nicht nur dieses Verhalten seines Generalissimus befremdete den Kaiser. Wallenstein versuchte sich zunehmend auf einem Gebiet zu profilieren, das ihm nur bedingt lag und für das er nicht die notwendigen Befugnisse besaß – auf dem der Diplomatie. Den Verhandlungen, die er mit verschiedensten Parteien führte – mit Sachsen, Frankreich, mit exilierten böhmischen Protestanten um Wilhelm Graf Kinsky, selbst mit Oxenstierna –, lag die Erkenntnis zugrunde, dass es keinen Frieden und keine aussichtsreiche Neuordnung des Reiches geben konnte, solange das Restitutionsedikt existierte. Der Kaiser hatte sich damit zu viele Feinde gemacht, innen- wie außenpolitisch. Wallenstein, der aus einer protestantischen böhmischen Familie stammte, war mit etwa 20 Jahren zum Katholizismus übergetreten und hatte in den ersten Kriegsjahren die Rekatholisierung böhmischer Güter mit Verve vorangetrieben; beides war seiner Karriere sehr förderlich gewesen. Doch Ferdinands Restitutionsedikt hatte ihm von Anfang an missfallen.

Wallenstein wusste, dass das schwedisch-sächsische Bündnis nach Gustav Adolfs Tod äußerst brüchig war, und versuchte, die beiden Partner vollständig zu trennen – einerseits, indem er die sächsische Armee nicht angriff, selbst als sie noch in Böhmen lagerte, und andererseits, indem er Johann Georg von Sachsen die Aufhebung des Restitutionsedikts und die Rückkehr zu den konfessionellen Besitz- und Machtverhältnissen von 1618 in Aussicht stellte. Damit überschritt er seine diplomatischen Befugnisse bei Weitem. Er durfte zwar eigenmächtig Friedensverhandlungen führen, aber dabei selbstverständlich keine Versprechungen machen, die der Kaiser nicht billigte. Aber auch seine Verhandlungen mit ausländischen Emissären führte er so, als sei er bevollmächtigt, ihnen das Ende des Restitutionsedikts anzukündigen. Dieses Spiel war indes leicht zu durchschauen und Oxenstierna ging in die Offensive: Solange sich der Kaiser den Zusagen des Möchtegern-Diplomaten nicht anschloss oder Wallenstein nicht offen gegen Ferdinand rebellierte, gebe es keinen Grund, weiter zu verhandeln. Gemeinsam mit den böhmischen Protestanten bot Oxenstierna Wallenstein sogar den Prager Königsthron für den Fall an, dass er die Seiten wechselte. Der Feldherr wich aus und versuchte es weiter mit Finten und leeren Versprechungen – so lange, bis sich auch die optimistischsten Verhandlungspartner entnervt abwandten.

Aus Sicht der Hofburg beging Wallenstein Verrat, indem er gegen die erklärten politischen Ziele Ferdinands und gegen kaiserlichen Befehl handelte. Das war lebensgefährlich – und das muss Wallenstein bewusst gewesen sein. Warum er trotzdem so agierte, gehört zu den Rätseln der Kriegsgeschichte. Glaubte der stolze Feldherr, im Alleingang einen Frieden aushandeln und den Kaiser vor vollendete Tatsachen stellen zu können? Hatten die aufreibenden Kriegsjahre den inzwischen 50-jährigen Wallenstein nicht nur körperlich, sondern auch geistig erschöpft, hatte seine Urteilsfähigkeit ihn verlassen? Verließ er sich zu sehr auf die Horoskope seines Astrologen Giovanni Battista Seni? Mit Ursachenforschung gab sich der Kaiser nicht ab. Er sah nur das Ergebnis, den Verrat – und all die Eigenmächtigkeiten, die sich Wallenstein über die Jahre erlaubt hatte.

Dass der Friedländer seine ganzjährige Ruhepause in Böhmen nur einmal kurz unterbrach und im November 1633 einen erfolglosen Scheinangriff auf die Oberpfalz unternahm, vorgeblich um die Schweden aus Regensburg zu vertreiben, erzürnte den Kaiser nur noch mehr. Zudem weigerte sich Wallenstein, die den kaiserlichen Ländern auferlegten Kontributionen zu senken. Ferdinand fasste den Beschluss, »dem Herzog von Friedland die Kriegsdirektion und das Generalat zu nehmen« berichtete ein bayerischer

Gesandter Ende Dezember nach München. Wallenstein erfuhr wahrscheinlich von diesem Geheimbeschluss – und beging daraufhin Mitte Januar den Fehler, der sein Schicksal besiegeln sollte: Er zwang seine wichtigsten Offiziere im Winterlager bei Pilsen, ihm Treue zu schwören und dies mit ihrer Unterschrift zu beurkunden. Von einer Treuepflicht gegenüber dem Kaiser war in der schriftlichen Verpflichtung keine Rede.

Der Astrologe Giovanni Battista Seni an der Leiche des in Eger ermordeten Wallenstein, Gemälde von Karl von Piloty, 1855

In Wien deutete man das »1. Pilsener Revers«, dem kurz darauf ein zweites Schriftstück mit weiteren Unterschriften folgte, als Hochverrat. Gerüchte und die Berichte des übergelaufenen Kavalleriegenerals Octavio Piccolomini ließen Ungeheuerliches befürchten: Wallenstein wolle seine Truppen gegen Wien wenden und den Kaiser gefangen setzen oder aber direkt mit seiner ganzen Armee zu den Schweden überlaufen. Ferdinand glaubte den schlimmsten Verdächtigungen sofort und verhängte am 24. Januar die Reichsacht über Wallenstein. Am 18. Februar entband er alle Befehlshaber offiziell von ihren Pflichten gegenüber dem gestürzten Generalissimus. Spätestens jetzt fielen fast alle, die Wallenstein einen Monat zuvor noch Treue geschworen hatten, von ihm ab. Mit seinen letzten Getreuen floh Wallenstein aus Pilsen in der Absicht, überzulaufen und sich mit Bernhard von Weimar und Arnim zusammenzutun. Dazu kam es nicht mehr. In Eger, seiner Residenz, wurde Wallenstein am 25. Februar in seinem Schlafzimmer von dem Dragonerhauptmann Walter Deveroux mit einer Stangenwaffe, der sogenannten Partisane, erstochen. Auch seine engsten Vertrauten fielen dem Mordkomplott zum Opfer, darunter Kinsky.

Von Mord konnte nach Lesart der Kaisertreuen freilich nicht die Rede sein: Ferdinand hatte das Recht, wenn nicht die Pflicht, einen Hochverräter exekutieren zu lassen. Zu Unruhen im Heer kam es kaum, die übergroße Mehrheit der Soldaten erklärte sich eilends für kaisertreu. Als die Nachricht von Wallensteins Tod die Hofburg erreichte, wurden die Vollstrecker des kaiserlichen Willens nach Wien eingeladen, gefeiert, befördert und reich beschenkt. Das konnte sich Ferdinand jetzt auch leisten: Die gewaltigen Schulden, die er bei seinem Generalissimus gehabt hatte, war er auf einen Schlag los.

Auf der Spanischen Straße nach Nördlingen

Das Ende Wallensteins nutzte der Gegenseite nicht – im Gegenteil: Während in der kaiserlichen Partei endlich wieder Geschlossenheit herrschte, war man im schwedisch-protestantischen Lager heillos zerstritten. Uneinigkeit über das weitere Vorgehen auf dem Kriegsschauplatz herrschte unter den schwedischen Generälen, aber auch zwischen den Schweden und den deutschen Mitgliedern des Heilbronner Bundes, die kriegsmüde und zahlungsunwillig waren – und alle gemeinsam haderten mit Kursachsen, das sich ebenso wie Kurbrandenburg der kaiserlichen Seite annäherte. Zu allem Unglück für Schweden kam auch noch ein seltenes außenpolitisches Ereignis: Zum ersten Mal seit dem dänisch-niedersächsischen Krieg – und zum letzten Mal während des Dreißigjährigen Krieges überhaupt – schenkten Ferdinands habsburgische Verwandte in Madrid dem Hilfsersuchen des Kaisers

Gehör und schickten eine Armee unter Führung des Kardinalinfanten Fernando ins Reich. Eigentlich waren diese Truppen auf der Spanischen Straße nordwärts Richtung Vereinigte Niederlande unterwegs, um in den Achtzigjährigen Krieg einzugreifen. Doch nun bogen sie auf Geheiß Madrids ostwärts ab und erreichten Anfang September das von den Schweden besetzte Nördlingen, das von General Matthias Gallas, Wallensteins Nachfolger und einstigem Stellvertreter, seit dem 18. August belagert wurde. Nun kam Fernandos Flandrische Armee dazu und leistete machtvolle Schützenhilfe. Und obwohl Bernhard von Weimar und der schwedische General Gustav Horn noch versuchten, Nördlingen zu entsetzen, hatten die insgesamt etwa 25 000 Mann auf schwedisch-protestantischer Seite keine Chance gegen die doppelt so starken vereinigten kaiserlichen und spanischen Truppen. Rund 10 000 Soldaten des Heilbronner Bundes fielen in der Schlacht am 5./6. September, zudem wurde Horn gefangen genommen. Diese verheerende Niederlage bedeutete das Aus für den Heilbronner Bund und zugleich das Ende der schwedischen Präsenz im deutschen Süden, der bald wieder von kaiserlichen Truppen kontrolliert wurde.

Die Schlacht bei Nördlingen, zeitgenössisches Gemälde von Pieter Meulener

Der schwedisch-französische Krieg

1635 bis 1648

Falscher Frieden in Prag

Nach der Schlacht von Nördlingen war Schweden als Akteur auf dem Kriegsschauplatz dermaßen geschwächt, dass viele seiner Verbündeten sich beeilten, einen Friedensschluss mit der siegreichen Seite zu suchen. Johann Georg von Sachsen paktierte schon im Herbst 1634 offen mit dem Kaiser und am 30. Mai des Folgejahres wurde in Prag ein Friedensvertrag veröffentlicht, der allein zwischen Wien und Dresden ausgehandelt worden war. Er versprach etwas, das den eingeschüchterten und nach 17 Kriegs- jahren erschöpften protestantischen Reichsständen überaus verlockend erschienen sein muss: eine Amnestie. Sämtliche Kampfhandlungen, die seit Gustav Adolfs Landung 1630 stattgefunden hatten, sollten vergeben und vergessen sein. Frieden und Amnestie sollten aber nur denjenigen zuteil- werden, die sich dem Frieden von Prag schleunigst anschlossen.

Den protestantischen Reichsständen wurde die Muskete auf die Brust gesetzt: Wer sich nicht »ohn einige verzögerung würklich bequemen« sollte, den Friedensschluss anzunehmen, der werde als Rebell betrachtet. Die Stände hatten so wenig Bedenkzeit, dass sie sich nicht untereinander abstimmen konnten. Von dem Versprechen auf Frieden und Vergebung »per expressum« ausgeschlossen waren »die Böhmische vnd Pfälzische Händel vnd Sachen vnd was denselben anhangt«. Unversöhnlich gaben sich Kaiser und Bayernherzog generell gegenüber den calvinistischen Reichsständen. Der Heilbronner Bund lag ohnehin in Trümmern, nun hatte Ferdinand dessen Vertreter effektiv entzweit. Aber auch die Katho- lische Liga wurde mit dem Prager Frieden für aufgelöst erklärt und deren Armee dem Kaiser unterstellt.

109

Der Friedensvertrag zeigte, dass Ferdinand in gewisser Weise dazuge-
lernt hatte: Er bestand nicht mehr auf die unverzügliche Durchsetzung
des Restitutionsedikts von 1629. Es wurde zwar nicht aufgehoben, aber
über die Streitfragen, die sich bei der Auslegung des Augsburger Religionsfriedens von 1555 ergeben hatten, sollte erst in der Zukunft
entschieden werden – in spätestens 40 Jahren. Damit war die
Restitution aller nach 1552 säkularisierten Kirchengüter und
Bistümer vorerst vom Tisch. Als neues »Stichjahr« wurde
1627 festgelegt. Die damals geltende konfessionelle
Besitzverteilung sollte wiederhergestellt werden,
was die kaiserlich-katholische Seite begüns-
tigte: 1627 war der dänisch-niedersächsische
Krieg bereits zuungunsten der Protestanten
entschieden gewesen, etliche ehemalige Kirchengüter
waren schon rekatholisiert worden und Gustav Adolfs
Intervention lag noch in der Zukunft. Zudem hatte das Datum des 12. November 1627 Symbolwirkung: An diesem Tag
hatten die katholischen Fürsten auf dem Kurfürstentag von
Mühlhausen ein Gutachten vorgelegt, das zur Grundlage des
Restitutionsedikts werden sollte. Mit dem Prager Friedensvertrag bekräftigte die katholische Seite also implizit ihren
Willen, die Gegenreformation nach spätestens 40 Jahren mit
Macht fortzusetzen.

Betont wurde in dem seitenlangen Vertragswerk aber ein
anderer Aspekt: Alle friedlich gesinnten Reichsstände müssten
sich mit dem Kaiser hinter diesem Friedensschluss vereinen, um die Einmischung fremder Mächte und Truppen
zukünftig zu verhindern. Der Vertrag appellierte geradezu an den Patriotismus der Reichsstände, schwächte
aber zugleich deren Position zugunsten des Kaisers: Bei ihm allein sollte die
militärische Macht liegen, alle Truppen hatten ihm den Eid zu leisten. Nur
die Kurfürsten von Sachsen und Bayern erhielten die Erlaubnis, Generäle für
Unterabteilungen der Reichsarmee zu bestimmen. Verteidigungsbündnisse
zwischen den Ständen und überhaupt alle Arten reichsständischer Allianzen wurden für aufgelöst erklärt. Ausnahme war das Kolleg der Kurfürsten.
Die niederrangigen Reichsstände empfanden das als Zurücksetzung und
als Einschränkung ihrer Libertät; sie verdächtigten die Kurfürsten, sich auf
ihre Kosten mit dem Kaiser arrangiert zu haben. Denn schließlich war der
Friedensvertrag, der doch für das ganze Reich und alle kompromissbereiten
Reichsstände gelten sollte, lediglich zwischen dem Kaiser und einem Vertreter des Kurfürstenkollegs ausgehandelt worden.

Außerdem verpflichtete der Friedensvertrag die Reichsstände zur
Zahlung erheblicher Militärsteuern. Über solche Steuern zu bestimmen –
oder zumindest mitzubestimmen –, war bisher ein Privileg der Reichs-

Maximilian I. von Bayern
(1573–1651), Gemälde
eines unbekannten Künstlers
(Ausschnitt), um 1620

stände gewesen. Die Abstimmung über solche Fragen war früher auf den Reichstagen erfolgt, die allerdings seit 1613 nicht mehr stattgefunden hatten. Indem er festlegte, dass der Prager Frieden alle Reichsstände band, sobald eine Mehrheit dem Vertrag beigetreten war, machte der Kaiser deutlich, dass er selbst angesichts derart wichtiger Verfassungsfragen gar nicht daran dachte, einen Reichstag einzuberufen. Hier hebelte Ferdinand gemeinsam mit den Kurfürsten wieder einmal grundlegende Rechte aus – so jedenfalls erschien es den übrigen Reichsständen. Schon deshalb konnte der Vertrag von Prag keinen inneren Frieden bringen. Von Frieden mit und unter den ausländischen Mächten – Frankreich, Schweden, Spanien – ganz zu schweigen.

Katholiken gegen Katholiken

»Sachsen hat seinen Frieden gemacht, aber das wird auf uns bloß die Wirkung haben, dass wir unsere Bemühungen erneuern, alles im Fluss zu halten«, schrieb Richelieu nach dem Prager Friedensschluss in einem Brief. Der Vertrag zwischen dem Kaiser und dem Kurfürsten beeindruckte den Kardinal nicht im Mindesten. Ihm ging es nur um eines: Habsburg durfte nicht zu stark werden. An Frankreichs Einstellung gegenüber seinen Nachbarn hatte sich nichts geändert: Spanien war aus Sicht Richelieus und Ludwigs XIII. die bedrohlichere der beiden habsburgischen Mächte, aber auch das Reich musste in Schach gehalten werden, insbesondere dann, wenn es – wie in der Schlacht von Nördlingen – eng mit Madrid paktierte. Deshalb war der Krieg unbedingt »im Fluss zu halten«, deshalb durfte er nicht mit einem Friedensvertrag enden, der – und sei es nur für den Moment – die Macht des Kaisers deutlich stärkte. Paris interpretierte den Prager Frieden als Schritt Ferdinands in Richtung absolute Monarchie.

Die Stärkung des Kaisers konnte Paris nicht gefallen, doch die Schwächung Schwedens behagte Richelieu durchaus. Er kalkulierte, dass Oxenstierna und seine deutschen Verbündeten unter diesen Vorzeichen viel eher bereit sein würden, sich den französischen Wünschen zu fügen. Seit dem Vertrag von Bärwalde 1631 hatte Paris große Summen in seinen schwedischen Verbündeten investiert und doch erleben müssen, dass Gustav Adolf seine eigene Agenda verfolgte – beispielsweise indem er nach dem Sieg von Breitenfeld nicht auf Wien vorrückte, sondern durch Süddeutschland zog. Nach der Nördlinger Niederlage wandten sich die enttäuschten deutschen Alliierten Schwedens geradezu zwangsläufig Frankreich zu. Noch ehe der Heilbronner Bund sich völlig auflöste, nahmen seine deutschen Mitglieder ohne Wissen Oxenstiernas Kontakt mit Paris auf und ersuchten den Nachbarn, dem Kaiser den Krieg zu erklären. Richelieu erkannte, dass es an der Zeit war, selbst auf dem Kriegsschauplatz aktiv zu werden, statt nur als Finanzier aus dem Hintergrund zu agieren.

Es war aber nicht der Hilferuf der gescheiterten Heilbronner, der Paris den gewünschten Vorwand zum Eingreifen bot. Ohnehin schlossen sich die Fürsten beider Konfessionen nach und nach – und mit sehr unterschiedlich ausgeprägter Begeisterung – dem Prager Friedensvertrag an, weil sie keine Möglichkeit sahen, sich dem kaiserlichen Ultimatum zu entziehen. Eine Ausnahme war Bernhard von Sachsen-Weimar, der sich schon seit seiner Jugend als Soldat und Söldnerführer einen Namen gemacht hatte und als elfter und jüngster Sohn eines Herzogs hoffte, sich in französischen Diensten nun endlich ein eigenes Territorium zu verdienen. Eine andere war Wilhelm der Beständige, der calvinistische Landgraf von Hessen-Kassel, der sich nach monatelangen Verhandlungen mit dem unnachgiebigen Ferdinand 1636 offen auf die Seite Frankreichs stellte und daraufhin der Reichsacht verfiel. Sein Land wurde künftig von dem Landgrafen von Darmstadt verwaltet, nachdem kaiserliche Truppen es zur Strafe verwüstet hatten. Nach Wilhelms Tod im ostfriesischen Exil 1637 begehrte seine Witwe Amalie Elisabeth weiter mutig gegen das Prager Friedensdiktat auf und hielt auch die kleine Armee aufrecht, die ihr Mann ihr hinterlassen hatte.

Auf solche antihabsburgischen Einzelkämpfer war Frankreich nicht angewiesen, wenn es einen Anlass für seinen Eintritt in die Kriegsarena suchte. Dennoch galt es aus Richelieus Sicht, diese zu stärken, wenn man Ferdinands zentralistischen Bestrebungen etwas entgegensetzen wollte. Paris hatte freilich weitaus mächtigere Verbündete im Reich, allen voran einen Kurfürsten. Der Erzbischof von Trier, Philipp Christoph von Sötern, verfolgte schon lange eine frankreichfreundliche Außenpolitik und hatte dem großen Nachbarn 1631 die Kontrolle über seine rechtsrheinischen Festungen Ehrenbreitstein und Philippsburg eingeräumt. Im Gegenzug versprach Frankreich dem Kurfürsten Schutz gegen Schweden und auch gegen seine eigene Untertanen, die mit Philipp Christophs harter Steuerpolitik haderten.

Für Habsburg war dieses Bündnis mehr als ärgerlich. Dass Frankreich 1633 das eigentlich um Neutralität bemühte Herzogtum Lothringen besetzt hatte, war schon schlimm genug, vor allem aus Sicht Madrids, denn so war wieder einmal die Spanische Straße gefährdet. An dem frankreichfreundlichen Kurfürsten aber konnte und musste man ein Exempel statuieren – und angesichts der neuen habsburgischen Allianz, die im Oktober 1634 auch in einem Beistandsvertrag fixiert worden war, fühlte sich Spanien ermutigt, selbst auf dem Reichsgebiet zur Tat zu schreiten. Die spanischen Truppen, die dem kaiserlichen Heer in Nördlingen zu Hilfe gekommen waren, besetzten Ende März 1635 Trier, führten Philipp Christoph von Sötern als Gefangenen ab und lieferten ihn an den Kaiser aus, der ihn für zehn Jahre gefangen setzte.

Falls Madrid gehofft hatte, Paris mit diesem rüden Vorgehen gegen seinen Bundesgenossen in die Schranken zu weisen, sah es sich getäuscht.

Graf Axel Gustafsson Oxenstierna af Södermöre (1583–1654), zeitgenössisches Gemälde von David Beck

113

Der Erzbischof von Trier Philipp Christoph von Sötern (1567–1652) wird von den Spaniern gefangen genommen, Radierung von Jan Luyken, 1718

Frankreich antwortete am 19. Mai 1635, also noch vor Veröffentlichung des Prager Friedensvertrages, mit einer Kriegserklärung an den spanischen König Philipp IV. Die Verhaftung des Erzbischofs von Trier war der Anlass, auf den Ludwig XIII. und Richelieu geradezu gewartet hatten.

Die Konfliktkonstellation zu Beginn dieser letzten und längsten Kriegsphase zeigt deutlich, wie unzulänglich es wäre, den Dreißigjährigen Krieg allein als Konfessions- oder Religionskonflikt zu beschreiben. 1635 erklärte eine katholische Macht einer anderen den Krieg und zielte damit zugleich gegen eine dritte. Auslöser war die Gefangennahme eines – selbstverständlich katholischen – Erzbischofs, der mit der einen katholischen Macht paktiert hatte, durch die zweite – mit Billigung und Beifall der dritten. Der wichtigste protestantische Söldnerführer paktierte mit der erstgenannten katholischen Macht, der wichtigste protestantische Kurfürst mit der dritten; fast alle protestantischen Reichsstände hatten, wenn auch widerwillig, ebenfalls einen faulen Frieden mit der dritten geschlossen und fielen als eigene Kriegspartei daher aus. Der Krieg war mehr denn je ein Ringen der katholischen Herrscherhäuser Bourbon und Habsburg um Macht und um ihre Einflusssphären insbesondere am Rhein und in Norditalien.

Habsburgs Herrschaft in Spanien

1519 erbte der junge spanische König Karl I., Sohn des Habsburgers Philipp I., das Erzherzogtum Österreich und wurde zum römisch-deutschen König Karl V. ernannt. Er gab sich den Titel eines »erwählten Kaisers des Heiligen Römischen Reiches« und war 1530 der letzte Herrscher, der vom Papst zum Kaiser gekrönt wurde. Er blieb der einzige Habsburger, der zugleich das spanische Königreich und das Kaiserreich regierte.

Unter seiner Herrschaft, die bis 1556 währte, wuchs Spanien zum Weltreich. Nach seiner Abdankung wurde das Riesenreich geteilt: Karls Bruder Ferdinand wurde Kaiser, sein Sohn Philipp erbte den spanischen Thron. König Philipp II. setzte es sich zum Ziel, sowohl den Protestantismus als auch die Osmanen niederzuwerfen, erlitt aber heftige Rückschläge: Die nördlichen Niederlande erklärten sich 1581 für unabhängig, die spanische Armada wurde 1588 von der englischen Flotte versenkt. Philipps teure Kriege führten dreimal zum Staatsbankrott.

Im 17. Jahrhundert erlebte Spanien unter seinen Königen Philipp III. und Philipp IV. den allmählichen Niedergang. Kriege, Epidemien und permanente Finanznot schwächten das Reich. Es verlor Portugal und

Philipp IV. von Spanien (1605–1665), Gemälde von Diego Velásquez, 1628

damit auch die reiche Kolonie Brasilien, die Unabhängigkeit der Vereinigten Niederlande wurde im Westfälischen Frieden besiegelt. Mit dem Tod des kinderlosen Karl II. im Jahr 1700 endete die habsburgische Herrschaft in Spanien.

Schwedisches Dilemma

Allerdings war auch noch das protestantische Schweden auf dem Kriegsschauplatz zugegen, wenn auch nur mehr als Schatten seiner selbst. Die Niederlage von Nördlingen hatte die Moral bei den Resten der schwedischen Truppen auf einen Tiefpunkt stürzen lassen – und dann musste Oxenstierna auch noch mitansehen, wie sein wichtigster deutscher Feldherr Bernhard von Sachsen-Weimar mitsamt seinen Söldnern in französische Dienste wechselte. Allein der schwedische General Johan Banér und seine Truppen in Mitteldeutschland waren noch übrig. Die Nördlinger Niederlage und der Frieden von Prag weckten in den verbliebenen Soldaten den Argwohn, sie müssten ohne »satisfactio«, ohne Abfindung für ihren fünfjährigen Kriegseinsatz, aus dem Reich abziehen. Das wollten sie sich unter keinen Umständen bieten lassen. Weil sie Oxenstierna verdächtigten, einen Kompromiss mit Ferdinand aushandeln zu wollen, setzten einige aufständische Truppenteile den schwedischen Kanzler im August 1635 als Geisel fest. Im Monat darauf gelang es ihm, sich mit dem Versprechen freizukaufen, keinen Frieden ohne eine ansehnliche Abfin-

Johan Banér (1596–1641),
zeitgenössische Radierung

dung für die schwedischen Soldaten auszuhandeln. Manche Quellen behaupten auch, Oxenstierna habe sich nachts heimlich davongestohlen. So oder so: Bei der eigenen Truppe war sein Leben offenbar nicht mehr sicher. Der schwedische Reichskanzler sah sich in einem schweren Dilemma: Einerseits war er zur Finanzierung seiner Truppen im Reich auf Frankreich angewiesen, andererseits wollte er vermeiden, sich allzu eng an Paris zu binden – denn schwedische Siege, ermöglicht durch französisches Geld, hätten einen Friedensschluss mit dem Kaiser verhindern und damit die Hoffnung auf Entschädigungszahlungen zunichtemachen können. Zwar waren sich Frankreich und Schweden schon im April 1635 bei einer Konsultation in Compiègne einig, dass die Freiheit der Stände auch weiterhin zu verteidigen sei. Dazu wolle Paris die schwedischen Truppen weiter finanziell unterstützen und auch selbst auf rechtsrheinischem Territorium militärisch eingreifen. Doch die versprochenen Zahlungen an Schweden blieben aus – und Stockholm ratifizierte die Übereinkunft gar nicht erst. Ähnliches wiederholte sich im März 1636 in Wismar, wo die beiden Partner ein abgestimmtes militärisches Vorgehen verabredeten, bis ein jeder auf seine Kosten und seine »satisfactio« gekommen wäre. Wieder sagte Frankreich Schweden Hilfszahlungen zu – und wieder stellte Paris die Bedingung, dass es einen einseitigen Friedensschluss mit Wien nicht geben dürfe. Diese Hintertür wollte Stockholm sich aber unbedingt offenhalten. Daher blieb auch der Vertrag von Wismar ohne Ratifikation.

Oxenstiernas Versuche, parallel mit der Gegenseite zu verhandeln, scheiterten. In Gesprächen mit den Diplomaten Johann Georgs von Sachsen verfolgte er zwei Ziele: einerseits eine territoriale und finanzielle Abfindung, ohne die sich Schweden keinesfalls aus dem Reich zurückziehen werde; andererseits eine Amnestie für seine deutschen Verbündeten, die zugleich eine Rückkehr zu den Konfessions- und Besitzverhältnissen der Vorkriegszeit bedeuten sollte. Oxenstierna ging es um die Ehre und das Ansehen Schwedens. Der Kaiser jedoch machte unmissverständlich klar, was er davon hielt, indem er Sachsen die Verhandlungen in dieser Sache führen ließ: Schweden sei für ihn kein Gegner auf Augenhöhe, lautete die Botschaft. Johann Georgs Diplomaten hatten Oxenstierna nichts anzubieten. Es gebe ja bereits Frieden, nämlich den von Prag, ließen sie ihn wissen. Eine andere Form der Amnestie sei undenkbar. Und was die Abfindungsfrage betreffe: Eventuell sei man bereit, geringe Summen an Stockholm zu zahlen – mehr aber keinesfalls. Unter diesen Bedingungen hatte Schweden keine Wahl: Es musste weiterkämpfen.

Panik in Paris

Kardinal Richelieu eröffnete den Krieg gegen Spanien mit einigen diplomatischen Schachzügen, für die er bekannt und berüchtigt war: Er verständigte sich mit den Vereinigten Niederlanden auf ein Vorgehen gegen die Spanischen Niederlande, die nach einem Sieg zwischen den beiden Verbündeten aufgeteilt werden sollten, und mit den Herzogtümern Savoyen, Mantua und Parma auf die Eroberung des zwischen ihnen gelegenen, von Spanien regierten Mailand. Zudem handelte er eine Verlängerung des 1635 auslaufenden Waffenstillstands zwischen Schweden und Polen aus. Wäre der Krieg im Nordosten wieder aufgeflammt, hätte Oxenstierna seine Kräfte darauf konzentrieren müssen und Frankreich seinen Bündnispartner auf dem mitteleuropäischen Kriegsschauplatz verloren.

Matthias Graf Gallas (1584–1647), zeitgenössischer Kupferstich von Baltazar Moncornet

Doch so durchdacht Richelieus Strategie gegen Habsburg auch war: Auf den Schlachtfeldern erlitten Frankreichs Truppen zunächst nur Niederlagen, wenn man von einem Sieg von 25 000 französischen Soldaten über 13 000 Spanier in der Schlacht von Les Avins sofort nach der Kriegserklärung absieht. In Südwestdeutschland bereiteten einfallende französische Truppen zwar den Rekatholisierungsmaßnahmen ein Ende, mit denen die Kaiserlichen seit ihrem Sieg bei Nördlingen beschäftigt waren, richteten aber ihrerseits gewaltige Verheerungen an – das Herzogtum Württemberg gehörte fortan zu den am stärksten entvölkerten Regionen des Reiches. Der noch im Mai 1635 begonnene französische Feldzug gegen die Spanischen Niederlande kam kaum voran, im Veltlin und in Oberitalien war es ähnlich. Umso bedrohlicher fiel der Gegenschlag des kaiserlichen Befehlshabers Gallas aus, der die seit September 1635 in Süddeutschland operierenden französischen Truppen unter Bernhard von Weimar heftig bedrängte und sie zum Rückzug nach Lothringen nötigte.

Ab dem darauffolgenden Sommer war Frankreich mit allen harten Konsequenzen seines aktiven Kriegseintritts konfrontiert. Während spanisch-flandrische Truppen von den Spanischen Niederlanden her vorrückten, überquerten kaiserliche und bayerische Truppen den Mittelrhein und eroberten wichtige Festungen an der französisch-niederländischen Grenze. Die gemeinschaftliche habsburgisch-bayerische Invasion kam Paris immer näher. Am 15. August fiel die Stadt Corbie, etwa 120 Kilometer nördlich der Hauptstadt gelegen, in spanische Hände. Die Bürger von Paris flohen in Scharen Richtung Süden, der sonst so beherrschte Stratege Richelieu geriet außer sich und erlitt vermutlich einen Nervenzusammenbruch. Es war an Ludwig XIII., die Ordnung wiederherzustellen. Er zog mit einer

Streitmacht persönlich nach Corbie. Nach dreimonatiger Belagerung gab die spanische Besatzung auf und marschierte geordnet ab. Paris konnte von Glück sagen, dass Spanien entgegen ursprünglichen Plänen kein weiteres Heer über die Pyrenäen nordwärts ins Languedoc geschickt hatte: So blieb Frankreich ein Zweifrontenkrieg erspart.

Schwedisch-französischer Schulterschluss

Noch ein Glücksfall aus französischer Sicht war ein überaus wichtiger schwedischer Sieg. Im Oktober 1636 gelang es Banér und seinen schwedischen und schottischen Offizieren nahe dem brandenburgischen Wittstock, einen Angriff kaiserlicher und sächsischer Truppen abzuwehren und sie trotz zahlenmäßiger Unterlegenheit zu schlagen. Die Schlacht bei Wittstock war nicht so wichtig wie die von Breitenfeld, Lützen oder Nördlingen, aber der Sieg der schwedischen Truppen ließ ihr Ansehen bei der protestantischen Bevölkerung wieder steigen. Für Sachsen indes war die Niederlage ein schwerer Schlag, denn als militärische Macht fiel es nun aus. Noch schwerer getroffen war Kurfürst Georg Wilhelm von Brandenburg, der es hinnehmen musste, dass die Festungen seines Landes wieder schwedisch

Schotten im Dreißigjährigen Krieg

Allein zwischen 1625 und 1632 sollen mehr als 20 000 Schotten in ausländischen Armeen gedient haben, vor allem in der dänischen, schwedischen, französischen und niederländischen. Schon 1620 kämpfte mindestens ein schottisches Regiment für den »Winterkönig« in Böhmen. Die Aussicht auf Sold und Beute lockte Männer aus ganz Europa ins Reich – nicht zuletzt aus dem armen Schottland.

So warb der schottische Adlige Sir Donald Mackay of Far 1626 allein rund 3000 Männer, darunter tausend aus seinem eigenen Clan; sie kämpften unter König Christian IV.

Die auch als »Irrländer oder Irren« bezeichneten schottischen und irischen Soldaten erregten auf dem Festland Aufsehen, Flugblatt aus dem Jahre 1632

im dänisch-niedersächsischen Krieg. Später stellte Mackay seine Truppen Gustav II. Adolf zur Verfügung. Der schwedische König war auf fremde Söldner angewiesen: In einigen seiner Heerlager stammten nur 10–15 Prozent der Soldaten aus dem dünn besiedelten Schweden.

Ein bekannter schottischer Söldnerführer war Robert Monro of Obsdale, der ebenfalls unter Christian IV. und Gustav Adolf kämpfte. Er hielt seine Kriegserlebnisse der Jahre 1626 bis 1631 schriftlich fest. Der Heerführer Sir John Hepburn, ein Katholik, soll von schwedischen in französische Dienste gewechselt sein, weil er Gustav Adolf einen Scherz über den katholischen Glauben nicht verzieh.

Nicht alle Schotten kämpften auf antihabsburgischer Seite. Zwei der Männer, die Wallenstein gemäß dem Wunsch des Kaisers in Eger ermordeten, waren Iren, die anderen beiden Schotten: Walter Leslie und der Stadtkommandant John Gordon.

besetzt wurden. Von den brandenburgischen Grenzen aus verbreiteten die Schweden Angst und Schrecken bis nach Sachsen und Thüringen hinein. Allerdings nur bis ins folgende Kriegsjahr – denn 1637 kam es zu erneuten schwedischen Niederlagen und die Truppen mussten sich aus Mitteldeutschland vollständig an die Ostseeküste zurückziehen.

In Stockholm reifte die Erkenntnis, dass man keine andere Wahl hatte, als sich militärisch ganz und gar an

Kurfürst Georg Wilhelm von Brandenburg trifft Gustav II. Adolf, Farblithografie von Carl Röhling, 1899.

Frankreich zu binden, zumal ein Regensburger Kurfürstentag im Winter 1636/37 die schwedischen Hoffnungen auf deutsche Entschädigungszahlungen weiter gedämpft hatte. Der Kaiser und die katholischen Kurfürsten beriefen sich darauf, dass sie die Schweden ja nicht auf den Kriegsschauplatz gerufen hätten – wenn überhaupt, sei es Sache der Protestanten, ihre Bundesgenossen abzufinden. Auch Johann Georg von Sachsen lehnte jede Verantwortung für das schwedische Eingreifen in den Krieg ab. Und Georg Wilhelm von Brandenburg war ebenfalls nicht bereit, den Schweden entgegenzukommen – zumal sie unverändert Anspruch auf Pommern erhoben, als dessen Erbe sich der Kurfürst nach dem Tod des letzten pommerschen Herzogs im März 1637 sah.

Im März 1638 schlossen Schweden und Frankreich den Hamburger Vertrag ab, der für das letzte Jahrzehnt des Krieges von entscheidender Bedeutung war. Im Wesentlichen beinhaltete er das, was die beiden Mächte bereits zwei Jahre zuvor in Wismar verabredet, aber nie ratifiziert hatten. Erstens verpflichtete sich Frankreich, wie bereits zu Gustav Adolfs Zeiten, rückwirkend ab 1637 in jedem Kriegsjahr 400 000 Reichstaler Unterstützungsleistung an Schweden zu zahlen. Zweitens hielt man am Kriegsziel der Wiederherstellung der konfessionellen und territorialen Vorkriegsverhältnisse im Reich fest, was zwingend mit einer Amnestie einherging. Drittens verabredete man ein aufeinander abgestimmtes Vorgehen im Krieg – Frankreich sollte das Reich von Westen her unter Druck setzen, Schweden von Nordosten her. Viertens sollte es Friedensverhandlungen mit kaiserlichen Emissären nur in schwedisch-französischem Einvernehmen geben; für den Fall, dass man an zwei Orten verhandelte – die Schweden in Hamburg, die Franzosen in Köln –, hatte das unbedingt zeitgleich stattzufinden, und ein Beobachter der jeweils anderen Seite hatte anwesend zu sein.

Der Hamburger Vertrag hielt lediglich in Schriftform fest, was den Reichsständen längst bewusst geworden sein muss: Der Frieden von Prag war eine Illusion. Ohne Einbeziehung Schwedens und Frankreichs – und ohne eine Klärung der Verhältnisse des Reiches zu Spanien – lag ein Kriegsende in weiter Ferne. Ferdinand II. erlebte das Scheitern seines hohlen Siegfriedens nicht mehr: Er war im Februar 1637 gestorben.

Zögerliche Verbündete

An seinem neuen Verbündeten im Nordwesten, den Vereinigten Niederlanden, hatte Frankreich wenig Freude. Dass ein erster französischer Vormarsch in die Spanischen Niederlande 1635 mit riesigen Verlusten endete – nicht einmal ein Drittel der 26 000 Soldaten kehrte von der Offensive zurück –, kreidete Frankreich teilweise den Generalstaaten an. Und auch angesichts des beängstigenden spanischen Vorstoßes Richtung Paris im Sommer des Folgejahres hatten die Vereinigten Niederlande nach Ansicht Frankreichs viel zu wenig unternommen, um ihrem Alliierten zu helfen. Prinz Friedrich Heinrich von Oranien war den Franzosen viel zu vorsichtig; er ging Feldschlachten aus dem Weg und beschränkte sich lieber auf Belagerungen, sofern sie ihm aussichtsreich erschienen. Antwerpen hätte man möglicherweise erfolgreich belagern können, aber diese Idee war in Teilen der Republik unpopulär – vor allem bei den Bürgern, Händlern und Seeleuten von Amsterdam. Sollte die Wirtschaftsmetropole Antwerpen besiegt und den Vereinigten Niederlanden einverleibt werden, würde sie, so fürchtete man, die aufstrebende Stadt an der Amstel wieder in den Schatten stellen.

Generalstaaten

Der Begriff »Generalstaaten« hat mittelalterliche Ursprünge und bezeichnet seit dem 14. Jahrhundert eine allgemeine – »generale« – Versammlung der Stände bestehend aus Adel, Klerus und Bürgern, die auf Niederländisch »de Staten« heißen. Unter dem Namen »Staten-Generaal« trat in Brügge erstmals 1464 eine gemeinschaftliche Ständeversammlung aller niederländischen Regionen zusammen, deren Sitz zunächst in Brüssel war. Hinsichtlich Funktionsweise und Aufgabengebiete war diese Institution vergleichbar mit dem Reichstag des Heiligen Römischen Reiches Deutscher Nation.

Infolge des Achtzigjährigen Krieges erkämpften die sieben Provinzen der Vereinigten Niederlande ihre Unabhängigkeit von der spanischen Krone und der Sitz der Generalstaaten wurde nach Den Haag verlegt, wo er sich als aus zwei Kammern bestehendes niederländisches Parlament bis zum heutigen Tage befindet. In der frühen Neuzeit wurde der Begriff Generalstaaten oft gleichbedeutend mit den Vereinigten Niederlanden verwendet.

Friedrich Heinrich von Oranien (1584–1647), zeitgenössischer Kupferstich

Niederländische Ost- und Westindien-Kompanie

1602 gründeten die Vereinigten Niederlande die Ostindien-Kompanie (Vereenigde Oostindische Compagnie, VOC), der 1621 die Westindien-Kompanie (Geoctroyeerde West-Indische Compagnie, WIC) folgte. Beide Handelskompanien sollten dazu dienen, die Konkurrenz von Kaufmannsvereinigungen untereinander zu unterbinden. Beiden sprach der Staat Hoheitsrechte nicht nur im Handel, sondern auch beim Landerwerb und bei der Kriegführung zu.

Die VOC erhielt das Handelsmonopol in allen Gebieten östlich des Kaps der Guten Hoffnung und westlich der Magellanstraße. Ihr bedeutendster Handelshafen war ab 1613 Batavia, das heutige Jakarta. Das weitaus wichtigste Handelsgut war anfangs Pfeffer, gefolgt von anderen Gewürzen. Im Laufe des 17. Jahrhunderts gewannen Textilien unter den nach Europa importierten Waren an Bedeutung.

Die WIC gründete 1624 die Kolonie Nieuw Nederland mit der Stadt Nieuw Amsterdam, dem heutigen New York. Versuche, Niederländer zur Auswanderung dorthin zu bewegen, waren jedoch nicht sehr erfolgreich. Ab der zweiten Hälfte des 17. Jahrhunderts konzentrierte sich die WIC auf den Sklavenhandel im Rahmen des berüchtigten Atlantischen Dreieckshandels.

Dauerrivale beider Kompanien waren die englischen Konkurrenzunternehmen, vor allem die East India Company. Drei Seekriege im 17. Jahrhundert überstand die VOC, der vierte (1780–1784) erwies sich als ruinös. Doch auch Korruption führte dazu, dass die VOC 1795 unterging. Das Aus für die WIC war bereits vier Jahre zuvor gekommen.

Die Seeschlacht von Downs, Gemälde von Pieter Cornelisz van Soest, 1640

Insgesamt behagte das forsche und fordernde Auftreten Frankreichs der Republik wenig. Dem Prinzen von Oranien war bewusst, dass er es im Falle eines Sieges und der daraus folgenden Aufteilung der Spanischen Niederlande zwischen den Generalstaaten und Frankreich bald mit einem unangenehmen neuen Nachbarn zu tun haben könnte, der aus ganz anderem Holz geschnitzt war als das feindlich gesinnte, aber notorisch finanzschwache Spanien. Als Verbündeten wollte man sich Frankreich unbedingt gewogen halten, als künftiger Nachbar aber war es den Vereinigten Niederlanden nicht geheuer.

Immerhin stimmten sich die beiden Partner in den folgenden Kriegsjahren besser aufeinander ab: Die Republik operierte im Norden der Spanischen Niederlande, Frankreich im Süden. Nach einigen Belagerungs-Erfolgen – so eroberten die Vereinigten Niederlande 1637 die Festung Breda zurück – gab es auch Rückschläge auf dem niederländischen Kriegsschauplatz. Doch 1639

gewann die Republik bei den Downs im Ärmelkanal eine wichtige Seeschlacht gegen die spanische Flotte. Dieser Sieg sicherte den Generalstaaten
die freie Fahrt auf der Nordsee und machte den Weg in die Kolonien frei.
1645 waren sie bei Hulst noch einmal mit ihrer bedächtigen Belagerungstak-
tik erfolgreich – ein letztes Mal im Achtzigjährigen Krieg.

Neuer Kaiser, neuer Reichstag

Der Krieg ging weiter, ohne dass Schweden oder Frankreich entscheidende Durchbrüche erzielt hätten. Im Dezember 1638 gelang es Bernhard
von Sachsen-Weimar, der für Frankreich ein 18 000-Mann-
Heer befehligte, die strategisch äußerst wichtige Rheinfes-
tung Breisach zu erobern. Sie ergab sich nach mehr als
einem halben Jahr der Belagerung; zuletzt war der
Hunger in der Stadt so groß, dass die Bewohner
Hunde, Katzen und Mäuse aßen und angeblich
sogar zu Kannibalen wurden. Die Einnahme
Breisachs war der letzte große Erfolg des
Heerführers. Das Territorium im Elsass,
das Frankreich ihm als Lohn für seine
Dienste in Aussicht gestellt hatte, konnte
er niemals in Besitz nehmen: Er starb 1639
überraschend mit nur 34 Jahren. Bald nach
seinem Tod wurden Gerüchte laut, Richelieu habe ihn vergiften lassen, weil er als
Bündnispartner zu teuer wurde.
Derweil gelang es Schweden dank der französischen Gelder, auf dem Kriegsschauplatz
wieder besser Fuß zu fassen, doch sein Heer
war und blieb unterfinanziert. 1639 schlugen
schwedische Truppen nahe Chemnitz die kaiserliche Armee und eroberten sich so den freien Durch-
marsch nach Nordböhmen, das – wieder einmal –
schwer geplündert wurde. Trotz solcher Etappensiege
wuchsen in Stockholm die Zweifel am Sinn des Weiterkämp-

Ferdinand III. (1608–1657), Gemälde von Jan van den Hoecke, um 1644

fens. 1641 erwog man ein letztes Mal, sich von Frankreich zu trennen und
einen Separatfrieden mit dem seit vier Jahren regierenden Ferdinand III.
anzustreben, der kompromissbereiter auftrat als sein Vater. Doch im selben
Jahr starb der von den Soldaten sehr geschätzte General Johan Banér. Es
kam erneut zu Meutereien in der Armee, die der Regierung deutlich machten, wie sehr Schweden finanziell von Frankreich abhängig war. Stockholm
lenkte ein und verpflichtete sich, bis zum Kriegsende an dem Bündnis mit
Paris festzuhalten.

Ferdinand III., der auf dem Kurfürstentag 1636 doch noch zum römischen König gewählt worden und seinem Vater im folgenden Jahr auf den Kaiserthron gefolgt war, hatte aus dessen Niederlagen gelernt: Er wusste, dass der Siegfrieden von Prag gescheitert war und dass es nun darum ging, einen Kompromissfrieden zu finden. Auch waren seine Verhandlungsspielräume größer als die seines Vaters: Er war nicht im selben Maß jesuitisch geprägt, eine Rekatholisierung des Reiches war ihm weniger wichtig als eine Einigung der Reichsstände. 1640 berief er einen Kurfürstentag ein, der allerdings ergebnislos blieb. Doch der im September desselben Jahres in Regensburg beginnende Reichstag – der erste seit 27 Jahren – erbrachte während seiner 13-monatigen Dauer immerhin eine Annäherung der meisten Reichsstände. Obwohl Ferdinand sich weigerte, geächtete Stände zu amnestieren und die protestantischen Verwalter ehemals katholischer Stifte zur Tagung zuzulassen, bewilligte die Versammlung hohe Geldsummen für die Armee. Im Gegenzug wurde die Normaljahrs-Regelung des Prager Friedens von November auf Januar 1627 vordatiert, was die protestantische Seite geringfügig besserstellte. Der Reichsabschied wurde von allen Reichsständen außer der Kurpfalz, Hessen-Kassel und Braunschweig-Lüneburg angenommen. Man war sich einig: Um einen dauerhaften Frieden zu schließen, brauchte man nicht nur einen weiteren Reichstag, sondern auch eine internationale Konferenz. Ein Frieden unter Ausschluss Schwedens und Frankreichs war nicht zu machen.

Spaniens Zusammenbruch

Währenddessen marginalisierte sich eine weitere ausländische Macht gewissermaßen selbst – und schwächte dadurch die Position des Kaisers auf dem Schlachtfeld wie am Verhandlungstisch erheblich. Schon die Eroberung Bredas und anderer Festungen durch die Vereinigten Niederlande 1637 trieb Spanien in die Enge, es musste sich in der Kriegführung wieder einmal ganz auf die abtrünnigen Provinzen konzentrieren und stand für militärische Hilfsaktionen im Reich nicht mehr zur Verfügung. Die Einnahme Breisachs durch Bernhard von Sachsen-Weimar im Folgejahr und die Niederlage der spanische Flotte gegen die Generalstaaten im Ärmelkanal 1639 waren weitere schwere Schläge. Nun waren sowohl die Spanische Straße als auch der ohnehin unsichere Seeweg nach Nordwesteuropa so gut wie verloren.

1640 kam es auf der Iberischen Halbinsel zu zwei Aufständen, die Madrid weiter schwächten. Zuerst begehrte Katalonien gegen den Zentralismus im Königreich sowie die geplante Stationierung weiterer Truppen in den Pyrenäen und im Roussillon auf. Premierminister Gaspar de Guzmán, Conde de Olivares, versuchte, die Rebellion militärisch niederzuschlagen, und erreichte lediglich, dass die ganze Region Katalonien von Madrid abfiel. Richelieu kam dieses innerspanische Zerwürfnis gerade recht: Er gewährte Katalonien 1642 französische Protektion, unterstützte die Rebellen mit Geld und nutzte die Gunst der Stunde, um Perpignan und das bis dato spanische Roussillon zu besetzen.

Spaniens fünf Reiche

Nach Ende der Reconquista 1492, der Rückeroberung Süd- und Mittelspaniens von den Muslimen, existierten auf der Iberischen Halbinsel fünf Reiche – von West nach Ost Portugal, Kastilien, Granada, Navarra und Aragón. Kastilien war mit sechs Millionen Einwohnern das größte und besaß im Unterschied zum zweitgrößten, Aragón, ein in sich geschlossenes Staatsgebiet. Zu letzterem gehörten als Besitzungen die Balearen, aber auch das südliche Italien samt Sizilien, Sardinien und Teile Norditaliens.

In Kastilien regierte seit 1474 Königin Isabella, die als Gattin Ferdinands II. von Aragón Herrscherin beider Reiche war. De facto entstand so ein gesamtspanisches Königreich. Nach dem Tod Isabellas 1504 war ihre Tochter Johanna, die mit dem burgundischen Erzherzog Philipp dem Schönen verheiratet war, Königin von Kastilien. Doch als sie zwei Jahre später Witwe wurde, stand ihre Herrschaft auf unsicherem Fundament. 1509 ließ ihr Vater sie im Palast Tordesillas internieren und übernahm selbst die Regierung. Auch eroberte er 1512 das Königreich Navarra und gliederte es Kastilien an.

Allegorie auf den römisch-deutschen Kaiser und spanischen König Karl V. (1500–1558) als Weltherrscher, Gemälde von Peter Paul Rubens, um 1604

Nach Ferdinands Tod 1516 hätte Johanna als seiner Erbin der Thron von Aragón zugestanden. Doch da sie seit dem Tod ihres Mannes unter einer psychischen Störung litt, erklärte man sie für verrückt. »Johanna die Wahnsinnige« lebte bis zu ihrem Ende 1555 in einem Kloster. Ihr Sohn Karl nahm alle Titel seiner Mutter in Anspruch und wurde 1520 auch zum römisch-deutschen König, zehn Jahre später zum Kaiser gekrönt.

Portugal erlebte seinen Aufstand der Stände im Dezember 1640. Das ehemals eigenständige Königreich war seit 1580 mit Spanien verbunden, wagte im Jahr von Spaniens größter Schwäche aber den Versuch, dessen Herrschaft abzuschütteln. Während sich Philipp IV. auf das rebellische Katalonien konzentrieren musste, rief Herzog Johann von Braganza – ein Mann mit Erbansprüchen auf den portugiesischen Thron – zum Aufstand. Die Stände erkannten ihn ohne Zögern als ihren König Johann IV. von Portugal an. Spanien musste machtlos mitansehen, wie es Portugal und damit auch die reiche Kolonie Brasilien verlor; es hatte nicht mehr die Kraft, an zwei iberischen Schauplätzen zugleich zu kämpfen, zumal Richelieu auch Portugal militärische Unterstützung zugesagt hatte. Die portugiesische Unabhängigkeit wirkte sich auch an der niederländischen Front nachteilig für Madrid aus: Söldner portugiesischer Herkunft liefen reihenweise zu den Generalstaaten über, um von Amsterdam aus in ihr nunmehr unabhängiges Heimatland zurückzukehren. Die Holländer übernahmen den Transport der glücklichen Deserteure nur zu gern.

Olivares wusste sich keinen anderen Rat, als mit Zwangsmaßnahmen im Inneren des Königreiches zu reagieren, denn es galt, weitere Rebellionen zu verhindern. Doch er überspannte den Bogen. Seine Gegner im kastilischen Adel und in der Reichsverwaltung begehrten auf und erreichen schließlich seine Absetzung. Anfang 1643 verlor Philipp IV. seinen Premier und Vertrauten, der vom Hof verbannt wurde. Im Mai desselben Jahres erlitt die spanische Armee an der südniederländisch-französischen Grenze ein Debakel. Ihre Belagerung des Grenzortes Rocroi endete in einer blutigen Schlacht gegen französische Truppen unter Führung des erst 21-jährigen Bourbonenprinzen Louis d'Enghien, später der »Grand Condé« genannt: Von 18 000 spanischen Fußsoldaten kamen 8000 ums Leben, 7000 wurden gefangen genommen. Damit war Spaniens Infanterie beinahe vollständig vernichtet und hatte angesichts der leeren Madrider Kassen keine Chance, sich von diesem Schlag zu erholen. Die Schlacht von Rocroi war mitentscheidend für den Ausgang von zwei Kriegen: des Dreißig- und des Achtzigjährigen.

Die Schlacht von Rocroi, Gemälde von François-Joseph Heim, 1840

Vormarsch von Nord und West

Als Verbündeter auf den Schlachtfeldern des Reiches fiel Spanien für Ferdinand III. endgültig aus. Und das war nicht das einzige große Problem, mit dem die kaiserliche Partei in dieser letzten Kriegsphase zu kämpfen hatte. Das 1638 geschlossene und 1641 bekräftigte Bündnis zwischen Frankreich und Schweden war zwar keine Liebesheirat, aber die beiden Partner stimmten sich in ihrer Kriegführung zunehmend aufeinander ab. In teils getrennten, teils gemeinsamen Operationen gelang es ihnen während des letzten Kriegsjahrzehnts in fast jedem Jahr, ihren Gegnern schweren Schaden zuzufügen. Während schwedische Truppen von Norden aus über Brandenburg und Sachsen nach Böhmen und in die anderen habsburgischen Erblande vorrückten, drangsalierten die Franzosen das kaiserliche Heer und Bayern von Südwesten aus.

Für die Bevölkerung bedeutete das ein fast jährlich wiederkehrendes Martyrium. Landstriche, die schon mehrfach geplündert und weitgehend entvölkert waren, wurden wieder und wieder verheert, »die Frucht auf dem Felde verwüstet« und »die Leute erbärmlich gemartert«, wie Zeitzeugen schrieben. Aus Angst vor den Heimsuchungen durch diese oder jene Armee flohen die Bewohner mancher Region »in die Wälder und Wildnisse, sodass sie nicht mehr anders ausgesehen haben wie die wilden Leute, bis auf die Knochen abgemagert und die Haut ganz schwarz und gelb«, notierte die Äbtissin von Frauenchiemsee 1648. Man habe »die Feinde und Freunde, die französisch-schwedischen Freibeuter und die kaiserlichen Emissarios« nicht mehr unterscheiden können, weil »die Kaiserlichen ärger als die Schweden verfuhren«, klagte der Abt von Andechs. Dass die Streitkräfte beider Seiten gegen Ende des Dreißigjährigen Krieges über immer weniger Fußsoldaten verfügten und zu zwei Dritteln aus Kavalleristen und berittener Infanterie, den Dragonern, bestanden, hatte nichts mit einer planvollen Kriegsstrategie zu tun. Es war schlicht der Tatsache geschuldet, dass die Armeen einen immer weiteren Radius abdecken und immer größere Strecken zurücklegen mussten, um sich aus dem verwüsteten Land überhaupt noch ernähren zu können.

Den geschundenen, verzweifelten Menschen in den am schlimmsten betroffenen Regionen dürfte es zunehmend gleichgültig gewesen sein, welche Partei gerade siegte oder sich zurückziehen musste. Doch im Laufe der letzten Kriegsdekade schlug das Pendel deutlich zugunsten Schwedens aus. Der Tod von General Johan Banér – er starb 1641 im Alter von 44 Jahren

in Halberstadt an einem Fieber – war für die schwedische Armee zwar ein schwerer Schlag, doch seine Nachfolger waren als Schlachtenlenker nicht minder talentiert: Lennart Torstensson, der den Kaiserlichen 1642 eine zweite schwere Niederlage bei Breitenfeld mit 3000 Gefallenen zufügte, und Karl Gustav Wrangel. Die kaiserliche Seite konnte nach Tillys und Wallensteins Tod keinen Feldherrn mehr vorweisen, der ihnen das Wasser reichen konnte. Wallensteins ehemaliger Stellvertreter Matthias Gallas, neben Octavio Piccolomini wichtigster General unter dem Oberbefehlshaber Ferdinand III., erwies sich nach dem Tod des Friedländers als unfähig in der Führerrolle, traf immer wieder folgenschwere Fehlentscheidungen und war ab Ende der 1630er-Jahre als schwerer Trinker und »Heerverderber« berüchtigt. Piccolomini hatte zwar als Diplomat und Intrigant Geschick, als Feldherr jedoch weit weniger.

Einen weitaus besseren Heerführer besaßen die bayerischen Truppen: Der lothringische Adlige Franz Freiherr von Mercy, Oberbefehlshaber in Bayern ab Mai 1643, siegte noch im selben Jahr in der Schlacht bei Tuttlingen über die französisch-weimarischen Truppen, weil er sich bei den Schweden abgeschaut hatte, wie man statt der furchteinflößenden, aber recht unbeweglichen Armee-Karees kleinere und flexiblere Einheiten auf dem Schlachtfeld einsetzt. 1644 nahm er auch noch Freiburg ein. Mercys Reitergeneral Johann von Werth, ein Haudegen, der schon 1620 in der Schlacht am Weißen Berg und 1634 bei Nördlingen gekämpft und sich als »Franzosenschreck« einen Namen gemacht hatte, trug entscheidend zu diesen Siegen bei. So viel Respekt hatten seine Gegner vor dem 1591 als Bauernsohn geborenen Werth, dass Richelieu ihn gegen niemand Geringeren als den schwedischen General Gustav Horn austauschen ließ, nachdem Werth 1638 gefangen genommen worden war und vier Jahre in »ehrenvoller« Haft verbringen musste.

Heerführer und Generäle:
Gustav Horn, Johann von Werth,
Octavio Piccolomini d'Aragon
und Karl Gustav Wrangel,
zeitgenössische Kupferstiche

Frankreichs Kriegführung litt eher unter innenpolitischen als unter militärischen Schwierigkeiten. Im Dezember 1642 starb Kardinal Richelieu, im Mai 1643 König Ludwig XIII. Die Position des Premiers ging auf Kardinal Jules Mazarin über. Ludwig XIV., der spätere »Sonnenkönig«, war zu diesem Zeitpunkt erst vier Jahre alt, weswegen seine Mutter Anna von Österreich für ihn die Regentschaft übernahm und gemeinsam mit Mazarin den Krieg gegen Habsburg fortführte, obwohl sie die Schwester des spanischen Königs Philipp IV. war. Der Sieg von Rocroi wenige Tage nach dem Tod des Königs bewies das Festhalten an der bisherigen Strategie sehr eindrucksvoll. Ganz reibungslos vollzog sich der doppelte Machtwechsel dennoch nicht. Schon gegen Ende von Richelieus Amtszeit hatte die Kriegsmüdigkeit in Frankreich stark zugenommen; die vielen Todesopfer und die hohen Kriegskosten lastete man nicht zuletzt dem Kardinal an. Diese Hypothek erbte Mazarin und musste daher zu Beginn seiner Amtszeit zurückhaltend agieren, zumal er sich nicht auf die Autorität eines etablierten Monarchen stützen konnte.

Krieg bis zur letzten Minute

Schweden und Frankreich hielten weiterhin gemeinsam den Druck auf Habsburg aufrecht. Daran änderte auch der »Torstenssonkrieg« nicht viel, den Schweden zum Ärger Frankreichs ab 1643 gegen seinen alten Rivalen Dänemark führte und der zur Folge hatte, dass sich die schwedischen Truppen vorübergehend zwischen zwei Kriegsschauplätzen aufteilen mussten. Das Jahr 1645, in dem der schwedisch-dänische Krieg mit dem für Kopenhagen äußerst nachteiligen Frieden von Brömsebro endete, erbrachte wichtige Weichenstellungen für den Ausgang des Dreißigjährigen Krieges. Frankreich und Schweden gelangen zwei bedeutende Siege: Bei dem Dorf Alerheim nahe Nördlingen besiegten französische und weimarische Truppen unter Führung des Duc d'Enghien gemeinsam mit der Armee der Landgräfin Amalie Elisabeth von Hessen-Kassel die bayerischen und kaiserlichen Truppen, wobei der bayerische Heerführer Franz von Mercy fiel. Fortan kontrollierten die Franzosen Schwaben.

Bereits fünf Monate zuvor, Anfang März, hatten die Schweden unter General Torstensson die Kaiserlichen bei Jankau südöstlich von Prag geschlagen. Möglich wurde dieser Erfolg dank einem Bündnis Schwedens mit dem Fürsten von Siebenbürgen, György Rákóczi, dem Nachfolger des notorischen Habsburg-Gegners Bethlen Gábor. Weil Rákóczi 1644 in das habsburgische Erbland Ungarn einfiel, musste Ferdinand III. in aller Eile seine in Holstein und Jütland erfolglos agierenden Truppen nach Südosten beordern. Auf dem langen Weg desertierten die Söldner in Scharen, starben an Seuchen oder verhun-

Der Torstenssonkrieg

Frankreich war ganz und gar nicht begeistert, als sein Verbündeter Schweden im Dezember 1643 einen Überraschungsangriff auf die dänischen Territorien in Holstein startete. Der Krieg gegen den Dauerrivalen Dänemark, der unter dem Namen des schwedischen Generals Lennart Torstensson in die Geschichte eingehen sollte, dauerte zwei Jahre und lenkte Stockholms Aufmerksamkeit sowie Teile seiner Streitkräfte von den Kriegsschauplätzen im Reich ab. Dadurch fühlte sich der kaiserliche General Matthias Gallas dermaßen ermutigt, dass er 1644 einen Vorstoß gen Norden bis nach Jütland wagte – allerdings gänzlich erfolglos.

Bereits im Januar desselben Jahres hatten die Truppen unter Torstenssons Kommando die ganze jütländische Halbinsel erobert und nahmen den Dänen bald darauf auch Helsingborg und Landskrona ab. Am 1. Juli wendete sich jedoch das Kriegsglück: In der Seeschlacht auf der Kolberger Heide verlor der dänische König Christian IV. zwar ein Auge, doch seine Schiffe trugen den Sieg davon. Aber bereits am 13. Oktober unterlagen sie vor Fehmarn einer schwedisch-holländischen Flotte.

Zu Land organisierte der dänische Statthalter in Norwegen, Hannibal Sehested, Angriffe norwegischer Bauern auf schwedisches Territorium. Doch 1645 musste sich Dänemark geschlagen geben und im Frieden von Brömsebro große Gebiete abtreten, unter anderem seine norwegischen Landesteile Jämtland und Härjedalen sowie die Inseln Ösel und Gotland.

Lennart Torstensson (1603–1651), Gemälde eines unbekannten Künstlers, 1648

gerten. Als General Gallas, der »Heerverderber«, schließlich Böhmen erreichte, hatte sich seine Armee nahezu halbiert. Schweden konnte nun einerseits nahezu ungehindert Dänemark besiegen und es schließlich zum Frieden von Brömsebro zwingen, andererseits fiel es General Torstensson nicht schwer, in Böhmen die erschöpften Kaiserlichen unter Gallas zu schlagen.

Nach diesem Sieg stand nichts und niemand mehr zwischen der schwedischen Armee und Wien. Hätte die Hofburg nicht gerade noch rechtzeitig im Dezember 1645 einen teuren Separatfrieden mit Rákóczi geschlossen, wäre es wohl zu einer Belagerung des habsburgischen Machtzentrums durch Schweden und Siebenbürgen gekommen. Dass Böhmen nach 27 Jahren Krieg dermaßen verheert war, dass es keine größeren Truppenkontingente mehr ernähren konnte, erwies sich als weiterer Glücksfall für den Kaiser: Die schwedische Armee musste Böhmen räumen und konnte ihren Triumph von Jankau nicht ausbauen.

Die Siege von Jankau und Alerheim bestärkten die Verbündeten Frankreich und Schweden in ihrer Strategie, Jahr um Jahr von Westen und Norden her Feldzüge ins Reich zu unternehmen, um den Kaiser und seine Truppen zu zermürben. 1646 marschierten französische Kontingente in Bayern ein, woraufhin Kurfürst Maximilian im März 1647 einen Waffenstillstand mit Paris schloss. Diesen brach er schon nach einem halben Jahr und sah sich 1648 mit einem weiteren für ihn ruinösen Feldzug der Franzosen konfrontiert. Von den Spaniern konnten Ferdinand und Maximilian keine Hilfe mehr erwarten. Philipp IV. hatte mit einem

Frieden und Krieg, Gemälde von Peter Paul Rubens, um 1630

erneuten Staatsbankrott und darüber hinaus mit Unruhen in Neapel zu kämpfen, er konnte nicht einmal mehr in den Niederlanden geordnet operieren.

Dennoch gelangen den Kaiserlichen in den letzten drei Kriegsjahren noch Siege, aber das Blatt wenden konnten sie nicht mehr. Ferdinand und seine Verbündeten waren in die Defensive geraten und vermochten die schwedischen und französischen Truppen nicht mehr abzuschütteln. Im September 1645 schloss Johann Georg von Sachsen in Kötzschenbroda einen Waffenstillstand mit Schweden und schied endgültig aus dem Krieg aus. Damit wurde offensichtlich, was dem Kaiser wohl ohnehin bewusst war: Eine Neuauflage des Friedens von Prag, einen Vertrag mit den Kurfürsten unter Ausschluss Frankreichs und Schwedens, konnte es nicht geben. In der Hofburg setzte sich die Erkenntnis durch, dass man mit den beiden benachbarten Königreichen verhandeln und dabei auch von konfessionellen Maximalpositionen abrücken musste.

Gekämpft wurde im Dreißigjährigen Krieg bis zur letzten Minute. Noch im Sommer 1648 marschierten Schweden unter Führung von Christoph Graf Königsmarck in Prag ein und plünderten die Kleinseite. Noch Ende Oktober brachten sich die Dorfbewohner aus der Gegend um Nürnberg hinter den Stadtmauern in Sicherheit, weil Wrangel mit seinen Truppen heranrückte – da ritten Kuriere aus Westfalen in die Stadt ein und verkündeten den Frieden. Am 11. November erreichte die erlösende Nachricht Würzburg, die Menschen feierten auf den Straßen, die Glocken läuteten, Kanonen und Feuerwerk wurden gezündet. Dennoch bedeutete der Friedensschluss nicht die sofortige Erlösung der Stadt- und Landbevölkerung von marodierenden Truppen, denn viele Söldner – entwurzelte Männer, oft fern ihrer Herkunftsländer vom Frieden überrascht und nun ohne Einkünfte und Perspektive – pressten den Bürgern und Bauern noch ein »Friedensgeld« ab, ehe sie endlich abzogen. Die offizielle Demobilisierung der Armeen dauerte mancherorts bis 1650.

Für den Schuster Hans Heberle war seine 29. oder 30. Flucht hinter die Stadtmauern von Ulm im Jahr 1648 die letzte. Doch erst 1649 wagte der 54-Jährige, dem Frieden zu trauen und »dieses 49. Jahr« als »glückseliges, auserwähltes Jubel- und Freudenjahr« zu preisen. Sein Rückblick auf den Krieg ist schonungslos:

»In summa ist es so ein jämerlicher handel geweßen, das sich einem stein solt erbarmet haben, wüll geschweigen ein menschliches hertz. Dan wir seyen gejagt worden wie das gewildt in wälden. Einer ist ertapt und ubel geschlagen, der ander gehauwen, gestochen, der drit ist gar erschoßen worden, einem sein stückhle brot und kleider abgezogen und genomen worden. Darumb wir Gott nit könen genug loben und preißen für den edle frieden, den wir erlebt haben.«

Der Weg zum Westfälischen Frieden

1641 bis 1648

Langjähriger Anlauf

Den Beginn des Dreißigjährigen Krieges kann man mit gutem Grund auf den 23. Mai 1618 datieren, Anfang und Ende der einzelnen Kriegsabschnitte lassen sich zumindest auf eine Jahreszahl festlegen. Aber wann und wo begannen ernst gemeinte und aussichtsreiche Friedensverhandlungen? Das ist viel schwerer zu bestimmen. Der Friedensvertrag von Prag war ein untauglicher Versuch, weil seine Urheber 1635 keinen internationalen Kompromiss- und Ausgleichsfrieden, sondern ein aufs Reich beschränktes Friedensdiktat im Sinn hatten. Es brauchte weitere Jahre, ehe alle Kriegsparteien – bis hinauf zum Kaiser – einsahen, dass Frieden nur unter Einbeziehung aller in- und ausländischen Mächte möglich war. Ein dauerhafter Frieden musste alle Konflikte umfassen, die im Dreißigjährigen Krieg ineinandergriffen: die konfessionellen, die ständischen, die habsburgisch-bourbonischen und die kaiserlich-schwedischen. Zudem musste dieser Frieden nicht nur den Dreißigjährigen, sondern auch den Achtzigjährigen Krieg beenden, da beide längst untrennbar miteinander verwoben waren.

Wer einen Kompromissfrieden suchte, musste das weitverbreitete Ideal des einzig wahren und gerechten Friedens überwinden. Wenn der Krieg, den man da gerade führte, ein »gerechter« war – und davon ging eine jede Kriegspartei aus –, war es dann nicht per se »ungerecht«, ihn zu beenden, ohne die eigenen Kriegsziele vollständig erreicht zu haben? Eine Partei im Religions- oder Konfessionskrieg war überzeugt, für den Willen Gottes und das eigene Seelenheil zu kämpfen. Dann war Frieden nicht erstrebenswert, solange er nicht mit der vollständigen Unterwerfung und Auslöschung der gegnerischen, »ketzerischen« Seite einherging. Ein Friedensvertrag, der den

Der Friedensschwur von Münster am 15. Mai 1648, Gemälde von Gerard ter Borch (Ausschnitt), 1648

Häretikern Zugeständnisse machte, war schlimmer als der Krieg. Solchen Überlegungen entsprang das Restitutionsedikt Ferdinands II. im Jahr 1629, aber auch die scharfe Ablehnung jeglicher Neutralität. In einem Kampf zwischen Gut und Böse, zwischen »Gott und Teufel«, wie Gustav Adolf es formulierte, hatte man sich gefälligst für eine Seite zu entscheiden.

Zwar hatte sich der Krieg um die Mitte der 1630er-Jahre weitgehend entkonfessionalisiert – selbst der Kaiser versuchte nach seinem Sieg bei Nördlingen nicht mehr, die Gegenreformation mit aller Gewalt durchzusetzen, sondern vertagte im Friedensvertrag von Prag die drängenden konfessionspolitischen Fragen um 40 Jahre –, doch dadurch waren die Kriegsziele »Ehre« und »Gerechtigkeit« nicht aus der Welt. Gerechtigkeit musste geschaffen werden, indem man für die eigenen Opfer entschädigt wurde: Dieses Motiv trieb zum Beispiel die schwedischen Soldaten dazu, eine Fortsetzung des Krieges zu verlangen, als man in Stockholm längst an dessen Sinn zweifelte. Dass der Frieden ein Wert an sich war, erstrebenswert auch dann, wenn er nur um den Preis von Zugeständnissen zu haben war – diese Überzeugung reifte nur langsam, aber ab 1640 setzte sie sich allmählich durch.

Die Position des Papstes

Die mehr als 20 000 Opfer des Massakers von Magdeburg waren Papst Urban VIII. kein Wort der Trauer und des Mitgefühls wert. Stattdessen freute er sich in einem Schreiben vom 24. Juni 1631 über die Auslöschung des »Ketzernestes«. Das harsche Restitutionsedikt Kaiser Ferdinands II. 1629 war ihm noch zu milde, er lehnte es ebenso wie den Augsburger Religionsfrieden ab. Ziel könne nur die vollständige Rekatholisierung sein. Einem Botschafter des Kaisers gegenüber äußerte er 1632 die Vermutung, die Niederlage von Breitenfeld sei Gottes Strafe für das zu protestantenfreundliche Edikt.

Mit diesen Worten wies Urban VIII. auch alle Bitten des Kaisers um finanzielle Unterstützung zurück. Der Papst bemühte sich zwar um den Anschein von Neutralität gegenüber den verschiedenen katholischen Kriegsparteien, doch er bevorzugte Frankreich – wohl auch deshalb, weil ihm als Oberhaupt eines italienischen Staates nicht an einem allzu mächtigen Kaiser in Wien gelegen war.

Als »Vater der Christen« bemühte er sich ab 1634 um Friedensverhandlungen zwischen den verfeindeten katholischen Mächten und bot sich als Vermittler an. Ein direktes Gespräch mit Protestanten kam für Urban freilich nicht infrage. Sein Nuntius Fabio Chigi

Fabio Chigi (1599–1667), Apostolischer Nuntius und Mediator des Heiligen Stuhls beim Westfälischen Friedenskongress, zeitgenössische Radierung

blieb sechs Jahre lang in Münster und hatte großen Anteil an den Friedensverhandlungen. Die Ergebnisse lehnten Chigi und Urbans Nachfolger Innozenz X. gleichwohl ab: Sie sahen im Westfälischen Frieden eine Niederlage der katholischen Kirche.

Den ersten, wenn auch eher symbolischen Schritt zum Frieden machte ausgerechnet Papst Urban VIII. Er hatte Ferdinand II. in den 1620er-Jahren noch für dessen seiner Meinung nach zu nachsichtige Haltung gegenüber den Protestanten getadelt und 1631 seiner Freude über die Vernichtung Magdeburgs schriftlich Ausdruck verliehen. 1634 bot er sich als Vermittler zwischen den kriegsbeteiligten Großmächten an, weigerte sich aber, mit Protestanten zu sprechen. Um Verhandlungen mit Schweden zu ermöglichen, wurde die Republik Venedig als weitere Vermittlerin eingeschaltet, vergeblich. Eine erste Verhandlungssitzung in Köln 1636 kam nicht zustande, weil Frankreich keine Delegation entsandte. Zwei Jahre später waren es die Schweden, die Gespräche mit kaiserlichen Vertretern in Lübeck oder Hamburg ablehnten.

1641, nach dem für Kaiser Ferdinand III. wenig erfolgreichen Reichstag in Regensburg, erbrachte ein Kongress im neutralen Hamburg endlich einen Durchbruch. Unter Vermittlung Dänemarks konferierten Vertreter Frankreichs, Schwedens und des Reiches und einigten sich auf den »Hamburger Präliminarfrieden«. Wie eine mögliche Nachkriegsordnung gestaltet werden könnte, wurde zu diesem Zeitpunkt noch kaum diskutiert, aber immerhin legte man in den einleitenden Verhandlungen, den Präliminarien, die Modalitäten der eigentlichen Friedensgespräche fest. Man einigte sich auf Münster und Osnabrück als Konferenzorte, weil zumindest das gut befestigte Münster von direkten Kriegshandlungen verschont geblieben war – im Unterschied zum ärmeren Osnabrück nebst Umland – und weil die Nachbarstädte getrennte Friedensgespräche zwischen dem Kaiser, Schweden und Frankreich, zwischen Frankreich und Spanien sowie zwischen Spanien und den Generalstaaten ermöglichten. Der Hamburger Präliminarfrieden legte fest, dass die kaiserliche Garnisonsstadt Münster und das schwedisch besetzte Osnabrück während der Friedensverhandlungen vollständig neutral sein sollten. Beide Städte sollten überdies von den Verhandlungspartnern Nichtangriffsgarantien erhalten, die auch für die Verbindungsstraßen zu gelten hatten.

Frankreich hatte sich mit seiner Forderung durchgesetzt, dass die Gespräche zwischen allen beteiligten Mächten zu führen seien – mit dem Ziel eines universellen Friedens. Der Kaiser jedoch wollte verhindern, dass die Reichsverfassung und Fragen der Machtverteilung zwischen ihm und den Ständen zum Diskussionsgegenstand in Münster und Osnabrück wurden, und bestand auf seinem Alleinvertretungsanspruch für das Reich. Wäre es nach Ferdinand gegangen, hätten seine Diplomaten allein mit den ausländischen Mächten verhandelt. Im Anschluss daran hätte er gestärkt die stände- und konfessionspolitischen Fragen im Reich klären können, vorzugsweise in Anlehnung an den Prager Vertrag.

Vor allem die protestantischen Reichsstände argwöhnten, Ferdinand wolle sie wieder einmal übergehen und marginalisieren. Aber auch einigen katholischen Fürsten war es lieber, Vertreter der ausländischen

Mächte an den Verhandlungstischen zu wissen, wenn es um die Innenpolitik des Reiches ging: Frankreich, hofften sie, werde allzu hochfliegende Machtansprüche Wiens schon zurechtstutzen. Vor allem aber wollten die Reichsstände, auch die kleinsten, selbst in Münster und Osnabrück mitverhandeln und vom deutschen Alleinvertretungsanspruch Ferdinands nichts wissen. Es soll nicht zuletzt Landgräfin Amalie Elisabeth von Hessen-Kassel gewesen sein, die Schweden und Frankreich dazu brachte, die Reichsstände über Ferdinands Kopf hinweg nach Münster und Osnabrück einzuladen.

Mit seinen Versuchen, die Stände per Befehl fernzuhalten, kämpfte der Kaiser auf verlorenem Posten: Spätestens nach der Niederlage der kaiserlich-katholischen Truppen bei Jankau fanden immer mehr Verhandlungsdelegationen ihren Weg nach Westfalen. Im August 1645, fünf Monate nach der Niederlage in Böhmen, gab sich Ferdinand geschlagen und lud die Stände nun auch selbst ein.

Amalie Elisabeth von Hessen-Kassel (1602–1651), zeitgenössischer Kupferstich nach einem Gemälde von Anselm van Hulle

Zur neuen Führungspersönlichkeit unter den protestantischen Fürsten entwickelte sich der junge brandenburgische Kurfürst Friedrich Wilhelm, Sohn des notorisch entscheidungsschwachen Georg Wilhelm und Neffe Gustav Adolfs. Zum Zeitpunkt der Hamburger Präliminarien war er 21 Jahre alt. 1675 sollten ihm seine Zeitgenossen den Ehrentitel »Großer Kurfürst« verleihen – nach seinem Sieg über die Schweden in der Schlacht von Fehrbellin.

Ein Kommen und Gehen in Münster und Osnabrück

Der Friedenskongress in Westfalen wurde zu keinem Zeitpunkt offiziell eröffnet. Er begann schrittweise, während immer mehr Diplomaten eintrafen, ab dem Jahr 1643. Diese Anfangsphase dauerte letztlich bis 1646, der Abreisezeitraum begann bereits im folgenden Jahr und dauerte bis 1649. Eine Vollversammlung der Kongressteilnehmer gab es nie, sie war auch gar nicht vorgesehen. Erst recht gab es keinen »Friedensgipfel« mit den gekrönten Häuptern der beteiligten Mächte. Weder Ferdinand III. noch Christina von Schweden, weder Ludwig XIV noch Philipp IV. ließen sich je vor Ort blicken – die Verhandlungen waren ganz und gar Sache der diplomatischen Gesandtschaften: 109 Delegationen nahmen teil, jedoch nie gleichzeitig. Sie vertraten insgesamt 16 Staaten Europas und 140 Reichsstände, darüber hinaus noch einmal fast 40 nicht reichsständische Parteien. Eine Gesandtschaft konnte also durchaus im Auftrag mehrerer Stände oder Interessengruppen in Münster oder Osnabrück agieren. Geleitet wurden die ständischen Delegationen meist von gut ausgebildeten Juristen, deren Kompetenz in der noch jungen Disziplin des deutschen öffentlichen Rechtes lag. War der westfälische Kongress schon allein wegen seiner Internationalität beispiellos, so stellte er auch die deutschen Diplomaten vor eine ganz neue Aufgabe: Sie hatten die Reichsverfassung so auszugestalten, dass das Reich als Sicherheits- und Rechtsgemeinschaft unangetastet blieb, während zugleich eine neue Machtbalance zwischen dem Kaiser, den großen und den kleinen Reichsständen hergestellt wurde.

Zwischen den beiden Kongressstädten teilten sich die Delegationen so auf, dass in Münster vor allem Frankreich und die katholischen Reichsstände verhandelten, in Osnabrück Schweden und die protestantischen Reichsstände. Diplomaten des Kaisers waren an beiden Orten zugegen. Untereinander fanden sich die Reichsstände so zusammen, wie sie es von den Reichstagen her gewohnt waren, also in Kurien: Die Kurfürsten berieten in ihrem üblichen Kollegium, zumeist in Münster, während die übrigen weltlichen und geistlichen Fürsten den Reichsfürstenrat bildeten, der unpraktischerweise auf beide Städte verteilt war. Da jedoch in diesem Gremium gemeinsam abgestimmt werden musste, war eine zeitaufwendige Pendeldiplomatie erforderlich. Die Reichsstädte formierten die dritte, nach Meinung der beiden anderen unwichtigste Kurie. Das Prozedere des Austauschs mit- und der Abstimmung untereinander war kompliziert und langwierig, aber immerhin konnte sich auf diese Weise wirklich jeder noch so kleine Reichsstand zu Wort melden und seine Interessen vertreten.

Der Einzug des niederländischen Gesandten in Münster, Gemälde von Gerhard ter Borch, um 1646

Im Laufe des Friedensprozesses wurde Münster immer mehr zu derjenigen Stadt, in der über die internationalen europäischen Probleme debattiert wurde, während es in Osnabrück vorzugsweise um innerdeutsche Fragen ging. Noch mehr Zeit als die politischen nahmen die konfessionellen Streitpunkte in Anspruch. Über die Grenzen ihrer reichsständischen Kollegien hinweg bildeten die katholischen und evangelischen Stände zwei Parteien: Das »Corpus Catholicorum« tagte meist in Münster, das »Corpus Evangelicorum« in Osnabrück. Über den neuen Religionsfrieden für das Reich und die künftige Konfessionspolitik verhandelten die beiden Corpora im Wesentlichen mit den Delegationen Schwedens und des Kaisers.

Zusätzlich erschwert wurde der Kongressablauf dadurch, dass mancher europäische Akteur partout nicht von Angesicht zu Angesicht mit diesem oder jenem sprechen wollte, weswegen eine vermittelnde dritte Partei dringend erforderlich war. Diese Aufgabe übernahmen vor allem – wie bereits 1634 angeboten – der päpstliche Nuntius und der Gesandte der Republik Venedig. Fabio Chigi, Bischof von Nardò und Friedensvermittler im Auftrag des Papstes, und der venezianische Mediator Alvise Contarini mussten in Münster zwischen den Diplomaten Frankreichs und des

Die Republik Venedig

Zur Zeit des Dreißigjährigen Krieges hatte die Republik Venedig ihr Kolonialreich im und am Mittelmeer bereits eingebüßt, der Zenit der Handels- und Seemacht war längst überschritten. Im 15. und 16. Jahrhundert hatte sich der Stadtstaat wiederholt Schlachten mit anderen italienischen Mächten geliefert, bei denen es um Grenzfestlegungen ging. Der Kirchenstaat gehörte zu den schärfsten Konkurrenten und Gegnern Venedigs. Zur Schwächung der Republik trugen aber vor allem die Kriege gegen die Osmanen bei. Venedig verlor nach und nach seine Besitzungen am östlichen Mittelmeer an die Türken.

Anfang des 16. Jahrhunderts erhoben Frankreich, Ungarn, Spanien und Kaiser Maximilian I. Anspruch auf verschiedene Teile des venezianischen Reiches. Nach einer schweren Niederlage 1509 hatte Venedig nicht mehr die Kraft, seine Expansionspolitik fortzusetzen. 1571 spielte es noch einmal auf der weltpolitischen Bühne mit, als es 110 Galeeren zu der Flotte beisteuerte, die in der Seeschlacht von Lepanto die Osmanen besiegte.

Im 17. Jahrhundert geriet Venedig wiederholt mit Habsburg aneinander: von 1613 bis 1617 in einem Streit um die mit dem Herrscherhaus verbündeten Uskoken, ab 1628 im Mantuanischen Erbfolgekrieg. In diesem Konflikt unterstützte Venedig den siegreichen französischen Kandidaten, konnte daraus aber keinen Profit schlagen. Eine Pestepidemie, der zwischen 1630 und 1632 mehr als ein Drittel der 140 000 Einwohner der Serenissima zum Opfer fiel, beschleunigte den Niedergang der Stadt.

Alvise Contarini, zeitgenössische Radierung

Kaisers ebenso vermitteln wie zwischen denen Frankreichs und Spaniens. Französische und kaiserliche Emissäre saßen einander immerhin drei-mal persönlich am Verhandlungstisch gegenüber, doch der französische Chefunterhändler Heinrich II. von Bourbon-Orléans, Duc de Longueville, und sein spanischer Widerpart Gaspar de Bracamonte y Guzman, Graf von Peñeranda, sind einander auf dem Friedenskongress nie begegnet. Allein schon der unauflösbare Streit darüber, welche der beiden Mächte die bedeutendere sei und welcher daher auch auf dem diplomatischen Parkett das vornehmere Zeremoniell zustehe, machte eine unmittelbare Zusammenkunft unmöglich. Das spanisch-französische Verhältnis war derart kompliziert, dass neben Chigi und Contarini auch Vertreter der Vereinigten Niederlande als Mediatoren zwischen den beiden Mächten aktiv wurden. Derlei »Problempaare« gab es in Osnabrück nicht: Sowohl Spanien und die Vereinigten Niederlande als auch die schwedische und die kaiserliche Delegation verhandelten ohne Vermittler direkt miteinander.

Ferdinand mit dem Rücken zur Wand

Das Jahr 1645 war aus mehreren Gründen ein entscheidendes für den westfälischen Friedenskongress. Im März dieses Jahres erlitt das kaiserlich-katholische Heer seine kriegsentscheidende Niederlage bei Jankau. Eine beliebige Schlacht mit ungünstigem Ausgang hätte bei Ferdinand vielleicht noch kein Umdenken bewirkt, aber Jankau – und bald darauf die Niederla-ge bei Alerheim – waren eben keine Einzelfälle mehr. Diese Debakel stan-den beispielhaft für die militärische Misere einer Kriegspartei, die seit ge-raumer Zeit über keinen wirklich fähigen General mehr verfügte, während das Schlachtenglück den gegnerischen Mächten Schweden und Frankreich hartnäckig hold war. Kurzum: Ferdinand stand mit dem Rücken zur Wand und fügte sich nicht nur in die Notwendigkeit einer internationalen Frie-densverhandlung, sondern beugte sich im August schließlich auch dem in- und ausländischen Druck und lud die Reichsstände zum Friedenskongress nach Westfalen ein. Er hatte keine Zeit mehr zu verlieren: Je länger sich der Krieg noch hinschleppte, desto schlechter wurde die Verhandlungsposition der kaiserlichen Diplomaten.

Des kaiserlichen Diplomaten, sollte man wohl präziser sagen. Denn bei allem personellen Missgeschick auf dem Schlachtfeld konnte Ferdi-nand wenigstens auf das diplomatische Parkett einen herausragenden Streiter entsenden: Maximilian von und zu Trauttmansdorff. Dass der Kaiser seinen wichtigsten Ratgeber und Präsidenten des Geheimen Rates im November 1645 nach Münster schickte, zeigte, dass Wien begann, die Verhandlungen im fernen Westfalen endlich ernst zu nehmen, und die Hoffnung aufgegeben hatte, mit seinen Gegnern einzelne und möglicher-weise günstigere Friedensverträge auszuhandeln. Trauttmansdorff enga-

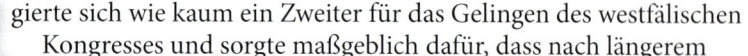

gierte sich wie kaum ein Zweiter für das Gelingen des westfälischen Kongresses und sorgte maßgeblich dafür, dass nach längerem Vorgeplänkel über die Kernfragen verhandelt wurde. Mit kaiserlichem Segen durfte er Zugeständnisse machen und an Ferdinands spanischen Verwandten vorbei mit der französischen Delegation verhandeln.

Doch als er im Juni 1647 Entwürfe für Friedensabkommen des Reiches mit Schweden und Frankreich präsentierte, hagelte es Kritik von allen Seiten: Die ausländischen Mächte beschwerten sich, da sie die vorgesehenen Entschädigungen zu gering fanden – den Reichsständen waren ebendiese viel zu hoch. Die katholischen Delegierten wehrten sich gegen die ihrer Meinung nach zu großen Zugeständnisse an die Protestanten. Trauttmansdorff gab enttäuscht auf und kehrte noch im Juli 1647 nach Wien zurück, nicht ahnend, dass seine Vorschläge in großen Teilen vorwegnahmen, was im folgenden Jahr in Münster besiegelt und beeidet werden würde.

Grundlage für die Friedensentwürfe des kaiserlichen Chefdiplomaten waren unter anderem die »Propositionen«, die Schweden und Frankreich im Juni 1645 gemeinsam in Westfalen vorgelegt hatten. In diesem Papier hielten sie fest, was sie von einem Friedensschluss erwarteten. Es lässt sich mit den Kernbegriffen Amnestie und Restitution, Satisfaktion und Rekompens zusammenfassen.

Maximilian von und zu Trauttmansdorff (1584–1650), zeitgenössischer Kupferstich nach einem Gemälde von Anselm van Hulle

»Vergessen und Vergeben«

Amnestie und Restitution waren in der frühen Neuzeit gängige Voraussetzungen für Friedensschlüsse. Um einen Krieg vollständig zu beenden, so lautete die Lehre, müsse man eine Grundlage für das künftige Zusammenleben der Konfliktparteien schaffen, und das ging nur mit einem allgemeinen »oblivio et amnestia« – Vergessen und Vergeben. Damit wollte man einem jahre- und jahrzehntelangen gegenseitigen Aufrechnen von Kriegsschuld und Kriegsschulden vorbeugen. Der Mantel des Vergessens und Vergebens musste unterschiedslos über alles gedeckt werden, auch über die Frage nach der Verantwortung für Massaker wie das von Magdeburg. Gedenken, Mahnen, Aufarbeiten, Aussöhnen – diese Begriffe einer Erinnerungskultur, wie sie seit dem 20. Jahrhundert existiert, kamen in den Friedensverhandlungen der 1640er-Jahre nicht vor.

Die Restitution war die logische Folge der Amnestie: Wenn durch die juristische Formel des »oblivio et amnestia« jegliche Schuld zum Verschwinden gebracht werden konnte, dann mussten auch die Territorial- und Besitzverhältnisse auf den Vorkriegsstand – oder auf ein Normaljahr,

auf das sich die Konfliktparteien erst noch einigen mussten – zurückgesetzt werden, fast so, als wäre nichts geschehen. Theoretisch hätte alles, was danach restituiert und rekatholisiert worden war, in protestantische Hände zurückgegeben werden müssen. Die Praxis ließ jedoch kleinere und größere Abweichungen von dieser Norm zu, die alle gesondert im Friedensschluss aufgeführt werden mussten.

Satisfaktion und Rekompens waren die Sonderansprüche, die von Schweden und Frankreich erhoben wurden. Beide Mächte argumentierten, sie seien zum Eintritt in den Krieg gezwungen gewesen und hätten daher Anspruch auf eine Entschädigung für die Verluste an Menschenleben und Mitteln, die sie auf dem Kriegsschauplatz erlitten hatten. Da sich die beiden Alliierten zur Zeit der Verhandlungen militärisch auf der Siegerstraße befanden, konnten sie ihre Forderungen ohne große Abstriche durchsetzen. Schweden verlangte bereits seit den 1630er-Jahren Pommern als Ausgleich für seine Aufwendungen, man könnte auch sagen als Preis für seinen Truppenabzug. Es erhielt Vorpommern und Wismar, die Odermündung und die Bistümer Bremen und Verden – zwar nur als Reichslehen, womit die Territorien Teil des Reichsverbandes blieben, allerdings Schweden auch Sitz und Stimme im Reichsrat erhielt. Interessant war das Territorium vor allem wegen der Zölle, die man an den dortigen Flussmündungen und Häfen erheben konnte. Außerdem erhielt das Reich der sehr jungen, aber zielstrebigen Königin Christina, das in Westfalen durch Axel Oxenstiernas Sohn Johan diplomatisch vertreten wurde, fünf Millionen

Königin Christina von Schweden (1626–1689), Gemälde von Sebastien Bourdon, 1653/54

Reichstaler als Abfindung für seine 60 000 Mann starke Armee im Reich. Hierbei handelte es sich jedoch lediglich um ein Viertel der ursprünglich geforderten Summe.

Frankreich verlangte unter anderem die Rheinfestungen Breisach und Philippsburg und erhob Anspruch auf habsburgische Ländereien im Elsass. Der im Auftrag Mazarins und des jungen Ludwig XIV. verhandelnde Duc de Longueville setzte sich mit allen Forderungen gegen das Reich durch – auch den Besitz der drei Bistümer von Toul, Metz und Verdun, die seit dem 16. Jahrhundert französisch besetzt waren, aber nominell noch zum Reichsgebiet gehörten, ließ sich Frankreich bestätigen –, war allerdings in den Auseinandersetzungen mit Spanien weniger erfolgreich. Sein Ziel, einen innerdeutschen Frieden sowie einen Friedensschluss zwischen Spanien und den Vereinigten Niederlanden erst nach einem französischen Sieg über Spanien zuzulassen, musste Frankreich aufgeben. Kaiser Ferdinand wehrte sich bis zuletzt gegen die französische Bedingung, das Reich dürfe keine »spanische Assistenz« mehr leisten, sprich, Spanien künftig weder militärisch noch finanziell unterstützen. Der Kaiser gab schließlich nach – und umging das Assistenzverbot bald nach dem Friedensschluss dann doch, dosierte seine Hilfeleistungen allerdings so geschickt, dass Frankreich darüber hinwegsah.

Neuordnung und alte Rechte

Die kaiserlichen Diplomaten hatten einigen Spielraum für Zugeständnisse, es gab jedoch rote Linien, die Ferdinand III. in den Verhandlungen nicht überschritten sehen wollte. Am wichtigsten war es ihm, die habsburgische Machtbasis zu zementieren. Die Erblande in Österreich und Böhmen mussten gesichert werden, dort sollte allein der katholische Glauben gelten. Auch das Reich als Ganzes musste erhalten bleiben und weiterhin unter möglichst kontinuierlicher habsburgischer Herrschaft stehen. Um diese Herrschaft zu sichern, war eine katholische Mehrheit im Kurfürstenkolleg erforderlich. Territoriale Abtretungen an Schweden und Frankreich sollten zulasten einzelner Fürsten gehen, genauso wie Abfindungszahlungen an die schwedische Armee allein von den Reichsständen aufgebracht werden sollten.

Alle diese Ziele konnte die kaiserliche Delegation durchsetzen, scheiterte aber mit dem Versuch, die Konfessionsverhältnisse – genau wie im Prager Frieden – auf das Normaljahr 1627 festzuschreiben. Stattdessen wurde dem neuen Religionsfrieden der Stichtag 1. Januar 1624 zugrunde gelegt. Dieser Zeitpunkt lag zwar nach dem kaiserlich-katholischen Triumph im böhmisch-pfälzischen, aber noch vor den protestantischen Niederlagen und Gebietsverlusten im dänisch-niedersächsischen Krieg. Grundlage für alle weiteren Bestimmungen war die vollständige Gleichberechtigung der Konfessionen. Darüber wachen sollten die beiden auf dem Kongress

geschaffenen Corpora, das Corpus Catholicorum und das Corpus Evangelicorum, die verstetigt wurden. Sie waren befugt, über strittige »Religions-
sachen« miteinander zu verhandeln, ehe über den Fall ein Reichsbeschluss
gefällt wurde. Die Zusammenarbeit der beiden Gremien sollte zukünftig
erstaunlich gut funktionieren. Gleichberechtigte Mitsprache für Katholiken und Protestanten gab es von nun an auch im Reichskammergericht
und den Reichstagsausschüssen, die paritätisch besetzt wurden.

Der Calvinismus, das reformierte Bekenntnis, wurde in den Status
einer dritten Reichskonfession erhoben, musste aber als »Verwandter« des
Augsburgischen Bekenntnisses – des Luthertums also – mit diesem ein
gemeinsames Corpus bilden, statt eine eigenständige politische Konfessi-
onspartei zu formieren. Fortschritte gab es auch bei der Bekenntnisfreiheit.
Bestrebungen innerhalb des Corpus Evangelicorum, eine vollständige
individuelle Konfessionsfreiheit durchzusetzen, scheiterten zwar, aber die
erzwungenen Religionswechsel ganzer Territorien auf Befehl des Landesherrn gehörten nun der Vergangenheit an. Das Recht auf Religionsaus-
übung wurde dreistufig geregelt: Angehörige der offiziellen Landeskonfes-
sion übten ihren Glauben in den jeweiligen Kirchen aus. Wo schon 1624
ein weiteres Bekenntnis existiert hatte, durften dessen Anhänger Bethäuser
mit privaten Predigern besuchen. Diejenigen, die einer erst nach 1624 hin-
zugekommenen Konfession anhingen, konnten immerhin Hausandachten
abhalten und wurden nicht gezwungen, die Gottesdienste der Mehrheit
zu besuchen. Idealerweise sollte der Landesherr diese Andersgläubigen
tolerieren. Ihre Ausweisung nach einer drei- bis fünfjährigen Frist war
zwar immer noch möglich, sie durften aber nicht enteignet werden.
Außerdem standen ihnen Geburts-, Berufs- und
Führungszeugnisse zu, damit sie sich in einem
Territorium ihres Glaubens eine neue Existenz
aufbauen konnten. Wechselte der Landesherr
die Konfession, brauchten seine Untertanen
diesen Schritt nicht nachzuvollziehen.

Mit der allgemeinen Anerkennung des
Calvinismus als Reichskonfession setzte
Kurfürst Friedrich Wilhelm von Brandenburg
eines seiner wesentlichen Verhandlungsziele durch.
Allerdings musste er seine Erbansprüche auf Vorpommern zugunsten Schwedens aufgeben, erhielt
jedoch zur Entschädigung Hinterpommern, Magdeburg und die Stifte Kammin, Minden und Halberstadt. Auch diejenigen protestantischen
Reichsstände, die während des Krieges am
stärksten unter Ächtung und Zurücksetzung
durch den Kaiser gelitten hatten, wurden restituiert, darunter Mecklenburg, die calvinis-

Der Große Kurfürst, Friedrich
Wilhelm von Brandenburg,
Reiterstandbild von Andreas
Schlüter, 1696–1703

Karl I. Ludwig (1617–1680), Kurfürst von der Pfalz, Kupferstich nach einem Gemälde von Anthonis van Dyck, 1652

tischen nassauischen Grafen und Hessen-Kassel. Am schwierigsten gestaltete sich der Umgang mit der vertriebenen Familie des »Winterkönigs«. Schließlich einigten sich die kaiserlichen und ständischen Diplomaten darauf, dass für die Pfalz eine neue, achte Kurwürde einzurichten sei. Das war einerseits eine Genugtuung für den ältesten überlebenden Sohn Friedrichs V., Karl Ludwig, der nun Kurfürst werden konnte und zwei Jahre nach Kriegsende eine Tochter Amalie Elisabeths von Hessen-Kassel heiratete. Es bedeutete aber andererseits auch eine Zurücksetzung, denn in der Rangordnung der Kurwürden stand die neu geschaffene achte ganz hinten. Die fünfte, die Bayern im böhmisch-pfälzischen Krieg erbeutet hatte, gab Kurfürst Maximilian nicht mehr her. Außerdem verblieb die rekatholisierte Oberpfalz bei Bayern.

Zum Kräfteverhältnis zwischen dem Kaiser und den Ständen legte der in Osnabrück ausgehandelte, »innenpolitische« Teil des Friedensvertrages kaum Neues fest. Er stellte im Wesentlichen die Ordnung wieder her, die der Kaiser zu Kriegszeiten – teilweise unter Duldung der Kurfürsten – ignoriert und ausgehöhlt hatte, bekräftigte die traditionelle »teutsche Libertät« und bestärkte die Reichsstände »in antiquis suis iuribus« – in ihren alten Rechten also. Freiheit, Privilegien, Besitz sowie das »ius territoriale« und die »superioritas territorialis«, die Landeshoheit: All das wurde den Reichsständen hier schriftlich bescheinigt. Eigentlich waren dies Selbstverständlichkeiten, doch im Verlauf des Krieges hatte Ferdinand II. diese fürstlichen Rechte ausgehebelt, indem er etwa den Pfälzer Kurfürsten oder die Grafen von Mecklenburg eigenmächtig geächtet und damit außer Landes getrieben hatte. Dies sollte nun nicht mehr möglich sein.

Bestätigt wurde in Osnabrück zudem das Mitberatungs- und Mitbestimmungsrecht der Reichsstände. Dass die Reichspolitik deren Zustimmung benötigte, war im Grunde ebenfalls selbstverständlich – dazu gab es schließlich den Reichstage. Aber zwischen 1613 und 1640/41 war eben kein Reichstag mehr einberufen worden, während die Kaiser wichtige Beschlüsse – bis hin zur Entscheidung über den Kriegseintritt im Mantuanischen Erbfolgestreit – allein oder nur nach Konsultation eines mehr oder minder vollständigen Kurfürstentages gefällt hatte. Solche einsamen Entscheidungen sollte es

fortan nicht mehr geben, ein zentralistisches Regierungshandeln am Reichstag vorbei sollte unterbunden werden. Auch das Recht der Reichsstände,
untereinander und sogar mit dem Ausland Allianzen einzugehen, sofern sie
damit nicht wider die Interessen von Kaiser und Reich handelten, bekräftigte
der Osnabrücker Vertrag. Damit stellte man den Zustand wieder her, den der
Prager Frieden mit der Auflösung sämtlicher politischer, konfessioneller und
militärischer Bündnisse hatte beenden wollen.

Überhaupt ging es den Gesandten auf dem westfälischen Kongress
darum, die Balance zwischen kaiserlicher, kurfürstlicher und rangniederer
reichsständischer Macht wiederherzustellen. Die Reichsstände inklusive der
Kurfürsten wollten sich vor zentralistischen Bestrebungen eines allzu mächtigen Kaisers schützen, zugleich strebten die Kurfürsten nach Abgrenzung
gegen die niedrigeren Reichsstände. Eine klare Hierarchie schien ihnen un-
abdingbar für die Aufrechterhaltung einer stabilen ständischen Gesellschaft.

Der Kongress tanzt

Bereits um 1643/44 machte im Reich ein Flugblatt die Runde, das in großem
Detailreichtum das »Groß Europisch Kriegs-Balet« zeigte, »getanzet durch die
Könige und Potentaten / Fürsten und Republicken / auff dem Saal der betrüb-
ten Christenheit«. Da tanzen – unter anderen – der französische Thronerbe
Ludwig XIV., der Kaiser, der Papst, die Könige von Portugal und Dänemark,
die Kurfürsten von Bayern und Brandenburg einen makabren Schreittanz, machen Musik oder sehen den Tänzern zu, während die »betrübte Christenheit«
unter dem Krieg leidet. Der Friedenskongress in Münster und Osnabrück
hatte damals gerade erst begonnen und sollte sich noch über Jahre hinziehen.
Dass überhaupt verhandelt wurde, dass die Gesandten der »Könige und Potentaten, Fürsten und Republiken« ernsthafte Anstrengungen unternahmen,
Frieden zu schließen, wurde von großen Teilen der kriegsmüden Bevölkerung
noch nicht oder kaum wahrgenommen. Gegenwart waren Gewalt, Belagerungen und Plünderungen – Frieden war noch Zukunftsmusik.

Schnelle Erfolge konnten in Münster und
Osnabrück nicht erreicht werden. Das lag
schon allein an den umständlichen Ver-
handlungs- und Vermittlungsmodi
zwischen den Diplomaten vor Ort.
Hinzu kam, dass die gekrönten

Stadtansicht von Osnabrück,
zeitgenössischer kolorierter
Kupferstich

»Groß Europisch Kriegs-
Balet«, Flugblatt, um 1643/44

Häupter und Fürsten niemals selbst nach Westfalen kamen, aber stets über den Stand der Verhandlungen informiert und um Instruktionen für die nächsten Schritte gebeten werden mussten. Damit die Schreiben der Gesandten so zügig und reibungslos wie irgend möglich befördert werden konnten, befahl Ferdinand III. 1643 die Einrichtung von Reichspostämtern in Münster und Osnabrück. Die Sendungen wurden von den Postreitern des Grafenhauses Thurn und Taxis transportiert. Ab 1645 startete sogar zweimal wöchentlich ein Kurier nach Wien. Im günstigsten Fall waren die Depeschen aus Westfalen 15 Tage bis zur Hofburg unterwegs, gar vier Wochen bis nach Madrid. Die Routen der Postreiter waren gefährlich. Sie führten durch verwüstetes, umkämpftes Land, immer wieder wurden Kuriere von Marodeuren und Räubern überfallen, aber auch von Spitzeln, die sich auf diese Weise Informationen zur Verhandlungtaktik der Gegenseite verschaffen wollten. Die Gesandtschaften gingen deshalb dazu über, ihre Nachrichten zu chiffrieren. Erst 1646 einigten sich die Kriegsparteien darauf, Schutzbriefe durch ihre jeweiligen Heerführer ausstellen zu lassen, die den Postreitern freies Geleit durch die Kriegsgebiete garantieren sollten. Vollständige Sicherheit boten aber auch diese Passierscheine nicht.

Die Vereinigten Niederlande misstrauten den Kurieren der katholischen Thurn-und-Taxis-Post und beschäftigten eigene Postreiter zwischen Münster und Den Haag. Damit ersparten sie sich auch die Kleinkriege zwischen den Gesandtschaften, die sich nicht nur am Verhandlungstisch, sondern auch in Fragen des Postversands kaum auf eine Rangordnung einigen konnten. Frankreich forderte eine bevorzugte Beförderung seiner Post und hielt die Kuriere bedenkenlos auf, wenn ein Schreiben noch nicht fertig war. Und weil die kaiserlichen und spanischen Gesandten sowie die des Mainzer Kurfürsten verfügten, dass ihre Post kostenlos zu befördern sei, während andere Diplomaten das Porto lange schuldig blieben, geriet der Reichspostmeister Caspar Arninck in arge finanzielle Schwierigkeiten.

Abseits derartiger Streitigkeiten versuchten die Gesandtschaften, sich ihren langen Aufenthalt vor Ort so angenehm wie möglich zu machen. Münster bot genügend stattliche und vom Krieg verschonte Stadthäuser und Klostergebäude, um die internationalen Gesandtschaften angemessen zu beherbergen. Dennoch erschien die Stadt, die damals etwa 10 000 bis 12 000 Einwohner zählte, einigen Gästen ärmlich und provinziell. »Alle wohnen hier unter einem Dach: Menschen, trächtige Kühe, stinkende Ziegenböcke und Schweine«, beobachtete der päpstliche Nuntius Fabio Chigi, der sich in seinem Tagebuch und langen Spottgedichten auch über den westfälischen Regen sowie die Bekleidungs-, Ess- und Trinkgewohnheiten der Münsteraner ausließ. Er blieb sechs Jahre lang in Münster, wo er im Minoritenkloster wohnte, und führte in dieser Zeit etwa 800 Verhandlungen und Vermittlungsgespräche.

Die französische Gesandtschaft ließ bereits 1643 ihre Quartiermacher nach Münster reisen und Räume in den Domherrenkurien am Domplatz wohnlich einrichten. Allein der Haushalt von Claude Mesmes Comte d'Avaux, dem neben Longueville wichtigsten französischen Diplomaten, umfasste 200 Personen, darunter mehrere Köche und Bäcker. Mitten in einem verheerten und ausgebluteten Land residierten die Delegationen aus Frankreich und Schweden in Räumen, die mit Seidengobelins ausgeschlagen waren, und aßen von Gold- und Silbergeschirr. »Ganz Münster ist ein Freudenthal«, soll der spanische Gesandte Peñeranda gesagt haben, ein Ratsprotokoll von 1647 ergänzte jedoch, »das es außerhalb der Statt leider allenthalben hieße im Jammerthal«.

Vielleicht tanzte nicht der ganze Kongress, aber die französische Delegation sorgte dafür, dass in Münster »Friedensballette« gegeben wurden. Die erste Ballettaufführung mit Tanz, Pantomime, Gesang und Theater

Postwesen und Postreiter

Die Geschichte des reichsweiten Postwesens begann im Jahr 1490: Im Auftrag von Kaiser Maximilian I. begannen zwei Brüder aus dem norditalienischen Rittergeschlecht Tasso – oder Taxis – mit dem Aufbau eines Netzes aus Postrouten und -stationen. Bis auch die Allgemeinheit dieses System nutzen durfte, vergingen vierzig Jahre. Doch auch Städte wie Hamburg, Leipzig, Köln und Nürnberg begannen im 16. Jahrhundert, Postreiter-Stationen entlang der Handelswege einzurichten.

Freudenreicher Postilion von Münster, Kupferstich, 1648

1597 wurde das Postwesen per Dekret Rudolfs II. zum kaiserlichen Hoheitsrecht erklärt und die Familie Taxis mit dem Postmonopol belehnt. Die Routen wurden erstmals »getaktet« und mit festen Orten zum Reiter- und Pferdewechsel versehen. Die Kurfürsten waren jedoch nicht gewillt, das kaiserliche Postregal anzuerkennen.

Ein sicherer Postverkehr war im Dreißigjährigen Krieg äußerst wichtig und so wurde Lamoral von Taxis 1624 in den Grafenstand erhoben. Doch die Kaiser konnten nicht verhindern, dass im Reich allerlei kleine Postdienste entstanden. 1637 verbot Ferdinand III. diese »Nebenposten«. Acht Jahre später gab es wieder eine sichere taxissche Postreiter-Route zwischen Frankfurt am Main und Hamburg. Ein berittener Postbote wurde 1648 auf dem bekannten Holzschnitt »Freudenreicher Postilion von Münster« verewigt. Der Post- und Friedensreiter, der fröhlich in sein Horn bläst und aller Welt »die ohnaußsprechlich grosse Frewd« verkündet, ist das Symbol des Westfälischen Friedens schlechthin.

fand zur Karnevalszeit 1645 statt, erst in den Räumen der Gesandtschaft, dann im Rathaussaal. Ein Jahr später veranstaltete man ein weiteres Ballett, um die Geburt des Sohnes des Duc de Longueville zu feiern. In der Aufführung wurde auf die Geburt des Christkindes als Friedensstifter Bezug genommen: Die in Westfalen versammelten Nationen sollten sich in Freundschaft vereinen und Frieden schließen. Bis es so weit war, vergingen indes noch weitere zwei Jahre und acht Monate.

Letzte Hürden bis zum Frieden

Noch vor dem Dreißigjährigen wurde in Münster der Achtzigjährige Krieg beendet. Am 30. Januar 1648 unterzeichneten die Chefdiplomaten der Vereinigten Niederlande und Spaniens den Friedensvertrag. Feierlich beschworen wurde der Friedensschluss, der in den Niederlanden »de Vrede van Munster« genannt wurde, am 15. Mai im Rathaus. Fabio Chigi, der diesen Erfolg mit der Abkopplung der spanisch-niederländischen Verhandlungen von den übrigen internationalen Gesprächen wohl erst ermöglicht hatte, war mit dem Ergebnis unzufrieden. Dem päpstlichen Gesandten missfiel, dass Spanien katholische Landesteile in Limburg und Brabant an die protestantischen Generalstaaten abtreten musste. Drei Tage nach dem Friedensschwur trug er eine Protestnote der katholischen Kirche vor, die jedoch folgenlos blieb, weil die Verhandlungspartner mit Vorbedacht eine »Antiprotestklausel« in ihren Vertrag eingebaut hatten. Der »Vrede van Munster« schrieb endlich die staatliche Souveränität der Vereinigten Niederlande und ihren Austritt aus dem Reichsverband fest. Der achtzigjährige Freiheitskampf gegen die spanische Besatzung war vorüber.

In der Unterkunft Johan Oxenstiernas in Osnabrück wurde am 6. August der Entwurf des Friedensvertrags verlesen, der den Krieg zwischen Schweden und dem Reich beenden sollte. Per Handschlag versicherten die Diplomaten Ferdinands III. und der schwedischen Königin Christina einander, am Wortlaut des Papiers nichts mehr zu ändern. Doch die kaiserliche Zustimmung ließ auf sich warten. Als die Depesche aus Wien endlich Westfalen erreichte, stellte sich heraus, dass die kaiserliche Delegation die von Ferdinand verwendete Chiffre nicht entschlüsseln konnte. Kaum war auch dieses Problem überwunden, verweigerte die französische Gesandtschaft ihre Unterschrift unter den komplementären Münsteraner Friedensvertrag zwischen Frankreich und dem Reich: Erst müsse Spanien förmlich alle Ansprüche auf das Elsass aufgeben. Da der Frieden aber nur zwischen dem Kaiser, der schwedischen Königin und dem französischen König ausgehandelt worden und Spanien also kein Vertragspartner war, konnte niemand die spanische Delegation zu irgendeiner Zusage bewegen. Ohne Ferdinand noch einmal zu konsultieren, boten die deutschen Fürsten Frankreich ein finanzielles Unterpfand an. Es gelang ihnen auch, die schwedische Gesandtschaft zu beschwichtigen, die plötzlich zusätzliche Zusagen für die Winterquartiere der noch im Reich befindlichen schwedischen Soldaten forderte.

Am 24. Oktober 1648, fast auf den Tag genau dreißig Jahre und fünf Monate nach dem Prager Fenstersturz, wurden in Münster die beiden Verträge zur Beendigung des Dreißigjährigen Krieges unterzeichnet. Zuerst fuhr die französische Delegation bei der kaiserlichen vor, danach folgte die schwedische. Da die Gesandtschaften jedoch in ihren jeweiligen Quartieren unterzeichneten, dauerte es bis zum Abend, ehe wirklich alle Diplomaten und auch einige reichsständische Vertreter Unterschrift und Siegel unter die Papiere gesetzt hatten. Von den Friedensverträgen des Kaisers mit Schweden beziehungsweise mit Frankreich waren je zwei Exemplare in Umlauf.

Nach der Vertragsunterzeichnung feuerten die Kanonen in Münster Freudensalut. Doch bis zur eigentlichen westfälischen Friedensfeier verstrichen noch einmal vier Monate. Am 18. Februar 1649 tauschten die Delegationen feierlich ihre Ratifikationsurkunden aus, drei Tage später feierte Münster den Frie-

Territoriale Veränderungen durch den Frieden von Brömsebro (Dänemark u. Schweden, 1645), den Frieden von Wien (Kaiser–Siebenbürgen, 1645), den Frieden von Münster (Niederlande–Spanien, 1648) und den Westfälischen Frieden (1648)

an Schweden	an Brandenburg	an Siebenbürgen	an Sachsen
an Frankreich	an die Republik der Vereinigten Niederlande		an Bayern
an Hessen-Kassel	Orte von Friedensschlüssen	Sonstige Orte	Spanische Niederlande
- - - Grenze des Heiligen Römischen Reiches		–·–· Grenze Reichsitaliens	

Staaten, deren Reichsunabhängigkeit anerkannt wurde, sind unterstrichen: EIDGENOSSENSCHAFT
Reichsstände, denen die Kurwürde zuerkannt wurde, sind gepunktet unterstrichen: Kurbayern

Die Friedensschlüsse 1645–1651

densschluss mit einer Prozession und Glockengeläut. Flugschriften verbreiteten die Nachricht im ganzen Land. Auf vier Druckseiten lieferte etwa der Frankfurter Verleger Philipp Fievet einen »wahrhafftigen und eygentlichen Bericht / Welcher Gestalt / Der zu Münster und Oßnabrüge zuvor geschlossener Frieden / nunmehr aber zu Münster gäntzlich vollzogen / und die Ratificationes Pacis, oder Außwechslung deß Friedensschlusses / zwischen dero Römischen Keyserl. Mayestät / vnd den beyden Königlichen Herrn Abgesandten gegen einander außgewechßlet vnd eingehändigt worden«.

Natürlich berichtete man auch gern vom »darauff erfolgten Frewden-Feste / Procession vnd Fewerwercken sampt Loßbrennung deß Geschützes so vmb der gantzen Statt herumb geschehen«. Freude allenthalben, nur Fabio Chigi empörte sich über die Verträge, die seiner Meinung nach die katholische Kirche benachteiligten. Gegen die Säkularisierung von zwei Erz- und sechs Fürstbistümern legte er Protest ein, wieder ohne Erfolg. Fest steht: Wären die Verhandlungen allein von den Vertretern der Kirchen geführt worden, die von der alleinseligmachenden Richtigkeit ihrer jeweiligen Konfession überzeugt waren, hätte es nie einen Westfälischen Frieden gegeben. Es bedurfte der nüchternen und kriegsmüden Realpolitiker unter den Reichsständen – auch und gerade der katholischen –, um einen Friedensschluss zu erreichen.

Nachtrag in Nürnberg

War der Frieden wirklich »gäntzlich vollzogen«? Sicher nicht. Der Westfälische Frieden besiegelte den Waffenstillstand, die Ausführungsbestimmungen für einen hoffentlich dauerhaften Frieden mussten erst noch festgelegt werden. Dazu kamen die Diplomaten des Kaisers, Schwedens und Frankreichs im Mai 1649 in Nürnberg zusammen. Innerhalb eines Jahres handelten sie auf dem »Nürnberger Exekutionstag« die Details der Abfindungszahlungen und des Truppenabzugs aus. Schweden sollte die vereinbarten fünf Millionen Reichstaler, die per Sondersteuer in sieben Reichskreisen eingetrieben wurden, in drei Raten erhalten. Auf die letzten Zahlungen musste das Königreich allerdings bis 1654 warten. Erst dann räumte es die Festung Vechta, die es als Pfand behalten hatte. Der Abzug der schwedischen und übrigen ausländischen Truppen ging vergleichsweise reibungslos vonstatten. In der zweiten Jahreshälfte 1650 zogen fast alle Einheiten planmäßig ab. Für die Bewohner

Nürnberger Kongress zur Durchführung der Bestimmungen des Westfälischen Friedens, zeitgenössischer Kupferstich von Wolfgang Kilian nach Joachim Sandrart

Die Fronde

Der Dreißigjährige Krieg war noch nicht zu Ende, da brachen Anfang August 1648 in Paris Barrikadenkämpfe aus. Die Bürger forderten die Freilassung mehrerer hoher Richter, die mit der ständischen Gerichtsversammlung, dem Parlement, gegen Kardinal Mazarin und dessen Steuerpolitik opponiert hatten. Diesem Aufstand, der »Fronde parlementaire«, folgten weitere Erhebungen und Bürgerkriege, die sich bis 1653 hinzogen.

Unzufriedenheit herrschte in Frankreich schon länger. Mazarins Vorgänger Richelieu hatte die Steuererhebung so umgestellt, dass die Provinzgouverneure an Einfluss und Einkommen verloren, und die Abgaben wegen der explodierenden Kriegskosten immer wieder erhöht. Vor den wütenden Aufständischen flüchtete die königliche Familie im Januar 1649 mit dem zehnjährigen Ludwig XIV. aus Paris und kehrte erst zurück, als im März ein Frieden ausgehandelt war.

Bald darauf begann die »Fronde des Princes«, angeführt von Louis II., Prince de Condé. Im Krieg war er als Feldherr erfolgreich gewesen und hatte gehofft, die Nachfolge Richelieus als Erster Minister anzutreten. Jetzt wiegelte er den Adel gegen Mazarin auf, der die Flucht ergriff und 1651 beim Kölner Erzbischof Exil erhielt. Nach etlichen Machtkämpfen und Schlachten begehrte die Pariser Bevölkerung 1653 gegen Condé auf; der Prinz floh nach Spanien und wurde in Abwesenheit zum Tode verurteilt, nach dem Pyrenäenfrieden 1659 jedoch begnadigt. Er kehrte nach Frankreich zurück und diente Ludwig XIV. als General.

Louis II., Prince de Condé (1621–1686), Kupferstich von Robert Nanteuil, 1662

vieler Regionen des Reiches, die bis zuletzt unter der Präsenz der fremden und einheimischen Armeen gelitten hatten, war der Krieg erst jetzt wirklich zu Ende.

In Nürnberg verhandelte man bis ins Detail um Abzugstermine, Transportmöglichkeiten, Verpflegung und immer wieder um Zahlungen. Bei Kriegsende unterhielt Schweden 80 Garnisonen im Reich, alle anderen Kriegsbeteiligten verfügten zusammen über 130. Rund 60 000 schwedische Soldaten mussten demobilisiert werden, hinzu kamen noch einmal mindestens 65 000 Söldner in französischen, kaiserlichen, bayerischen, hessischen, spanischen und lothringischen Diensten. Viele von ihnen brauchten gar nicht erst auf ein friedliches Handwerk umzusatteln, denn *ein* Krieg ging weiter. In Münster und Osnabrück war es nicht gelungen, einen Frieden zwischen Frankreich und Spanien auszuhandeln. Spanien, entlastet vom Dauerkonflikt mit den Niederlanden, sah seinen Nachbarn durch die just 1648 ausbrechenden Fronde-Aufstände geschwächt und witterte seine Chance auf dem Schlachtfeld. Es dauerte bis 1659, ehe sich Habsburg und Bourbon im Pyrenäenfrieden auf ein Ende des Krieges einigten, den Frankreich Spanien 1635 erklärt hatte: ein 24-jähriger Krieg, der den »teutschen Krieg« überdauert hatte.

Medien und Kunst im Krieg

1618 bis 1648

Im Krieg ist auch immer die Kunst bedroht. Durch Feuer, Raub und Plünderungen, Zerstörungswut und Bilderstürmerei wurden im Dreißigjährigen Krieg Kunstwerke und Bücher von unschätzbarem Wert vernichtet, Künstler verloren ihre Heimat und ihre Arbeitsgrundlage. Der Maler und Kunsthistoriker Joachim Sandrart klagte in der Schrift »Teutsche Academie der Edlen Bau-, Bild- und Mahlerey-Künste«, die er in den 1670er-Jahren veröffentlichte:

> *»Die Königin Germania sahe ihre mit herrlichen Gemälden gezierte Paläste und Kirchen hin und wieder in der Lohe auffliegen, und ihre Augen wurden von Rauch und Weinen dermaßen verdunkelt, daß ihr keine Begierde oder Kraft übrig bleiben konnte, nach dieser Kunst zu sehen, von welcher nun schiene, daß sie in eine lange und ewige Nacht wollte schlaffen gehen. Also geriethe solche in Vergessenheit, und diejenige, so hiervon Beruff macheten, in Armut und Verachtung.«*

Wer hatte in Zeiten, in denen Fürsten mit dem Kriegführen beschäftigt waren und die meisten Menschen ums tägliche Überleben kämpfen mussten, noch Sinn für Schöngeistiges – und vor allem die finanziellen Mittel, es zu fördern? Aber ganz so finster waren die Zeiten für die Kunst und die Künstler nicht durchweg. Die Literatur und das Verlagswesen erlebten sogar eine Blüte; ein neues Medium, die Zeitung, fand eine große Leser- und Zuhörerschaft. Komponisten und Musiker hatten durchaus ihr Auskommen in Diensten verschiedener Landesherren und Städte, während der Krieg das Land verwüstete, und schufen nicht nur martialische Klänge mit Pauken und Trompeten, sondern auch feierliche Friedensmusik. Die

Das Kleine Jüngste Gericht, Gemälde von Peter Paul Rubens, um 1620

bildende Kunst hatte es in den Kriegsjahren zwar schwer in Deutschland, aber in den Niederlanden entwickelten die Maler individuelle Stile und entdeckten neue Sujets. Der 1606 in Frankfurt am Main geborene Joachim Sandrart ging bei dem Utrechter Meister Gerrit van Honthorst in die Lehre und war ab 1637 einer der gefragtesten Porträtmaler in Amsterdam. Als er um 1643 nach Deutschland zurückkehrte und sich nahe Ingolstadt niederließ, konnte er sein Metier und auch seinen evangelischen Glauben weiter ausüben, obwohl das Herzogtum Pfalz-Neuburg rekatholisiert worden war.

Viele Gemälde, Stiche und Zeichnungen prägen unser Bild von der Epoche des Dreißigjährigen Krieges, etwa die Bilderserie »Les misères de la guerre« des lothringischen Zeichners und Kupferstechers Jacques Callot. Zwei der bekanntesten niederländischen Maler aus jener Zeit spielten bedeutende Rollen in Krieg und Frieden – der eine, Peter Paul Rubens, war sogar in geheimer diplomatischer Mission zwischen Spanien, England und den Niederlanden im Einsatz.

Überfall auf einen Bauernhof, Radierung von Jacques Callot aus der Bildfolge »Die großen Schrecken des Krieges«, 1632/33

Maler in Friedensmission:
Peter Paul Rubens und Gerard ter Borch

Peter Paul Rubens wurde 1577 in Siegen geboren. Seine Eltern Maria Pypelincx und Jan Rubens, ein Anwalt, der mit den Calvinisten sympathisierte, waren aus Antwerpen geflüchtet und fanden in Köln Asyl. Nach dem Tod des Vaters übersiedelte die Familie 1589 zurück in die spanischen Niederlande. Dort lernte der junge Rubens bei mehreren Meistern und reiste im Jahr 1600 zum Studium nach Italien. Neun Jahre später wurde er von Erzherzog Albert VII. von Österreich, dem Regenten der Spanischen Niederlande, als Hofmaler angestellt. In den folgenden Jahren entwickelte sich seine Werkstatt zu einem florierenden Unternehmen, aus dem Tausende Bilder hervorgingen. Viele davon strahlen – trotz ihrer häufig mythologischen oder biblischen Thematik – eine barocke Lebensfreude aus, die keinesfalls im Gegensatz zum mahnenden Motto jener Zeit, »Memento

mori«, stand. Im Gegenteil: Das Bewusstsein um die Allgegenwart des Todes ließ es geradezu notwendig erscheinen, das kurze Leben zu genießen.

Mit dem Ende des zwölfjährigen Waffenstillstands zwischen Spanien und den Vereinigten Niederlanden im Jahr 1621 begann Rubens' diplomatische Mission. Die Infantin Isabella Clara Eugenia von Spanien, Ehefrau seines Arbeitgebers, führte in den Niederlanden gegen die Pläne des spanischen Königs Philipp IV. Geheimverhandlungen mit dem Ziel eines dauerhaften Friedens zwischen den Spanischen und den Vereinigten Niederlanden, der auch den Krieg mit dem iberischen Mutterland beenden sollte. Zwischen Brüssel und Den Haag gab es keine offiziellen diplomatischen Verbindungen, doch Rubens verfügte über verwandtschaftliche und geschäftliche Beziehungen in beide Landesteile. Nachdem die spanischen Truppen unter Spinola 1625 die Festung Breda erobert hatten, keimte die Hoffnung auf, dass die Vereinigten Niederlande einem Friedensschluss zustimmen würden. Doch bald mussten Isabella und Rubens einsehen, dass ihre Geheimdiplomatie nicht fruchtete. Rubens machte dafür den

Peter Paul Rubens (1577–1640) malt die Allegorie des Friedens, Gemälde von Luca Giordano, 1700

»spanischen Hochmut« verantwortlich: Madrid wolle einfach nicht verhandeln. 1626 feierte Rubens einen künstlerischen und wirtschaftlichen Triumph: Er vollendete nach vierjähriger Arbeit den 48-teiligen Maria-de-Medici-Zyklus für das Pariser Palais du Luxembourg. Doch noch im selben Jahr starb seine Frau 35-jährig an der Pest. Nach diesem Schicksalsschlag nahm Rubens einen offiziellen diplomatischen Auftrag an, der ihn ins Ausland führte. 1628 reiste er an den spanischen Hof, im Folgejahr an den englischen, wo er als Unterhändler des spanischen Königs Philipp IV. auftrat. Dass 1630 ein Waffenstillstand zwischen den beiden Königreichen geschlossen werden konnte, war nicht zuletzt sein Verdienst, weswegen Englands König Karl I. den Künstler zum Ritter schlug.

Doch der ungelöste spanisch-niederländische Konflikt ließ Rubens nicht los. Als Bürger Antwerpens bekam er die Kriegsfolgen direkt zu spüren: »Unsere Stadt geht nach und nach zugrunde und lebt nur von ihren Ersparnissen, da ihr nicht der kleinste Handel zu ihrem Unterhalt bleibt. Die Spanier bilden sich ein, sie könnten den Feind schwächen, indem sie Handelslizenzen begrenzen, aber der Verlust geht auf Kosten der Untertanen des Königs. Wenn auch nicht die Feinde zugrunde gehen, so fallen doch die Freunde«, schrieb er 1628 in einem Brief.

1635 verherrlichte Rubens in seinem Bildprogramm »Pompa Introitus Ferdinandi« in Antwerpen den neuen spanischen Statthalter der Niederlande, den Kardinalinfanten Fernando. Unter anderem stellte er dessen Sieg in der Schlacht bei Nördlingen 1634 dar. Doch es ist ein anderes Gemälde Rubens', das die Kriegserlebnisse und Friedenssehnsucht des Künstlers besonders eindrucksvoll in Szene setzt: das 1638 entstandene Bild »Die Schrecken des Krieges«. Darauf schreitet Mars mit bluttriefendem Schwert rücksichtslos über eine am Boden liegende Frau mit zerbrochener Laute, eine Mutter mit Kind und einen Baumeister hinweg: ein deutliches Symbol dafür, dass der Krieg jegliche Liebe und Fürsorge, Kunst und Harmonie zermalmt und stolze Städte in Ruinenlandschaften verwandelt. Auch die Symbole für Eintracht, Frieden und Wissenschaft – Pfeilbündel, Olivenzweig, Schlangenstab und Buch – werden zertreten. Die unbekleidete Venus und mehrere Amoretten versuchen, den Kriegsgott aufzuhalten, doch er wird von der Furie Alekto vorangezogen. Links im Bild steht mit hilflos hochgerissenen Armen die schwarzgekleidete, klagende Europa, die, wie Rubens selbst schrieb, »schon so viele Jahre lang Raub, Schmach und Elend erduldet«.

Rubens starb 1640 in Antwerpen, den Beginn der Friedensverhandlungen in Westfalen erlebte er nicht mehr. Es blieb einem 40 Jahre jüngeren Maler aus den Vereinigten Niederlanden überlassen, das berühmteste Bild zum Friedensschluss von Münster und Osnabrück zu schaffen. Der 1617 in Zwolle geborene Gerard ter Borch erlernte zunächst bei seinem gleichnamigen Vater das Zeichnen und ging dann bei dem Haarlemer Landschaftsmaler Pieter de Molyn in die Lehre. Es folgten Studienjahre in London, Italien

Bildnis des Gerard ter Borch,
Gemälde von Jan van
Wijkersloot, 1669

und Spanien. Mitte der 1640er-Jahre war ter Borch als angesehener Porträtmaler in Amsterdam tätig, befasste sich aber auch mit der Genremalerei.
Deren Sujets waren vor allem in den Vereinigten Niederlanden populär.
Maler, Zeichner und Kupferstecher hatten hier ein großes neues Betäti-
gungsfeld gefunden, denn wo Heiligenbilder und Kirchenmalerei verpönt
waren, wandten sich die Künstler dem Alltagsleben zu, bildeten Bauern und
Handwerker bei ihrem Tagwerk und Frauen bei der Hausarbeit ab.

Beliebt waren Gemälde, die das biblische Heilsgeschehen in Genresze-
nen übersetzten und die Protagonisten des Alten und Neuen Testaments
auf diese Weise vom Himmel auf die Erde holten. So malte Rembrandt
Harmenszoon van Rijn 1646 »Die Heilige Familie mit dem Vorhang«, eine
Alltagsszene mit Maria und dem Jesuskind in einer kärglich eingerichteten,

aber behaglichen Stube und Josef im Hintergrund beim Holzhacken, und stellte 1627 den alten, gänzlich ungeschönten »Paulus im Gefängnis« dar. Genrebilder zeigten auch Dorffeste und Kneipenszenen, gelegentlich idealisiert, gern aber derb und deftig oder gespickt mit Anspielungen und Zweideutigkeiten. Ein bekanntes Gemälde Gerard ter Borchs, »Die väterliche Ermahnung« von 1655, ist ein gutes Beispiel: Redet der – auffallend junge und zwanglos dasitzende – Mann der vor ihm stehenden jungen Frau tatsächlich ins Gewissen, oder handelt es sich nicht vielmehr um einen Freier, der um den Preis feilscht? Die Deutung bleibt dem Betrachter überlassen.

1646 wurde ter Borch von dem Diplomaten Adriaen Pauw gebeten, ihn nach Münster zu begleiten, wo dieser als Gesandter der Provinz Holland an den Friedensverhandlungen mit Spanien teilnehmen sollte. Ter Borch malte noch im selben Jahr nicht nur den Einzug des holländischen Gesandten in Münster, er konnte im Laufe der Verhandlungen auch einen Großteil der niederländischen Gesandtschaft und etliche Diplomaten anderer Länder porträtieren. Der höchste Vertreter der Gegenseite, der Conde de Peñeranda, fand Gefallen an den Arbeiten des jungen Niederländers und nahm ihn in seine Dienste. So konnte ter Borch den Friedensschluss zwischen Spanien und den Vereinigten Niederlanden im Rathaus von Münster als Augenzeuge miterleben. Den großen Moment des Friedensschwurs verewigte er 1648 in seinem wohl bekanntesten Gemälde und porträtierte die Akteure dabei mit großer Detailgenauigkeit. Er hielt auch die unterschiedlichen Schwur-Gepflogenheiten der Protestanten und Katholiken fest: Die sechs niederländischen Verhandlungsführer in der vorderen Reihe beschwören den Frieden mit erhobener Hand, wohingegen die spanischen Diplomaten die Schwurhand auf Bibel und Kreuz legen. Um seine Augenzeugenschaft zu dokumentieren, fügte er ein Selbstporträt in das Bild ein.

Bei aller historischen Bedeutung seines Auftrags ging ter Borch in Westfalen aber auch seiner Leidenschaft für die Genremalerei nach und malte beispielsweise ein turtelndes Pärchen beim Wein in einem Wirtshaus. Bei dem jungen Galan handelt es sich, wie man anhand des Friedensschwur-Gemäldes rekonstruieren kann, um einen spanischen Höfling.

Dichter und Schriftsteller als Kriegszeugen: Gryphius, Gerhardt und Grimmelshausen

»Wir sind doch nunmehr gantz, ja mehr denn gantz verheeret!« Mit dieser rhetorischen Übertreibung beginnt das wohl bekannteste Gedicht, das unter dem Eindruck des Krieges entstanden ist, die »Tränen des Vaterlandes« von Andreas Gryphius. Der Dichter wurde 1616 im niederschlesischen Glogau, dem heutigen Głogów, als jüngster Sohn des protestantischen Geistlichen Paul Greif geboren. Nach dem Tod seines Vaters 1622 besuchte Andreas Greif die evangelische Stadtschule, die von seinem Stiefvater geleitet wurde. Sechs Jahre später starb auch seine Mutter. Im selben Jahr begann die Rekatholisierung Schlesiens und die Protestanten wurden aus ihrer Heimat vertrieben. Greif folgte seinem Stiefvater ins polnische Exil, wo die Familie vor Krieg und religiöser Verfolgung sicher war. Noch während er das Gymnasium in Fraustadt (Wschowa) besuchte, veröffentlichte der Schüler sein erstes Werk, ein lateinisches Epos namens »Herodes«. Nach zwei Jahren wechselte er an ein Gymnasium im weltoffenen Danzig, wo er weitere Epen und seine ersten Sonette veröffentlichte.

Für einen Mann seiner Epoche, noch dazu aus der Provinz und eher bescheidenen bürgerlichen Verhältnissen stammend, kam Andreas Gryphius weit herum. 1638, mitten im schwedisch-französischen Krieg, wagte er die Reise über Ost- und Nordsee und nahm ein Studium an der fortschrittlichen Universität Leiden in den Vereinigten Niederlanden auf, wo auch René Descartes lehrte. Gryphius war als Student der Philosophie immatrikuliert, hörte aber, wie es damals üblich und erwünscht war,

Andreas Gryphius
»Thränen des Vaterlandes« (1636)

Das wohl bekannteste deutsche Gedicht des 17. Jahrhunderts wurde erstmals 1637 mit dem Titel »Trawrklage des verwüsteten Deutschlandes« veröffentlicht. Die hier vorliegende Fassung ist der Ausgabe letzter Hand aus dem Jahre 1663 entnommen.

WIr sind doch nunmehr gantz / ja mehr denn gantz verheeret!
Der frechen Völcker Schaar / die rasende Posaun
Das vom Blutt fette Schwerdt / die donnernde Carthaun /
Hat aller Schweiß / und Fleiß / und Vorrath auffgezehret.
Die Türme stehn in Glutt / die Kirch ist umgekehret.
Das Rathauß ligt im Grauß / die Starcken sind zerhaun /
Die Jungfern sind geschänd't / und wo wir hin nur schaun
Ist Feuer / Pest / und Tod / der Hertz und Geist durchfähret.
Hir durch die Schantz und Stadt / rinnt allzeit frisches Blutt.
Dreymal sind schon sechs Jahr / als vnser Ströme Flutt /
Von Leichen fast verstopfft / sich langsam fort gedrungen.
Doch schweig ich noch von dem / was ärger als der Tod /
Was grimmer denn die Pest / und Glutt und Hungersnoth
Das auch der Seelen Schatz / so vielen abgezwungen.

Andreas Gryphius, zeitgenössischer Stich von Philipp Kilian

auch Vorlesungen anderer Fakultäten. Neben seinen Studien und den Vorlesungen, die er bereits selbst hielt, fand er offensichtlich reichlich Zeit zum Schreiben: Während seiner sechs Jahre in Leiden veröffentlichte er fünf Gedichtbände.

Nach dem Ende seiner Studien begleitete er einige junge Adlige aus Pommern auf einer »Kavalierstour« – der damals für Adelssöhne üblichen Erfahrungs- und Bildungsreise – durch Frankreich und Italien. An der Universität Straßburg schrieb er sein erstes Trauerspiel, dem 1649 hingerichteten englischen König Karl I. widmete er später das dritte. 1647 kehrte er nach Schlesien zurück und fand seine Heimatstadt furchtbar verändert vor: Sie war 1631 von einem Brand verwüstet worden. Dennoch fasste Gryphius wieder Fuß, gründete eine Familie und arbeitete als Rechtsvertreter der Landstände. Protestanten in Niederschlesien hatten es auch nach dem Ende des Krieges nicht leicht, ihre Interessen gegen Habsburg durchzusetzen, das Schlesien wie seine übrigen Erblande unbedingt katholisch halten wollte.

Kurz vor Gryphius' Tod im Jahr 1664 erschienen seine bis heute bekanntesten Gedichte als Ausgabe letzter Hand, darunter »Menschliches Elende« und die erstmals 1637 veröffentlichten »Tränen des Vaterlandes«. In diesen Sonetten schildert Gryphius die Schrecken und Verheerungen des Krieges und beklagt den seelischen und moralischen Verfall. Vergeblichkeit und Vergänglichkeit des menschlichen Daseins und Schaffens werden im Sonett »Es ist alles eitel« behandelt – ein Leitmotiv der Dichtung im Barock. Ein weiteres war das »Memento mori«: Die Erfahrung, dass der Tod am Ende immer triumphierte und den Menschen jederzeit ereilen konnte, etwa durch Krankheit, Gewalt und Feuer, prägte die Kriegsgenerationen besonders stark.

Gegen die alltägliche Gewalt in der Strafverfolgung, namentlich in den Hexenprozessen, wagten sich nur wenige öffentlich zu äußern. Der Jesuit Friedrich Spee von Langenfeld, 1591 in Kaiserswerth bei Düsseldorf geboren, ist heute vor allem wegen seiner 1631 anonym veröffentlichten Schrift »Cautio criminalis« bekannt, in der er sich entschieden gegen Folter und Hexenwahn wandte. Er war aber auch Lyriker. Sein 52 geistliche Gedichte umfassendes und um 1634 vollendetes Hauptwerk »Trutznachtigall oder geistlich-poetisch Lustwäldlein« erschien postum 1649; Spee war bereits 1635 in Trier gestorben, nachdem er sich bei der Pflege kranker Soldaten mit der Pest infiziert hatte. Etliche Werke aus der »Trutznachtigall« sind bis heute beliebte geistliche Lieder vor allem in der Advents- und Weihnachtszeit, zum Beispiel »Als ich bei meinen Schafen wacht«, »O Heiland, reiß die Himmel auf« und »Zu Bethlehem geboren«.

Trost zu spenden in finsterer Zeit: Das gelang keinem Dichter jener Zeit so wirkungsvoll und wortgewaltig wie Paul Gerhardt. Insgesamt 26 seiner Lieder sind heute Teil des Evangelischen Gesangbuchs, viele Gedichte und Liedtexte des aus Sachsen stammenden lutherischen Pfarrers und Lyrikers gehören zum traditionellen Liederschatz: »Geh aus, mein Herz, und suche Freud«, »Wie soll ich dich empfangen«, »Fröhlich soll mein Herze springen«, »Befiehl du deine Wege« und rund 130 weitere stammen aus seiner Feder. Viele davon werden bis heute in den Vertonungen des Komponisten Johann Crüger gesungen, des Kantors der Berliner Nikolaikirche, den der Dichter 1643 kennenlernte.

Paul Gerhardt wurde 1607 in Gräfenhainichen als zweites Kind eines Gastwirtsehepaares geboren. Mit 14 Jahren war er Vollwaise, konnte aber in

Paul Gerhardt
»Danklied für die Verkündigung des Friedens« (1648)

Paul Gerhardt, Kupferstich von Ludwig Buchhorn

1. Gottlob! nun ist erschollen
Das edle Fried- und Freudenwort,
Daß nunmehr ruhen sollen
Die Spieß und Schwerter und ihr Mord,
Wohlauf! und nimm nun wieder
Dein Saitenspiel hervor,
O Deutschland! und sing Lieder
Im hohen vollen Chor.
Erhebe dein Gemüte
Und danke Gott und sprich:
HErr, deine Gnad und Güte
Bleibt dennoch ewiglich!

2. Wir haben nichts verdienet
Als schwere Straf und großen Zorn,
Weil stets noch bei uns grünet
Der freche schnöde Sündendorn.
Wir sind fürwahr geschlagen
Mit harter, scharfer Rut,
Und dennoch muß man fragen:
Wer ist, der Buße tut?
Wir sind und bleiben böse,
Gott ist und bleibet treu,
Hilft, daß sich bei uns löse
Der Krieg und sein Geschrei.

3. Sei tausendmal willkommen,
Du teure, werte Friedensgab!
Jetzt sehn wir, was für Frommen
Dein Beiunswohnen in sich hab.

In dich hat Gott versenket
All unser Glück und Heil;
Wer dich betrübt und kränket,
Der drückt ihm selbst den Pfeil
Des Herzleids in das Herze,
Und löscht aus Unverstand,
Die güldne Freudenkerze
Mit seiner eignen Hand.

4. Das drückt uns niemand besser
In unsre Seel und Herz hinein,
Als ihr zerstörten Schlösser
Und Städte voller Schutt und Stein;
Ihr vormals schönen Felder,
Mit frischer Saat bestreut,
Jetzt aber lauter Wälder
Und dürre, wüste Haid,
Ihr Gräber, voller Leichen
Und tapfrem Heldenschweiß
Der Helden, derer gleichen
Auf Erden man nicht weiß.

5. Hier trübe deine Sinnen,
O Mensch, und laß den Tränenbach
Aus beiden Augen rinnen!
Geh in dein Herz und denke nach!
Was Gott bisher gesendet,
Das hast du ausgelacht;
Nun hat Er sich gewendet,
Und väterlich bedacht,

Vom Grimm und scharfen Dringen
Zu deinem Heil zu ruhn:

6. Ob Er dich möchte zwingen
Mit Lieb und Gutestun.
Ach, laß dich doch erwecken!
Wach auf! wach auf! du harte Welt,
Eh als das letzte Schrecken
Dich schnell und plötzlich überfällt.
Wer aber Christum liebet,
Sei unerschrocknes Muts:
Der Friede, den Er gibet,
Bedeutet alles Guts.
Er will die Lehre geben:
Das Ende naht herzu,
Da sollt ihr bei Gott leben
In ewgem Fried und Ruh.

Grimma eine angesehene Schule besuchen und immatrikulierte sich 1628 in Wittenberg als Theologie- und Philosophiestudent. Um sein Studium zu finanzieren, nahm er eine Stelle als Hauslehrer bei der Familie des Archidiakons der Stadtkirche an. Das Jahr 1637 brachte Schrecken mit sich, die Paul Gerhardt für den Rest seines Lebens prägen sollten. Er erlebte in Wittenberg eine Pestepidemie, die viele Tote unter den Bürgern und den zahlreichen Flüchtlingen aus dem Umland forderte. Im April verheerten schwedische Truppen seine Geburtsstadt und nur wenige Monate später fiel sein älterer Bruder Christian dort dem Schwarzen Tod zum Opfer.

Von 1643 bis 1651 arbeitete Paul Gerhardt als Hauslehrer im ebenfalls schwer vom Krieg gezeichneten Berlin und nahm dann eine Pfarrstelle in Mittenwalde an. Mit seiner Frau Anna Maria bekam er fünf Kinder, die bis auf eines früh starben. Tod und Trauer zum Trotz schuf Gerhardt geistliche Gedichte und Liedtexte voll tiefen, aufrechten Gottvertrauens, die – bei aller lutherischen Orthodoxie, die sein Leben bestimmte – von individuellem Erleben und Empfinden künden und menschliche Leiden und Freuden in den Mittelpunkt stellen. Sie ergreifen bis heute, weil sie nicht im Ton einer Predigt ferne Ideale formulieren, sondern den Hörer persönlich ansprechen, sogar mit der Stimme trauernder Eltern am Grab eines Kindes. Zum lang ersehnten Kriegsende schrieb Gerhardt sein »Danklied für die Verkündigung des Friedens«.

Doch der Konfessionsstreit ließ den Dichter und Prediger nie mehr los. Er lehnte das calvinistische Bekenntnis als Häresie ab und positionierte sich unverrückbar gegen den brandenburgischen Kurfürsten Friedrich Wilhelm, der von den Pfarrern in Berlin die Anerkennung der reformierten Konfession forderte. Empört verließ Gerhardt 1667 Berlin, wo er zehn Jahre lang an der Berliner Nikolaikirche gewirkt hatte, und wechselte ins kursächsische Lübben, wo er 1676 verstarb.

Im selben Jahr gelangte in Renchen in der Ortenau der Verfasser des ersten deutschen Abenteuerromans, Hans Jakob Christoffel von Grimmelshausen, an sein Lebensende. 1621/22 im hessischen Gelnhausen geboren, zog der aus einer verarmten protestantischen Adelsfamilie stammende Grimmelshausen wohl schon als Kind in den Dreißigjährigen Krieg und soll 1631 dem Tross des kaiserlichen Heers unter Tilly angehört haben, das Magdeburg belagerte. Andere Berichte behaupten, er sei 1635 von kroatischen Söldnern entführt und zum Armeedienst gepresst worden. Zwei Jahre später soll er bei den kaiserlichen Dragonern in Westfalen gedient haben und ab 1639 im Regiment des Obristen Hans Reinhard von Schauenburg. Die ersten handschriftlichen Zeugnisse Grimmelshausens, Papiere aus einer Regimentskanzlei, stammen von 1644. Bis zum Kriegsende blieb er Kanzleisekretär.

Auch sein Nachkriegsleben war wechselhaft. Er konvertierte 1649 zum katholischen Glauben, diente im Renchtal als Gutsverwalter, arbeitete als Gastwirt und wurde schließlich Bürgermeister von Renchen im Dienst des

Hans Jakob Christoffel von Grimmelshausen »Der Abenteuerliche Simplicissimus Teutsch« (1669)

Der Autor, selbst ein Veteran des Dreißigjährigen Krieges, schildert die Schlacht bei Wittstock (1636) folgendermaßen:

»Im Treffen selbst aber suchte ein jeder seinem Tod mit Niederma-chung der Nächsten, der ihn aufstieß, vorzukommen. Das greuliche Schießen, das Gekläpper der Harnisch, das Krachen der Piken und das Geschrei, beides, der Verwundeten und Angreifenden, machten neben den Trompeten, Trommeln und Pfeifen ein erschröckliche Musik! Da sahe man nichts als dicken Rauch und Staub, welcher schiene, als wollte er die Abscheulichkeit der Verwundeten und Toten bedecken. In demselbigen hörte man ein jämmerliches Weh-klagen der Sterbenden und ein lustiges Geschrei derjenigen, die noch Mut staken [...]. Die Erde, deren Gewohnheit ist, die Toten zu bedecken, war damals an selbigen Ort selbst mit Toten überstreut, welche auf unterschiedliche Manier gezeichnet waren. Köpf lagen dorten, welche ihre natürlichen Herren verloren hatten, und hinge-gen Leiber, die ihrer Köpf mangelten; etliche hatten grausam- und jämmerlicherweis die Ingeweid heraus, andern war der Kopf zer-schmettert und das Hirn zerspritzt [...]. Da sahe man zerstümmelte Soldaten um Beförderung ihres Tods, hingegen andere um Quartier und Verschonung des Lebens bitten. Summa Summarum, das war nichts anders als ein elender, jämmerlicher Anblick.«»

Frontispiz und Titelei des »Simplicissimus« , 1669

Bischofs von Straßburg. Ab 1673 soll er noch einmal in den Krieg gezogen sein: Sein Landesherr stand im französisch-niederländischen Krieg auf der Seite Ludwigs XIV. und wandte sich gegen die kaiserlichen Truppen.

So ereignisreich Grimmelshausens Leben war – es wäre längst vergessen, hätte er nicht in seinem letzten Lebensjahrzehnt mehrere Bücher veröffentlicht, darunter sein Hauptwerk, den »Abenteuerlichen Simplicissimus«. Der Roman erschien 1668 unter dem Pseudonym German Schleifheim von Sulsfort und schilderte das Leben eines Melchior Sternfels von Fuchshaim; beide Namen sind Anagramme des echten Autorennamens. Der einfältige und naive Romanheld Simplicius erfährt – wie der Autor – schon als Kind das Grauen des Krieges: Der Bauernhof, auf dem er lebt, wird von einem Reitertrupp überfallen, die Soldaten vergewaltigen die Mädchen und Frauen, foltern den Knecht, morden, plündern und stecken den Hof in Brand. Simplicius entkommt und gerät in die Hände bald dieser, bald jener Armee, ist mal Offizier, mal Opernsänger, mal Quacksalber, mal Forscher am Hofe des Zaren in Moskau, dann Galeerensklave. Seine Lebensreise hat satirische und fantastische Züge. Das Buch ist sowohl als Schelmen- wie auch als Entwicklungsroman bezeichnet worden, mal erinnert es an eine Eulenspiegelei, mal wirkt es wie eine Gesellschaftskritik. Ganz sicher hat »Der abenteuerliche Simplicissimus« auch autobiografische Züge. Die Schilderungen der Kriegsgräuel, sosehr Grimmelshausen sie auch an seinem satirischen Stil bricht, erschüttern den Leser noch heute, sie wirken wie Zeitzeugenberichte eines Mannes, der sich mit bitterem Humor vor dem eigenen Trauma zu schützen versucht.

Der Roman schrieb über die Jahrhunderte eine eigene Wirkungsgeschichte, er wurde immer wieder neu aufgelegt, als Theaterstück aufgeführt, als Oper und Operette vertont. Thomas Mann nannte ihn »ein Erzählwerk von unwillkürlichster Großartigkeit, bunt, wild, roh, amüsant, verliebt und verlumpt«. Auch Joseph von Eichendorff pries Grimmelshausen: »Es ist eine Lust zuzusehen, wie er diese bestialische Welt humoristisch zu bewältigen weiß. Selbst mit dem herzzerreißenden Jammer und dem bloß Wüsten weiß uns der Dichter zu versöhnen.«

Zum »Simplicianischen Zyklus«, wie Grimmelshausen fünf seiner Werke nannte, gehörte auch der vermutlich 1669 erschienene Schelmenroman »Trutz Simplex oder Lebensbeschreibung der Ertzbetrügerin und Landstörtzerin Courasche«. Diese Figur machte sich Bertolt Brecht in seinem Bühnenstück »Mutter Courage und ihre Kinder« Ende der 1930er-Jahre zu eigen.

Deutsch in Reinkultur: die Fruchtbringende Gesellschaft

Am 24. August 1617 gründete eine kleine Gruppe lutherischer und reformierter Fürsten in Weimar nach italienischem Vorbild die Fruchtbringende Gesellschaft, einen gelehrten Zirkel, der sich unter anderem die Schaffung und Pflege einer deutschen Hochsprache zum Ziel setzte. Diese früheste deutsche Sprachakademie bestand bis 1680 und hatte in ihrer Blütezeit bis zu 890 Mitglieder, darunter Andreas Gryphius und den bedeutenden Barockdichter Martin Opitz. Die Fruchtbringende Gesell-schaft formulierte in ihrer Satzung das Ideal, »daß man die Hochdeutsche Sprache in ihren rechten wesen und standt / ohne einmischung frembder außländischer wort / auffs möglichste und thunlichste erhalte / und sich so wohl der beste außsprache im reden / alß der reinesten art im schreiben und Reimen-dichten befleißige.«

Die Vermeidung »frembder außländischer wort« war allerdings gerade in Kriegszeiten ausgesprochen schwierig. Das moderne militärische Vokabular kam vor allem aus Frankreich – beispielsweise die Begriffe Armee, General, Soldat, Pistole oder Karabiner. Auch die Fachbegriffe, die im Festungsbau verwendet wurden, waren französisch – von Bastion über Glacis und Kurtine bis Kasematte – oder italienisch (Ravelin). Aus Frankreich kamen zudem Moden und Luxusartikel an die deutschen Fürstenhöfe und viele französische Begriffe gleich dazu: Manschetten, Pomade und Parfüm, aber auch das Kompliment, der Kavalier, die Dame – und das Wort Mode selbst. Italienisch hingegen war und blieb die Sprache des Handels und Bankwesens, aber vor allem der Architektur, Musik und Kunst. Die »Sprachreinhalter« der Fruchtbringenden Gesellschaft hatten sich – ähnlich wie die Anglizismen-Verächter unserer Tage – also ein schier unerreichbares Ziel gesteckt.

Dabei versuchten die eifrigsten von ihnen sogar, längst eingebürgerte lateinische Lehnwörter durch deutsches Vokabular zu ersetzen, was zu vielbelächelten Wortschöpfungen wie »Gesichtserker« für Nase und »Tageleuchter« für Fenster führte. Zu den Urhebern derartiger Verrenkungen gehörte der Dichter Philipp von Zesen, der einer späthumanistischen »Natursprachenlehre« anhing, wonach Deutsch eine Art mystische Ursprache sei und das Lateinische und Griechische bloß davon abgeleitete Mundarten. Zesen hatte in der Fruchtbringenden Gesellschaft aber auch Gegner, etwa den Gastgeber der Gründungsversammlung, Fürst Ludwig von Anhalt-Köthen, der ihm Eiferertum und »erzwungene neuerung« vorwarf.

Obwohl auch Martin Opitz in seiner 1624 veröffentlichten »Deutschen Poeterey«, der ersten deutschen Poetik, vor der Vermengung der Sprachen warnte, war die »Sprachreinigung« keineswegs die Hauptbeschäftigung der Fruchtbringenden Gesellschaft. Sie hatte ein umfassendes ethisches und philosophisches Programm. Die Mitglieder wollten sich nicht zuletzt im zivilen Diskurs – über Standes- und Konfessionsgrenzen hinweg – üben und pflegten einen beispielhaft friedlichen Umgang miteinander auch in Kriegszeiten.

Auch wenn die Deutschen im Dreißigjährigen Krieg andere Sorgen hatten als die angebliche »Verunreinigung« der deutschen Sprache durch fremdländische Begriffe, passten die Bestrebungen der Fruchtbringenden Gesellschaft doch in die Zeit. Invasionen aus dem Ausland, ob aus Frankreich, Spanien oder Schweden, waren gefürchtet und so waren die verspäteten Versuche etwa Johann Georgs von Sachsen, einen reichsinternen Frieden unter Ausschluss fremder Mächte zu stiften, und sogar der verfehlte Prager Frieden von 1635 mit dem Bemühen der Fruchtbringenden Gesellschaft um eine

»rein deutsche« Sprache verwandt. Doch Krieg und Frieden waren im 17. Jahrhundert ebenso internationalisiert wie Bildung und Handel, Kunst, Kultur und Sprache: Ohne Mitwirkung und Einfluss der europäischen Nachbarn war nichts davon denkbar.

Trotz allem haben die Fruchtbringende Gesellschaft und andere Sprachakademien die Entstehung des Kompromiss- und Kunstprodukts »deutsche Hochsprache« auf den Weg gebracht. 1663 legte Justus Georg Schottel, ebenfalls ein Mitglied der Fruchtbringenden Gesellschaft, seine »Ausführliche Arbeit Von der Teutschen HaubtSprache« vor, ein Werk in zwei Bänden, das sich mit der Geschichte der deutschen Sprache ebenso befasste wie mit Fragen der Rechtschreibung.

Boulevardblätter und Meinungspresse: Flugblätter und Flugschriften

Johannes Gutenbergs revolutionäre Erfindung, der Buchdruck mit beweglichen Lettern, ermöglichte schon ab Ende des 15. Jahrhunderts die Entstehung einer echten Medienlandschaft im Heiligen Römischen Reich. Die einfachsten und frühesten Massen-Druckmedien waren Flugblätter, also Einblattdrucke, auf denen eine einzelne, oft sensationelle Nachricht, ein Pamphlet oder eine simple Botschaft unters Volk gebracht wurde, oft in Reimform oder Liedstrophen. Aber auch religiöse und sonstige erbauliche Inhalte wurden auf Flugblätter gedruckt, die meist mit Holzschnitten illustriert waren, was sie für ihre Leser, aber auch für die vielen Analphabeten attraktiv machte. Im 16. Jahrhundert konnten schätzungsweise lediglich 10 bis 15 Prozent der Bevölkerung lesen und schreiben.

Seit Beginn der Reformation waren Flugblätter und -schriften die Hauptmedien der politisch-konfessionellen Auseinandersetzung sowie Propaganda und konnten das auch ohne großes Risiko sein: Sie wurden verbotenerweise oft völlig anonym gedruckt und an den Zensurbehörden vorbei vertrieben. Viele Autoren, Illustratoren, Setzer und Drucker spitzten den Religionskonflikt zu und zogen mit den Mitteln der Satire und Karikatur über den jeweiligen Gegner her. Wenn Spott und Hohn nicht mehr ausreichten, arbeitete man mit Schreckensbildern und Verteufelungen: Da wurde der Papst oder Luther dann gerne als bocksfüßiger Satan oder Höllenbrut, als Schwein, Affe oder Esel dargestellt.

Der Buchdrucker.

Ich bin geschicket mit der preß
So ich aufftrag den Firniß reß/
So bald mein dienr den bengel zuckt/
So ist ein bogn papyrs gedruckt.
Da durch kombt manche Kunst an tag/
Die man leichtlich bekommen mag.
Vor zeiten hat man die bücher gschribn/
Zu Meintz die Kunst ward erstlich triebn.

»Der Buchdrucker«, Holzschnitt aus dem »Ständebuch« von Jost Amman (Bild) und Hans Sachs (Text), 1568

Der Begriff »Flugschrift« war im 17. Jahrhundert noch nicht bekannt, er entstand in Deutschland erst gegen Ende des folgenden Jahrhunderts in Anlehnung an das französische »feuille volante«. Zeitgenössische Namen waren beispielsweise »Pamphlet«, »Newe Zeitung«, »Discurs« oder »Bericht«. Die so bezeichneten Flugschriften waren umfangreicher als die einseitig bedruckten Flugblätter – sie konnten zwischen vier und mehrere Hundert Seiten umfassen – und nur selten illustriert. Waren die Flugblätter die Boulevardzeitung der Frühen Neuzeit, erfüllten die Flugschriften häufig die Funktion der Polit- und Meinungspresse. Martin Luther und seine Mitstreiter setzten dieses leicht und schnell zu vervielfältigende und daher sehr aktuelle Medium ein, um die Ideen der Reformation zu verbreiten; Luthers »Adelsschrift« wurde 1520 in einer für damalige Verhältnisse schwindelerregenden Auflage von 4000 Stück gedruckt, die innerhalb weniger Tage vergriffen war. Flugschriften konnten allerdings auch von gesellschaftlichen Ereignissen, Naturkatastrophen, Schlachten und später sogar von den Fortschritten beim westfälischen Friedenskongress handeln.

Im 17. Jahrhundert verloren Flugblätter und -schriften an Bedeutung, neue Medien erfüllten die Bedürfnisse einer Leserschaft in Kriegszeiten. Wenn es aber darum ging, Neuigkeiten, Meinungen und Propagandabotschaften schnell unter einem großen Publikum zu verbreiten, waren die einfachen Blätter noch immer das Mittel der Wahl.

Die Geburt der Zeitung

Ab 1605 erschien in Straßburg die nach heutigem Kenntnisstand erste gedruckte periodische Zeitung, die »Relation«; vier Jahre später folgte in Wolfenbüttel der »Aviso«. In den folgenden Krisen- und Kriegsjahren kam es vor allem in großen Hafenstädten und Handelszentren, also dort, wo Wege und Nachrichten zusammenliefen – etwa in Köln, Hamburg, Bremen, Leipzig, Frankfurt am Main – zu immer neuen Zeitungsgründungen. Der Drucker und Verleger der »Relation«, Johann Carolus, und seine Kollegen orientierten sich nicht etwa an den Flugblättern und Flugschriften. Die Vorläufer ihrer Zeitungen waren vielmehr die Nachrichtenbriefe. Hierbei handelte es sich um handschriftlich zusammengestellte Korrespondenzen, die von Adligen, Geistlichen, Kaufleuten und anderen vermögenden Interessenten bereits seit dem späten Mittelalter im Abonnement bezogen wurden.

Die Zeitungen des 17. Jahrhunderts umfassten üblicherweise einen oder zwei einmal gefaltete, beidseitig bedruckte Bögen, also vier oder acht Seiten im kleinen Quartformat, das in etwa dem heutigen DIN A5 entspricht. Sie waren die ersten Medien, die ihr Publikum mit aktuellen Informationen aus Politik, Wirtschaft und Weltgeschehen, aber auch mit Klatsch und Sensationsmeldungen versorgten. Das Publikum bestand wohlgemerkt nicht nur aus Lesern. Kritiker des neuen Mediums schilderten in der zweiten Hälfte

des 17. Jahrhunderts, wie ganze Dorfgemein-
schaften sich um ihren Bürgermeister oder
einen des Lesens halbwegs kundigen Wirt oder
Bauern versammelten, um sich in der Schenke
die neueste Zeitung vorlesen zu lassen. Manche
Wirte abonnierten eigens Zeitungen – was nicht
ganz billig war –, um Kundschaft anzulocken.
Professoren lasen die Zeitung gemeinsam mit
ihren Studenten. Die Zeitungshörerschaft dürfte
pro Exemplar meist deutlich größer gewesen
sein als die Leserschaft. Der eigentlich zeitungs-
freundliche Caspar Stieler, der 1695 ein 500 Seiten starkes Buch mit seinen Betrachtungen zu
»Zeitungs Lust und Nutz« veröffentlichte, beklagte, dass das gemeinschaftliche Zeitunglesen
die Leute von der Arbeit abhalte: »Wir hätten
auch Handwerks-Leuten / gemeinen Bürgern
und Bauern auf dem Lande zurathen / anstatt
solcher Zeitungs-lesung ihrer Handierungen zu
Stadt und Felde abzuwarten und davor lieber ein
Kapitel aus der Bibel zu lesen.«

Titelblatt der »Relation« aus
dem Jahr 1609

Kein anderes Medium war zu dieser Zeit so allgemein zugänglich,
erschien so regelmäßig – meist 14-täglich oder wöchentlich, ab der Jahr-
hundertmitte oft sogar zwei- bis dreimal pro Woche –, war so aktuell und
hatte ein so großes Themenspektrum wie dieses. Aktualität und »Wahr-
haftigkeit« waren zwei Maximen der Herausgeber, allerdings dürften sie
kaum über Möglichkeiten verfügt haben, den Wahrheitsgehalt der Korrespondenzen zu überprüfen, die sie in unredigierter, unkommentierter
und unsortierter Form zu Zeitungen zusammenstellten. Das Vertrauen
in das neue Medium war offensichtlich hoch, denn es war ausgesprochen
erfolgreich. Gab es im Jahr 1618 etwa zwanzig periodische Zeitungen im
deutschsprachigen Raum, verdreifachte sich ihre Zahl bis 1640. Im Krieg
wuchs der Bedarf an Nachrichten auch aus weit entfernten Teilen des
Reiches oder aus dem Ausland: Sie konnten Aufschluss darüber geben,
welche Kriegspartei gerade die Oberhand hatte und in welche Region
sich das Kriegsgeschehen wohl als Nächstes verlagern würde. Lokal-
nachrichten aus dem Erscheinungsort oder seiner Umgebung brachten
die Zeitungen nicht, denn diese verbreiteten sich viel schneller auf den
althergebrachten Wegen: Sie wurden von öffentlichen Ausrufern auf dem
Markt und vom Pfarrer auf der Kanzel verkündet oder von Nachbar zu
Nachbar weitergegeben.

Führt man sich die reißerische Aufmachung und den agitatorischen
Stil vieler Flugblätter und -schriften vor Augen, mag man darüber
staunen, wie sachlich und scheinbar leidenschaftslos die Zeitungen über

Truppenbewegungen, Schlachten und Plünderungen berichteten. Die folgende Zeitungsmeldung »auß Francken«, datiert auf den 17. Februar 1632, beschreibt den Vormarsch der schwedischen Armee und wirkt dabei wegen der Wiedergabe eines Satzes in indirekter Rede geradezu ungewöhnlich lebendig:

> *»Das Schweedische volck ist auff etlich meil wegs vmb Würtzburg nach dem Stifft Bamberg geführt worden / Forchheimb mit macht anzugreiffen / haben vor ihrem abzug vil Kirchen zierden mit genommen / vnd zu Schweinfurdt verkaufft / auch gantze Rechen- vnd Schuldbücher zerrissen / vnd verbrandt / sagendt jetzt seyen der Armen leuth schulden bezahlt.«*

Es gab mehrere Gründe für diese Nüchternheit. Erstens waren die Herausgeber – meist hauptberufliche Drucker, seltener Postmeister – von der Vergabe eines Zeitungsprivilegs durch ihren jeweiligen Landesherrn abhängig, das wegen politisch missliebiger Veröffentlichungen oder offensichtlicher Parteinahme schnell wieder entzogen werden konnte. Zweitens waren alle Druckerzeugnisse einer Zensur unterworfen, die allerdings in manchen Territorien eher lax gehandhabt wurde. Drittens wollten die Herausgeber ihre Zeitungen offenbar ganz bewusst von den Sensationsmedien abgrenzen, weil ihr Publikum nach echter Information verlangte. »Vnpartheylichkeit« war nicht nur eine Forderung der Zeitungskritiker, sie wurde auch von den Zeitungsmachern als Anspruch formuliert: »Newe Vnpartheyische Zeitung vnd Relation / auß allerhand glaubwürdigen Sendbriefen« nannte sich beispielsweise ein in den 1630er-Jahren in Zürich erscheinendes Blatt.

Unparteilichkeit war allerdings bloß eine Behauptung. Denn die »Sendbriefe« mit datierten Nachrichten, die den Herausgebern von ihren Korrespondenten aus allen Teilen des Reiches zugeschickt wurden, enthielten zumindest zwischen den Zeilen durchaus Meinung und Ansätze zu Kommentierungen. Das ist anders auch kaum vorstellbar: Das Land befand sich im Krieg, da dürfte es auch den »Journalisten« schwergefallen sein, wirklich neutral zu bleiben. Dennoch gilt: Die Zeitungen verstanden sich in erster Linie als Informations- und Nachrichtenmedien, die vergleichsweise sachlich über das Kriegsgeschehen und Politisches berichteten.

Musik für Krieg und Frieden

»Da man nun nachgehends Kaiserlicher Majestät, Königlicher Majestät in Schweden und weiters auf Gedeihen des geschlossenen Friedens getrunken, ist mit 16 großen und kleinen Stücken auf der Burg gespielet worden und haben sich die Trompeter und Heerpauker mit der andern Musik die ganze Zeit über Wechsels Weise hören lassen«, heißt es in einem Bericht über die Feiern zum Austausch der Ratifikationsurkunden 1649 in Münster. Und schon anlässlich des Friedensschlusses im Oktober des Vorjahres berichtete eine Zeitung, im Dom habe man das Loblied »Herr Gott, wir loben dich« singen »und stattlich musicieren lassen«; außerdem sei bei jeder öffentlichen Verlesung des Friedensvertrages »von 8 Trompetern ein schöner Aufzug gemacht und damit obgemeldeter Frieden ausgeblasen« worden. Friedensfeiern ohne Musik waren einfach nicht denkbar. Aber selbst die Musik gab sich in Münster militarisiert: Sie wurde von Kanonen, Pauken und Trompeten gemacht – ganz wie auf dem Schlachtfeld.

Militärmusik war keine Erfindung des Dreißigjährigen Krieges. Schon in der Antike dienten laute Schlag- und Blasinstrumente als Signalgeber und im Mittelalter hielten Bläserfanfaren Einzug in die höfische Musik. In der Frühen Neuzeit etablierten sich einfache Pfeifen und Trommeln als Instrumente der Infanterie, während sich die Kavallerie von Pauken und Trompeten anfeuern ließ. Im Krieg gegen die Osmanen lernten die europäischen Soldaten neue Instrumente kennen, etwa Zimbeln und Schellen. Je wichtiger in den großen Armeen des Dreißigjährigen Krieges das takteinheitliche Marschieren und Exerzieren wurde, desto bedeutender war die Rolle der taktgebenden – und möglichst durchdringenden – Musik.

Heertrummel.

Mein Heertrummel die laß ich brommen/
Bald der Adl auff die Bahn ist kommen/
Zu thurniren/rennen vnd stechen
In Schilt vñ Helm die Spär zubrechen/
Dergleich wo sie zu feld auch ligen/
Gegen dem feind in den Kriegen/
Mit der Heertrummel das hertz ich weck
Der vnsern/vnd die feind erschreck.

»Heertrummel«, Holzschnitt aus dem »Ständebuch« von Jost Amman (Bild) und Hans Sachs (Text), 1568

Auch an den Fürstenhöfen war Militärmusik in Mode. Gern ließ man »Battaglien« aufführen, Programmmusiken, bei denen Schlaginstrumente Musketenschüsse und Kanonendonner imitierten, Blechbläser Fanfaren spielten und Streicher die Saiten mit der Bogenstange bearbeiteten. So wurde an der Hofburg im Jahr des Westfälischen Friedens die Battaglia »Die Fechtschule« von Johann Heinrich Schmelzer aufgeführt. In Wien, das in dreißig Kriegsjahren nie erobert und geplündert wurde, konnte sich die höfische Musik nahezu ungestört entfalten. Und höfische Musik hieß damals fast ausschließlich italienische Musik. Ferdinand II. und sein Sohn beschäftigten nur italienische Hofkapellmeister – Giovanni Priuli, Giovanni Valentini, Antonio Bertali. Der musisch erzogene Ferdinand III. komponierte sogar selbst, etwa den frommen Hymnus »Jesu corona Virginum«.

In der Donaumetropole konnte die Hofmusik auch während des Krieges aus dem Vollen schöpfen und Valentinis kunstvolle Madrigale ebenso

aufführen wie die neue Instrumentalmusik in Sonatenform, die aus Oberitalien kam und nicht zuletzt von Bertali seit 1624 vertreten wurde. In anderen Teilen des Reiches sah es für »die löbliche Music« schlechter aus. Sie sei »von den anhaltenden Kriegs-Läufften in unserm lieben Vater-Lande Teutscher Nation nicht allein in grosses Abnehmen gerathen, sondern an manchem Ort gantz niedergeleget worden«, klagte 1636 Heinrich Schütz, einer der größten deutschen Komponisten. Er war während des gesamten Krieges und noch bis zu seinem Tod 1672 Hofkapellmeister in Dresden, wirkte aber auch in Kopenhagen, Hannover, Wolfenbüttel, Weimar, Gera und Zeitz. Zwar dezimierte der Krieg seine Dresdner Hofkapelle, doch Schütz wusste sich zu helfen und schrieb seine geistlichen Konzerte auch für kleine und kleinste Besetzungen. Mit seiner Kunst, geistliche Texte förmlich mit Musik zu durchdringen und doch das Wort nie von der Sinnlichkeit des Klangs überstrahlen zu lassen, prägte Schütz die Kirchenmusik in Deutschland wie nach ihm erst wieder der hundert Jahre später geborene Johann Sebastian Bach.

Mitten im Krieg kehrte Schütz 1628 noch einmal für gut ein Jahr nach Italien zurück, wo er bereits von 1609 bis 1612 studiert hatte, und brachte neue Ideen aus dem Sehnsuchtsland aller deutschen Komponisten mit. Seine Italien-Erfahrung hatte er seinen etwa gleichaltrigen Kollegen Samuel Scheidt und Johann Herrmann Schein voraus, die mit Schütz das Triumvirat der »drei großen Sch« in der mitteldeutschen Musik der Vor-Bach-Zeit bilden. Scheidt wirkte als Organist und Komponist in Halle, Schein war ein Vorgänger Bachs als Thomaskantor in Leipzig und hat nicht nur entscheidend zur Entwicklung der Kantate beigetragen, sondern auch populäre weltliche Musik wie »Das Venus Kräntzlein« geschaffen. Die drei miteinander befreundeten Komponisten wirkten stark auf die Entwicklung der Musik ihrer Zeit ein – was Schütz' Klage über die in »grosses Abnehmen gerathene« Tonkunst in Kriegszeiten zumindest relativiert.

Dass der Dreißigjährige Krieg das musikalische Schaffen keineswegs zum Erliegen gebracht hatte, zeigte sich gerade bei den Friedensfeiern der Jahre 1648 bis 1650. Eine Fülle prachtvoller geistlicher und weltlicher Festmusiken und Freudengesänge, darunter viele neue Psalmvertonungen, wurde anlässlich der Festlichkeiten aufgeführt, etwa das vierchörige »Lobet den Herren in seinem Heiligtum« für 15 Stimmen von Thomas Selle, erstmals gesungen 1648 in Hamburg, die »Musicalische Friedens-Freud« von Johann Erasmus Kindermann (Nürnberg 1650) oder »Ich, der häßlich bleiche Tod«, ein 1648 in Wolfenbüttel aufgeführtes »Neu erfundenes FreudenSpiel genandt FriedensSing« von Herzogin Sophie Elisabeth von Braunschweig-Lüneburg, einer Schülerin von Heinrich Schütz. Was die Musiker an dessen Wirkungsstätte Dresden bei der Friedensfeier am 22. Juli 1650 spielten, ist nicht überliefert. Sehr wahrscheinlich stand das Schlussstück aus seiner »Symphoniae sacrae III« auf dem Programm, dessen Titel als Stoßseufzer durch alle Lande, ob katholisch oder evangelisch, gegangen sein dürfte: »Nun danket alle Gott.«

Heinrich Schütz (1585–1672), Gemälde von Christoph Spetner, nach 1657

Krieg, Frieden und die Folgen

1648 bis heute

Euphorie und Ernüchterung

Friedensfeste im ganzen Reich, Dankgottesdienste, ein für damalige Verhältnisse riesiges Medienecho auf Flugblättern und -schriften, in Zeitungen, auf Bildern und Gedenkmedaillen: Der Friedensschluss war die beste Nachricht seit 30 Jahren, er wurde im ganzen Reich gefeiert. Ein besonders symbolträchtiges Friedensspektakel veranstaltete Octavio Piccolomini, Prinzipalkommissar des Kaisers, Ende Juni 1650 zum Abschluss des Nürnberger Exekutionstages: Nach der Unterzeichnung des Reichs-Friedens-Hauptrezesses mit den Durchführungsbestimmungen zum Westfälischen Frieden ließ er nicht nur ein Festbankett abhalten, sondern auf dem Schießplatz der Stadt auch ein riesiges Feuerwerk zünden und – als Zeichen für die Überwindung des Krieges – ein hölzernes Kastell verbrennen.

Allerdings war die Euphorie in evangelischen Regionen und Gemeinden erheblich größer als in katholischen. Die Protestanten feierten nicht nur das Ende der Kampfhandlungen, sondern auch den neuen Religionsfrieden. Die Anhänger der lutherischen und erstmals auch der reformierten Konfession hatten die völlige Gleichstellung mit den Katholiken erreicht und damit auch eine nie zuvor gekannte Rechtssicherheit. Die Gefahr, der protestantische Glaube könnte von einer triumphierenden Gegenreformation immer weiter zurückgedrängt werden, war gebannt. Die Protestanten in Augsburg erklärten im Jahr 1650 den 8. August zum Tag ihres Friedensfestes: An diesem Datum waren 21 Jahre zuvor die protestantischen Geistlichen aus der Stadt vertrieben worden. Seit 1950 ist der 8. August in Augsburg gesetzlicher Feiertag.

Angeführt von Bundespräsident Roman Herzog gingen am 24. Oktober 1998 in Münster die rund 20 Staatsoberhäupter und Monarchen der Teilnehmerstaaten des Dreißigjährigen Krieges mit ihren Delegationen zur Ausstellungseröffnung »1648 – Krieg und Frieden in Europa«. Dieses Gipfeltreffen anlässlich des 350. Jahrestages des Westfälischen Friedens war das bis dato größte protokollarische Ereignis in der Geschichte der Bundesrepublik Deutschland gehandelt.

In katholisch dominierten Gebieten herrschte hingegen die Ansicht vor, die Sache des wahren Glaubens habe mit dem Friedensschluss eine Niederlage erlitten. Ehemalige Bistümer waren endgültig säkularisiert, Fürstentümer blieben in der Hand protestantischer Landesherren und man musste die Anhänger der neuen Glaubensrichtungen, die von vielen Katholiken noch immer als ketzerisch angesehen wurden, als Gleichberechtigte neben sich dulden.

Sowohl der in Münster als auch der in Osnabrück ausgehandelte Teil des Westfälischen Friedens wurde mit der Formulierung »Pax sit Christiana, universalis, perpetua veraque et sincera amicitia« eingeleitet. Es soll ein christlicher, allgemeiner, beständiger Frieden herrschen sowie wahrhafte und ehrliche Freundschaft: Das war ein sehr hoher Anspruch und ein frommer Wunsch. Dass es mehr nicht war – und schon gar keine Zusammenfassung des im Friedensschluss Erreichten –, war den Beteiligten zweifellos bewusst. Dass der Westfälische Frieden nicht allgemein, nicht universell war, zeigte sich ja schon im Augenblick der Unterzeichnung, da die Kontrahenten Spanien und Frankreich weiter Krieg führten. Zudem: Hatte man nicht gerade erst einen Krieg hinter sich gebracht, der im Laufe von dreißig Jahren mehrfach beendet schien und dann doch immer wieder neu aufflammte? Diese Erfahrung dürfte den Glauben an einen Universalfrieden, der jegliche Neigung zum Krieg verlässlich tilgen und durch »aufrichtige Freundschaft« überwinden konnte, doch sehr geschmälert haben.

Was die Diplomaten von 1648 noch nicht wissen konnten, war, wie bald die mühsam ausgehandelte Machtbalance tatsächlich ins Wanken geraten würde. Frankreich verfolgte unter der Herrschaft des »Sonnenkönigs« Ludwig XIV. eine aggressive Außenpolitik, annektierte Lothringen und das Elsass, führte Krieg gegen Spanien sowie die Niederlande und marschierte in den 1680er-Jahren in die Pfalz ein. Das Ziel eines »christlichen« Friedens bezog Ludwig auch innenpolitisch nicht auf sich: Er blieb überzeugt, den protestantischen Glauben ausrotten zu müssen, und ließ hugenottische Kirchen und Schulen zerstören. Etwa 200 000 Hugenotten flohen ins Ausland – viele davon in die Niederlande oder nach Preußen –, etliche wurden zwangsbekehrt. Der »christliche« Friede galt erst recht nicht für die indigene Bevölkerung der Kolonien in Afrika und der Neuen Welt, die Frankreich und andere europäische Mächte sich seit dem 16. Jahrhundert aneigneten. Auch Schweden gab sich mit dem in Münster und Osnabrück Ausgehandelten nicht zufrieden: Es führte weiterhin Krieg gegen Polen und Dänemark, bald auch gegen Russland, und geriet als Alliierter Frankreichs in den 1670er-Jahren mit Brandenburg aneinander. Anfang des 18. Jahrhundert verlor das nordeuropäische Reich endgültig seinen Großmachtstatus, während Russland erstarkte.

Dem Heiligen Römischen Reich hingegen bescherte der Westfälische Frieden tatsächlich rund 150 Jahre innerer Stabilität. Was in Augsburg 1555 nicht auf Dauer gelungen war, das wurde durch die Verträge von

Münster und Osnabrück Wirklichkeit: ein echter Religionsfrieden. Nie wieder wurde auf dem Boden des Reiches Krieg zwischen den Anhängern verschiedener christlicher Konfessionen geführt. Und auch die übrigen Bestimmungen zur Reichsverfassung hielten im Wesentlichen stand, bis Napoleons Eroberungsfeldzüge und Niederlagen zur Neuordnung Europas führten. Diese erstaunliche Langlebigkeit der Friedensschlüsse von Münster und Osnabrück hing nicht zuletzt mit der Sorgfalt – oder, wie es die ungeduldigeren unter den Diplomaten gesehen haben dürften, der »Erbsenzählerei« – zusammen, mit der in den langwierigen und schwerfälligen Verhandlungsrunden auf die Belange selbst der kleinsten Reichsstände eingegangen worden war. Die Fürstenhäuser Pfalz, Hessen-Kassel, Baden und Württemberg sowie 16 Reichsgrafen-Familien, die im Prager Frieden

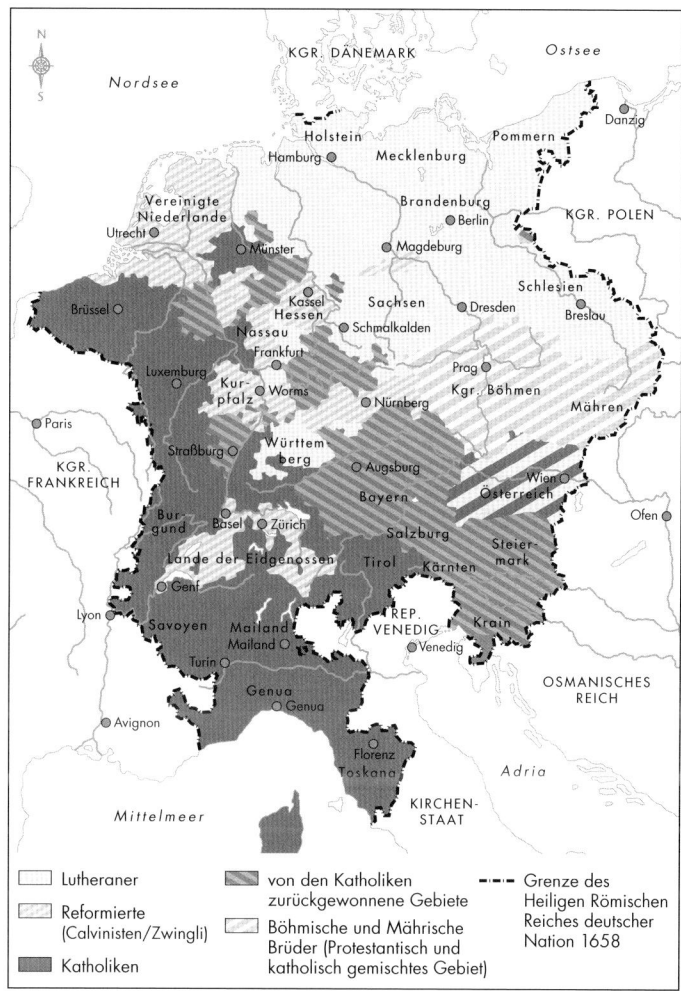

großenteils von Amnestie und Restitution ausgenommen gewesen und deren Besitzverhältnisse auch danach nie einvernehmlich geregelt worden waren, erhielten endlich Genugtuung. Für den inneren Frieden des Reiches war das keine Nebensache.

Während ringsumher alte Kriege weitergeführt und neue vom Zaun gebrochen wurden, verhielt sich ausgerechnet das jahrzehntelang vom Krieg verheerte Reich friedlich. Der Westfälische Friede hatte es als funktionierenden Friedens- und Rechtsverband stabilisiert. Es respektierte und schützte die Rechte selbst seiner kleinsten Glieder, die ihrerseits das Reich als Garanten ihrer Lebens- und Rechtssicherheit achteten. So klagten beispielsweise die mecklenburgischen Landstände 1717 erfolgreich vor dem Kaiser gegen die Rechtsbrüche, überhöhten Steuerforderungen und absolutistischen Bestrebungen ihres Landesherrn Karl Leopold zu Mecklenburg-Schwerin. Kaiser Karl VI. verhängte die Reichsexekution gegen den Herzog und ließ sie

Ludwig XIV. (1638–1715),
Gemälde von Hyacinthe
Rigaud (Ausschnitt), 1701

durch den Kurfürsten Georg Ludwig von Hannover
vollziehen, woraufhin Karl Leopold das Reich bald
verließ und sich nach Danzig zurückzog. Gegenüber
seinen Nachbarn verhielt sich das Reich defensiv.
Die Kriegsmüdigkeit und Friedfertigkeit nach
außen hatte allerdings eine Kehrseite: Den
Aggressionen Ludwigs XIV. hatte
der Reichsverband wenig entgegenzusetzen und versagte als
Defensivgemeinschaft angesichts
des Einmarsches französischer
Truppen in die Pfalz im Zuge des
Erbfolgekriegs 1688/89.

Auch die Gesellschaftsstruktur des
Reiches änderte sich kaum. Der
Adel blieb die domi-
nierende Schicht, die
Städte – zumindest
diejenigen, die nicht
verwüstet und entvöl-
kert worden waren –
gewannen weiter an
Bedeutung. Die Lage
der Bauern verbes-
serte sich nur ganz
allmählich. In den
ersten Jahrzehnten nach
dem Krieg eröffneten sich

für die Stärkeren unter den Überlebenden auf dem Land und in den Städten
neue Möglichkeiten, zu Besitz zu kommen und den eigenen Lebensunter-
halt zu bestreiten. Höfe und halbe Dörfer standen leer; fähige Kräfte, die
die verwaisten Gehöfte oder Handwerksbetriebe bewirtschaften konnten,
brauchten sich häufig nur beim Grundherrn, bei einer Innung oder dem
städtischen Magistrat zu bewerben, um den Zuschlag zu bekommen.

Die Kunst der Diplomatie

Bei all seinen Schwächen, bei allen Beschwerden, die Beteiligte und
Beobachter – vom neuen achten Kurfürsten Karl Ludwig von der Pfalz
bis hinauf zum Papst – gegen seine Detailbestimmungen führten: Der
Westfälische Frieden erfüllte, nüchtern gesagt, seinen Zweck. Die Überlebenden des Dreißigjährigen Kriegs wussten, wie unschätzbar wertvoll ein
verlässlicher Frieden nach Jahren und Jahrzehnten der Todesangst und

Unsicherheit war. Über anderthalb Jahrhunderte genoss der Friedens-schluss hohe Wertschätzung im Reich. Der Jurist und Historiker Johann Gottfried von Meiern, der die Kongressakten in den 1730er-Jahren herausgab, bezeichnete »diesen Frieden-Schluß, wodurch die Religion und der Staat zu einer beständigen Ordnung, Sicherheit und Ruhe ist erhaben worden, als ein Göttliches Gnaden-Geschenck«. Friedrich Schiller, der sich sowohl als Dramatiker wie auch als Historiker mit der Epoche zwischen 1618 und 1648 befasste, hielt den Dreißigjährigen Krieg zwar für notwendig und sah in ihm einen erfolgreich ausgefochtenen Glaubenskrieg, der für die Freiheit geführt wurde. Doch den Westfälischen Frieden bezeichnete er als das »interessanteste und charaktervollste Werk der menschlichen Weisheit und Leidenschaft«, das »einen bleibenden Wall gegen politische Unterdrückung« durch Habsburg und die Kirche aufgetürmt habe. Auch andere Akademiker und Staatsmänner hielten die Grundordnung, die der Westfälische Friede geschaffen hatte, für harmonisch und im Großen und Ganzen gelungen: Sie biete Schutz vor Willkürherrschaft und garantiere Frieden, Recht und Freiheit.

Rein verfahrenstechnisch wurde der Frieden von Westfalen zum Vorbild für etliche Konferenzen bis hin zum Wiener Kongress von 1815. Dass ein großes internationales Forum geeignet war, um über einen Separatfrieden zwischen zwei Parteien hinaus eine breite Verständigung in Europa zu erzielen, hatten Münster und Osnabrück gezeigt. Auf Verhandlungsmodi, die sich dort bewährt hatten, konnte man in den folgenden Jahrhunderten zurückgreifen und aufbauen. Selbst die ermüdenden Rangkämpfe insbesondere zwischen der französischen und der spanischen Delegation in Münster taugten späteren Diplomaten noch als Anschauungsobjekt – und zur Warnung: So lästig und zeitraubend die Details des Zeremoniells und der Etikette auch erscheinen mochten, mussten sie eben doch beachtet und ausbalanciert werden, wenn man alle Beteiligten zuverlässig an den Verhandlungstisch bekommen und keinen Potentaten vor den Kopf stoßen wollte. Die mehrjährigen Verhandlungen in Münster und Osnabrück waren die erste große internationale Lehrstunde in der Kunst der Diplomatie.

Frieden in Misskredit

Um die Mitte des 19. Jahrhunderts begann sich der Blick auf den Westfälischen Frieden zu wandeln. Das Bürgertum, das einen deutschen Nationalstaat als Ideal betrachtete, gab dem Friedensschluss die Schuld an einem angeblichen Niedergang des Reiches. Der neue Geschichtsmythos besagte, der Westfälische Frieden habe einerseits zu einer »Erstarrung« des Reiches insgesamt geführt – und den Kaiser entmachtet –, andererseits aber die »Zersplitterung« in zahllose kleine und kleinste »souveräne« Fürstentümer bewirkt und so das Reich gegenüber seinen Feinden geschwächt. Schuld an der gleichzeitigen Versteinerung und Auflösung war nach Lesart der deutschen Nationalisten – natürlich – Frankreich. Dieses verzerrte Geschichtsbild passte genau in die Zeit der Rheinkrise von 1840/41, als Frankreich Anspruch auf die linksrheinischen Gebiete des Deutschen Bundes erhob und die Frankophobie rechts des Rheins neue Höhen erreichte.

Erst recht passte es im preußisch dominierten Kaiserreich nach 1870/71, dessen Geschichtsschreibung dem Bild des machtlosen deutschen Flickenteppichs auch noch eine Hohenzollern-Komponente hinzufügte: Der »Große Kurfürst« Friedrich Wilhelm habe nach 1648 die wahre deutsche Dynamik verkörpert und sein Brandenburg-Preußen machtvoll vorangebracht, während die meisten Kleinstaaten der Bedeutungslosigkeit verfielen. Es sei »Preußens Sendung«, einen deutschen Nationalstaat zu schaffen. Ein monumentales Historiengemälde von Fritz Grotemeyer, entstanden zwischen 1895 und 1902, spiegelt das neue »borussozentrische« Deutschlandbild wieder. Es zeigt den Abgesandten Graf Johann VIII. zu Sayn-Wittgenstein im Ratssaal von Münster, wie er stehend in Rednerpose die Forderungen des Großen Kurfürsten vorträgt. Die Schar der übrigen Diplomaten lauscht konzentriert. Das Gemälde vermittelt den Eindruck, der brandenburgische Gesandte sei die zentrale Figur der Verhandlungen in Münster gewesen. In Wahrheit ist an der dargestellten Szene wenig historisch korrekt; dem Maler ging es vielmehr darum, dem aktuellen preußischen König und Deutschen Kaiser Wilhelm II. zu huldigen, der das 3,70 mal 6,50 Meter große Bild auch prompt mit dem Königlichen Kronen-Orden auszeichnete.

Die Friedensverhandlungen 1648 im Rathaus zu Münster, zeitgenössische Ansichtskarte nach dem Gemälde von Fritz Grotemeyer

Die Glorifizierung auch dieses Teils der preußischen Geschichte änderte nichts daran, dass der Westfälische Frieden im Kaiserreich als schändlich galt und seine Folgen tiefschwarz gemalt wurden. Nichts änderte sich auch an der Verteufelung Frankreichs als »Erbfeind«, der schuld daran sei, dass Deutschland über Jahrhunderte machtlos und in »souveräne« Kleinstaaten zersplittert blieb, unfähig, seine »nationalen Interessen« mit gebotener Stärke zu vertreten. Der nationalistisch gesinnte Historiker Heinrich von Treitschke ereiferte sich, der Westfälische Friede erscheine ihm »wie ein wohldurchdachtes System, ersonnen, um die gewaltigen Kräfte des waffenfrohesten der Völker künstlich niederzudrücken«. Dass der Westfälische Frieden in Wahrheit die vorkriegszeitlichen Machtverhältnisse zwischen Kaiser und Fürsten wiederhergestellt und die föderale Einheit des Reiches bekräftigt hatte, missachteten die Geschichtsschreiber des wilhelminischen Kaiserreichs. Sie ignorierten ebenso, dass viele Reichsstände bei den Verhandlungen in Westfalen gemeinsame Ziele mit Frankreich und Schweden verfolgten und dass sie diese beiden Kriegsparteien weniger als ausländische Gegner ansahen denn als Garantiemächte, als Vertreter ihrer Interessen gegenüber dem Kaiser.

Frankreich eine »antideutsche« Haltung anzudichten, war falsch und ahistorisch. Doch die Verfälschungen wurden absichtsvoll fortgeschrieben. In der Weimarer Republik betrachtete man den Westfälischen Frieden als historischen Tiefpunkt und zog Parallelen zum »Schandfrieden« von Versailles. Hitler sprach 1937 von der bevorstehenden »Liquidation« des Westfälischen Friedens und bemühte in einer Rede im Berliner Sportpalast 1940 ein offenbar populäres Schreckensbild, wenn er über die Westmächte sagte: »Es ist das Deutschland von 1648, das ihnen vorschwebt, das Deutschland – aufgelöst und zerrissen.« Die Verdammung des Westfälischen Friedens war den Deutschen da längst in Fleisch und Blut übergegangen, die Jahreszahl »1648« löste zuverlässig die gewünschten Abwehrreaktionen aus.

Selbst nach 1945 erwiesen sich Feindbilder und Fehlurteile als hartnäckig. Der Historiker Fritz Dickmann erklärte 1959 in seinem Standardwerk »Der Westfälische Friede«, der Friedensschluss habe »für unser Volk« ein »nationales Unglück« bedeutet. »Das Jahr 1648 ist eines der großen Katastrophenjahre unserer Geschichte.« Nicht 1618 war demnach das Katastrophenjahr, nicht der Krieg war das Unglück – sondern der Friedensvertrag, der dreißig Jahre Krieg beendete.

Dass die deutschen Fürstentümer ab 1648 plötzlich »souverän« gewesen seien, ist ein Mythos, der sich bis heute hält. In Wahrheit machte der Friedensschluss aus den deutschen Ständen keinesfalls unabhängige Staaten: Er bestätigte lediglich ihr Recht, untereinander und mit ausländischen Mächten Bündnisse zu schließen, verbot aber Allianzen, die sich gegen Kaiser und Reich – und gegen die Bestimmungen des Westfälischen Friedens selbst – richteten. In Fragen des Rechts, des inneren Friedens und der Verteidigung nach außen war der Reichsverband für alle seine Mitglieder verbindlich.

Die »Reichsausstellung« über den Dreißigjährigen Krieg von 1940

Doch noch im 21. Jahrhundert behaupten Geschichtsbücher, das Reich habe sich nach 1648 in lauter voneinander unabhängige Einzelstaaten aufgelöst.

Der Westfälische Frieden bedeutete für die Reichsverfassung keineswegs die große Zäsur, die seine Interpreten nach 1800 in ihm zu sehen glaubten. Trotz der großspurigen Eröffnungsworte vom »dauerhaften und allgemeinen« Frieden war es den Diplomaten in Westfalen überhaupt nicht darum gegangen, eine neue Staatenordnung für das Reich und Europa zu schaffen, die auf unabsehbare Zeit Gültigkeit hatte. Sie wollten nicht mehr und nicht weniger, als den Krieg beenden und aktuelle Konfliktherde löschen. Das ist ihnen gelungen. Die Zeitgenossen konnten ermessen, was das bedeutete. Für den Gesandten der Republik Venedig in Münster, Alvise Contarini, war der Friedensschluss nicht weniger als »ein Weltwunder«.

Westfälischer Friede im 21. Jahrhundert?

Über die Bedeutung des Dreißigjährigen Friedens für die folgenden Jahrhunderte und die Gegenwart debattieren Historiker und Politologen bis heute. Gelegentlich ist vom »Westfälischen System« die Rede, wenn es um die Vorbildwirkung von Münster und Osnabrück für moderne internationale Kongresse geht. Doch einzelne Friedenskonferenzen und Verträge reichen heute nicht mehr aus. Staaten brauchen permanente Institutionen, um in Kontakt zu bleiben und sich multilateral über Konflikte und Friedensordnungen zu verständigen. Einrichtungen wie der Völkerbund und die UNO sind einerseits Erben des Westfälischen Friedens und stehen andererseits für die Erkenntnis, dass das »Westfälische System« allein nicht genügt.

Einige Voraussetzungen, die den Frieden von Münster und Osnabrück erst möglich gemacht haben, sind heute so aktuell und richtig wie damals. Die Politologen Brendan Simms, Michael Axworthy und Patrick Milton stellten im Mai 2017 in der »Zeit« dar, dass diese Grundsätze heute auch auf einen Friedensprozess für den Nahen Osten angewendet werden müssten: »Den Friedenskongress für alle Beteiligten zu öffnen, theologische Wahrheitsdispute auszuklammern, den konfessionellen Konflikt also zu ›verrechtlichen‹, und vor allem eine ‚dritte Partei‘ ins Leben zu rufen, eine Gruppe von weniger mächtigen Akteuren, einschließlich einiger der

Hauptopfer des Konflikts.« Dass nicht über die Opfer, sondern mit ihnen über die künftige Friedensordnung entschieden wird – das ist in der Tat eine der großen Leistungen des Friedensschlusses von Westfalen. Eine andere ist, Glaubensfragen gar nicht erst zur Debatte zuzulassen –, denn in Religions-streitigkeiten haben alle und keiner Recht und Glaubenseifer kennt keinen Kompromiss. »Die Ursprünge der konfessionellen Spaltung im Islam sind andere als im Christentum«, räumen die Autoren des »Zeit«-Artikels ein. »Unsere Hoffnung ist es, dass die Geschichte des Westfälischen Friedens eine gewisse Hoffnung für den Nahen Osten bereithält.« Das ist in der Tat viel gehofft. Aber es braucht solchen Optimismus, zudem Ausdauer und Kom-promissbereitschaft, um einen Dreißigjährigen Krieg zu beenden. Und einen Achtzigjährigen. Das zumindest ist die Lehre von 1648.

Das Gebäude der Vereinten Nationen in New York

Zeittafel

1555	Augsburger Religionsfrieden
1572	24. August: Bartholomäusnacht – Pogrom an den Hugenotten Frankreichs
1598	Toleranz-Edikt von Nantes
1605	Die »Relation« – die erste gedruckte periodische Zeitung – erscheint in Straßburg
1607	3. August: Reichsacht gegen die Reichsstadt Donauwörth 16. Dezember: Maximilian I. von Bayern vollzieht die Reichsexekution in Donauwörth – die Stadt wird zur bayerischen Landstadt degradiert und rekatholisiert
1608	Sprengung des Reichstages durch die Kurpfalz 14. Mai: Gründung der Protestantischen Union unter Friedrich IV. von der Pfalz | 25. Mai: Kaiser Rudolf II. muss im Vertrag von Lieben Österreich, Ungarn und Böhmen an seinen Bruder Matthias abtreten
1609–1621	Waffenstillstand zwischen Spanien und den Vereinigten Niederlanden im Achtzigjährigen Krieg
1609–1614	Erbfolgestreit um Jülich-Kleve-Berg
1609	10. Juli: Gründung der Katholischen Liga unter der Führung Maximilians I. | Juli: Majestätsbrief Rudolfs II. – den böhmischen Ständen wird das protestantische Bekenntnis zugestanden
1610	14. Mai: Ermordung Heinrichs IV. von Frankreich | 17. Oktober: Krönung Ludwigs XIII. von Frankreich
1611–1613	Kalmarkrieg zwischen Schweden und Dänemark
1611	Matthias erzwingt die Abdankung Rudolfs II. als König von Böhmen
1612–1619	Regierungszeit von Kaiser Matthias
1613/14	Ergebnisloser Reichstag in Regensburg
1617	29. Juni: Krönung Erzherzog Ferdinands zum König von Böhmen | 24. August: Gründung der Fruchtbringenden Gesellschaft | 22. Oktober: Krönung Gustavs II. Adolf zum König von Schweden
1618	Frühjahr: Protestantische Kirchen von Braunau und Klostergrab in Böhmen werden geschlossen und abgerissen | 23. Mai: Prager Fenstersturz | Mai/Juni: Die protestantischen Stände stellen Böhmen unter die Regierung eines dreißigköpfigen Direktoriums | Juli: Kaiser Matthias bietet den böhmischen Ständen eine Amnestie an, welche diese ablehnen | Spätsommer: Das erste kaiserliche Heer erreicht Böhmen, erste Kämpfe mit der ständischen Streitmacht unter Ernst von Mansfeld
1619	20. März: Tod Kaiser Matthias' | 19. August: Absetzung König Ferdinands durch die böhmischen Stände | 26. August: Wahl Friedrichs V. von der Pfalz zum böhmischen König | 28. August: Wahl Ferdinands zum Kaiser; Krönung am 9. September | 8. Oktober: Münchener Vertrag; Ferdinand II. verspricht Maximilian von Bayern die Kurwürde sowie die Oberpfalz, Maximilian sichert Ferdinand die militärische Unterstützung der Liga zu | 4. November: Krönung Friedrichs V. in Prag
1619–1637	Regierungszeit von Kaiser Ferdinand II.
1620–1623	Kipper- und Wipper-Krise – Münzverschlechterung im Reich
1620	3. Juli: Vertrag von Ulm – die Union versagt dem »Winterkönig« die Unterstützung | 19. August: Spinolas Truppen besetzen Mainz | 8. November: Schlacht am Weißen Berg | 9. November: Einnahme Prags durch die siegreichen Truppen, Flucht des »Winterkönigs«

1621	29. Januar: Ächtung Friedrichs V.	31. März: Regierungsantritt des spanischen Königs Philipp IV.	14. Mai: Auflösung der Protestantischen Union	21. Juni: »Prager Blutgericht«
1622	20. Juni: Schlacht bei Höchst, Tilly besiegt Christian von Halberstadt 15. September: Tillys Truppen erobern Heidelberg	2. Oktober: Christian von Halberstadt und Ernst von Mansfeld entsetzten Bergen-op-Zoom	Oktober: Die Oberpfalz wird von Bayern annektiert und bis 1628 rekatholisiert	22. November: Eroberung Mannheims
1623	Februar: Die Bibliotheca Palatina nach Rom geschafft	25. Februar: Übertragung der vierten Kur an Maximilian von Bayern	6. August: Niederlage Christians von Halberstadt bei Stadtlohn (Schlacht im Lohner Bruch)	6. August: Urban VIII. wird zum Papst gewählt
1624	13. August: Kardinal Richelieu wird Erster Minister von Frankreich
1625–1629	Dänisch-niedersächsischer Krieg
1625	20. März: Christian IV. von Dänemark wird niedersächsischer Kreisoberst	27. März: Tod König Jakobs I. von England	25. April: Tod des niederländischen Statthalters Moritz von Oranien, sein Sohn Friedrich Heinrich tritt die Nachfolge an	5. Juni: Eroberung der Festung Breda durch die Spanier	Juni: Christian IV. besetzt Verden und Nienburg	25. Juli: Albrecht von Wallenstein wird Oberbefehlshaber der kaiserlichen Truppen; Ernennung zum Herzog von Friedland	19. Dezember: Haager Allianz zwischen Dänemark, England und den Vereinigten Niederlanden
1626	25. April: Niederlage Ernsts von Mansfeld gegen Wallensteins kaiserliche Truppen an der Dessauer Elbbrücke	16. Juni: Tod Christians von Halberstadt	27. August: Sieg der Liga unter Tilly bei Lutter am Barenberge	30. November: Tod Ernsts von Mansfeld	20. Dezember: Friede von Pressburg zwischen Ferdinand II. und Bethlen Gábor
1627	Landgraf Moritz der Gelehrte von Hessen-Kassel wird von Ferdinand II. zur Abdankung gezwungen	Erste Proteste der Liga gegen Wallenstein
1628–1631	Mantuanischer Erbfolgekrieg
1628	Erzwungene Abdankung der Herzöge von Mecklenburg, zu deren Nachfolger Wallenstein 1629 erhoben wird	Ferdinand II. ernennt Wallenstein zum »General des Ozeanischen und des Baltischen Meeres«	22. Februar: Die Kurwürde Maximilians von Bayern wird erblich	23. Mai–3. August: Erfolglose Belagerung Stralsunds durch die kaiserlichen Truppen unter Wallenstein	2. September: Schlacht bei Wolgast, Wallenstein besiegt Christian IV.	28. Oktober: Richelieu nimmt die Hugenottenfestung La Rochelle ein
1629	18. Januar: Schwedens Reichstag votiert für den Kriegseintritt gegen Ferdinand II.	6. März: Erlass des Restitutionsedikts; Ferdinand will die Rückführung aller seit 1552 in protestantische Hände übergegangenen Kirchenbesitzungen durchsetzen	22. Mai: Friede von Lübeck; Ausscheiden Dänemarks aus dem Krieg	8. August: Vertreibung aller protestantischen Geistlichen aus Augsburg	25. September: Waffenstillstand von Altmark zwischen Polen und Schweden

1630–1634 Schwedischer Krieg
1630 Waffenstillstand zwischen Spanien und England unter Vermittlung von Peter Paul Rubens | 6. Juli: Landung des schwedischen Königs Gustav II. Adolf auf Usedom | 18. Juli: Eroberung und Zerstörung Mantuas durch kaiserliche Truppen | 20. Juli: Schwedische Truppen besetzen Stettin | 13. August: Ferdinand II. wird auf dem Regensburger Kurfürstentag (Juni–November) gezwungen, Wallenstein abzusetzen
1631 23. Januar: Vertrag von Bärwalde; Frankreich sichert Schweden finanzielle Unterstützung zu | März: Tillys Truppen verwüsten Neubrandenburg | 4. April: Schreiben des Leipziger Bundes an den Kaiser | April: Gustav II. Adolf nimmt Frankfurt an der Oder ein | 20. Mai: Eroberung und Verwüstung Magdeburgs durch Tillys Truppen | 15. September: Tillys Heer erobert Leipzig | 17. September: Sieg Gustav II. Adolfs über Tilly bei Breitenfeld | 15. November: Einnahme Prags durch sächsische Tuppen unter Hans Georg von Arnim | 15. Dezember: Beginn des zweiten Generalats von Wallenstein
1632 9. April: Französische Truppen besetzen die Rheinfestung Ehrenbreitstein | 15. April: Schlacht bei Rain am Lech | 24. April: Gustav Adolf erobert Augsburg | 30. April: Tod Tillys | 17. Mai: Einzug der Schweden in München | 25. Mai: Wallenstein besetzt Prag | 16. November: Schlacht bei Lützen; Tod Gustavs II. Adolf | 29. November: Tod Friedrichs V.
1633 23. April: Gründung des Heilbronner Bundes unter der Führung des schwedischen Reichskanzlers Axel Oxenstierna | 14. November: Bernhard von Sachsen-Weimar nimmt Regensburg ein; Wallenstein ignoriert den kaiserlichen Befehl, einen Winterfeldzug gegen Bernhard zu führen
1634 Papst Urban VIII. bietet sich als Friedensvermittler an | 12. Januar: Im »1. Pilsener Revers« versichern 49 kaiserliche Generäle und Obristen Wallenstein ihre Treue | 24. Januar: Reichsacht gegen Wallenstein | 25. Februar: Ermordung Wallensteins in Eger | 6. September: Niederlage der Protestanten in der Schlacht bei Nördlingen; Auflösung des Heilbronner Bundes
1635–1648 Schwedisch-französischer Krieg
1635 26. März: Gefangennahme des Trierer Kurfürsten durch spanische Truppen | 19. Mai: Kriegserklärung Frankreichs an Spanien | 30. April: Vertrag von Compiègne zwischen Schweden und Frankreich | 30. Mai: Prager Frieden zunächst zwischen Kaiser und Kurfürst Johann Georg von Sachsen | August: Der Gesandte des Kaisers verlässt Paris, eine offizielle Kriegserklärung gibt es nie | 27. Oktober: Bernhard von Sachsen-Weimar stellt sein Heer in französische Dienste
1636 15. August: Die Stadt Corbie nördlich von Paris fällt in spanische Hände, viele Einwohner der Hauptstadt ergreifen die Flucht | 4. Oktober: Schwedischer Sieg bei Wittstock | 22. Dezember: Wahl und Krönung Ferdinands III. als römisch-deutscher König
1637 15. Februar: Ferdinand II. stirbt
1637–1657 Regierungszeit von Kaiser Ferdinand III.

1638	15. März: Hamburger Vertrag; Frankreich und Spanien beschließen eine gemeinsame Kriegführung | 17. Dezember: Einnahme der Rheinfestung Breisach durch Bernhard von Sachsen-Weimar
1639	Juli: Bernhard von Sachsen-Weimar stirbt | 31. Oktober: Niederländer besiegen Spanier in der Seeschlacht bei den Downs
1640	13. Februar: Ferdinand III. eröffnet den ersten Reichstag seit 1613 | Aufstand in Katalonien | 1. Dezember: Tod des brandenburgischen Kurfürsten Georg Wilhelm; sein Sohn Friedrich Wilhelm tritt die Nachfolge an | Dezember: Portugal löst sich von Spanien
1641	Mai: Friedrich Wilhelm von Brandenburg erklärt sich für neutral und kündigt den Prager Frieden auf | 25. Dezember: Hamburger Präliminarfrieden
1642	4. Dezember: Tod Kardinal Richelieus
1643–1645	Torstenssonkrieg
1643	14. Mai: Tod König Ludwigs XIII. von Frankreich | 18. Mai: Mazarin wird Erster Minister Frankreichs | 19. Mai: Vernichtende Niederlage spanischer Truppen bei Rocroi | August: Erste Diplomaten treffen in Westfalen ein
1644	Regierungsantritt von Königin Christina von Schweden | 1. Juli: Seeschlacht auf der Kolberger Heide; Christian IV. wird verwundet, doch Dänemark siegt über Schweden | 13. Oktober: Seeschlacht bei Fehmarn, Schweden besiegt Dänemark | 23. November: Schwedische Truppen besiegen bei Jüterbog die kaiserlichen Truppen unter General Gallas
1645	6. März: Schwedischer Sieg in der Schlacht bei Jankau | 3. August: Französischer Sieg in der Schlacht bei Alerheim | 23. August: Frieden von Brömsebro | 29. August: Kaiser Ferdinand III. akzeptiert die Teilnahme der Reichsstände an den Friedensverhandlungen in Münster und Osnabrück | 6. September: Johann Georg von Sachsen unterzeichnet den Waffenstillstandsvertrag von Kötzschenbroda
1646	Französischer Einmarsch in Bayern
1647	März: Maximilian I. von Bayern schließt kurzlebigen Waffenstillstand mit Frankreich | Der kaiserliche Gesandte Trauttmansdorff entwirft einen ersten Friedensvertrag
1648	30. Januar: »De Vrede van Munster« wird unterzeichnet und am 15. Mai beschworen | 28. Februar: Tod Christian IV. von Dänemark | August: Beginn der Fronde in Frankreich (bis 1653) | 24. Oktober: Der Westfälische Friede wird unterzeichnet | 20. November: Scharfes Ablehnungsschreiben des Papstes wider den Westfälischen Frieden
1649/50	Nürnberger Exekutionstag
1649	30. Januar: Hinrichtung Karls I. von England | 18. Februar: Feierlicher Austausch der Ratifikationsurkunden des Westfälischen Friedens
1650	26. Juni: Nürnberger Friedensexekutions-Hauptrezess
1654	Letzte schwedische Truppen verlassen Vechta
1659	Unterzeichnung des Pyrenäenfriedens zwischen Spanien und Frankreich
1668	Hans Jakob Christoffel von Grimmelshausen veröffentlicht seinen »Abenteuerlichen Simplicissimus«

Quellen- und Literaturverzeichnis

Allgemeine Titel

- Johannes Arndt, Der Dreißigjährige Krieg 1618–1648, Stuttgart 2009
- Günter Barudio, Der Teutsche Krieg 1618–1648, Frankfurt a.M. 1985
- Johannes Burkhardt, Der Dreißigjährige Krieg, Frankfurt a.M. 1992
- Klaus Bußmann und Klaus Schilling (Hrsg.), 1648: Krieg und Frieden in Europa, 2 Bde., Münster 1998
- Axel Gotthardt, Der Dreißigjährige Krieg – Eine Einführung, Köln, Weimar, Wien 2016
- Martin Heckel, Deutschland im konfessionellen Zeitalter, Göttingen 1983
- Klaus Hoppe u.a., 30jähriger Krieg, Münster und der Westfälische Frieden, 2 Bde., Münster 1998
- Peter Milger, Gegen Land und Leute – Der Dreißigjährige Krieg, München 1998
- Paul Münch, Das Jahrhundert des Zwiespalts, Deutsche Geschichte 1600–1700, Stuttgart 1999
- Helmut Neuhold, Der Dreißigjährige Krieg, 2. Aufl., Wiesbaden 2014
- Geoffrey Parker u.a., Der Dreißigjährige Krieg, Frankfurt a.M., New York 1987
- Heinrich Pleticha (Hrsg.), Deutsche Geschichte, Bd. 7: Dreißigjähriger Krieg und Absolutismus 1618–1740, 2. Aufl., Gütersloh 1987
- Volker Press, Kriege und Krisen, Deutschland 1600–1715, München 1991
- Johannes Saltzwedel u.a., Der Dreißigjährige Krieg. Die Ur-Katastrophe der Deutschen, Hamburg 2011
- Friedrich Schiller, Geschichte des Dreißigjährigen Krieges, Neuausgabe, Zürich 1985
- Georg Schmidt, Der Dreißigjährige Krieg, München 1995
- Cicely Veronica Wedgwood, Der 30jährige Krieg, Neuausgabe, 9. Auflage München 1996

Quellen

- 7. Newe Vnpartheyische Zeitung und Relation / auß allerhand glaubwürdigen Sendbriefen dieses 1632. Jahrs / gerichtet auf den alten Calender, Zürich 1632
- Abtruck / Einer Käyserlichen Declaration So Ihre Käyserl: May: wegen deß Geistlichen vorbehalts / beym Religions Frieden / vnnd daher rührenden restitution, der Geistlichen Gueter herauß kommen lassen / auch nachzutrucken anbefohlen. Zu Rostock Bey Johan Hallervord Buchhändlern zu finden. Im Jahr Christi 1629 (= Restitutionsedikt, aus Wikisource, https://de.wikisource.org/wiki/Restitutionsedikt)
- Hans Jessen (Hrsg.), Der Dreißigjährige Krieg in Augenzeugenberichten, 3. Aufl., München 1975
- Ordinari Postzeitung / Anno 1633. No. 69. Aus Franckurt / Cölln / Goossel. Sampt Etlichen Schreiben / aus vnterschiedenen Schwedischen Quartiren, Bremen 1633
- Konrad Repgen, Dreißigjähriger Krieg und Westfälischer Friede, Studien und Quellen, Paderborn 1998
- Walter Schöne (Hrsg.), Die Relation des Jahres 1609 in Faksimiledruck, Leipzig 1940
- Caspar Stieler (Hrsg.), Zeitungs Lust und Nutz, vollständiger Neudruck der Originalausgabe von 1695, Bremen 1969

- Theatrum Europaeum, 2. Theatri Europaei, Das ist: Historischer Chronick, Oder Wahrhaffter Beschreibung aller fürnehmen und denkwürdigen Geschichten, so sich hin und wider in der Welt, meisten theils aber in Europa, von 1629. bis auff das Jahr 1633. Zugetragen / mit vieler fürnehmer Herrn und Potentaten Contrafacturen, wie auch berühmter Städten, Vestungen, Pässen, Schlachten und Belägerungen eygentlichen Delineationen und Abrissen gezieret / beschrieben durch Ioannem Philippum Abelinum / Jetzo revidirt, guten Theils verbessert vnd vermehret ... vnd zum dritten mal in Truck gegeben, Frankfurt a.M. 1646

Das Reich und Europa
- Karl Otmar Freiherr von Aretin, Das Reich – Friedensordnung und europäisches Gleichgewicht 1648–1806, Stuttgart 1992
- Ronald G. Asch, Thirty Years' War, The Holy Roman Empire and Europe 1618–1648, London, New York 1997
- Arie Theodorus van Deursen, Die immer aktuelle Vergangenheit – Europa, die Niederlande und der Westfälische Friede, Münster 1993
- Christoph Kampmann, Europa und das Reich im Dreißigjährigen Krieg, Stuttgart 2008
- Ilja Mieck, Europäische Geschichte der Frühen Neuzeit, 5. Aufl. Stuttgart, Berlin, Köln 1994
- Robert Oresko und David Parrott, Reichsitalien und der Dreißigjährige Krieg. In: Bußmann/Schilling (Hrsg.), 1648: Krieg und Frieden, Bd. 1, S. 142–153
- David Parrott, Der Mantuanische Erbfolgestreit und der Dreißigjährige Krieg, in: Bußmann/Schilling (Hrsg.), 1648: Krieg und Frieden, Bd. 1, S. 153–160
- Siegfried Henry Steinberg, Der Dreißigjährige Krieg und der Kampf um die Vorherrschaft in Europa 1600–1660, Göttingen 1967

Militärgeschichte
- Sabine Eickhoff, Das Massengrab der Schlacht von Wittstock. In: Militärgeschichte – Zeitschrift für historische Bildung, 2/2013, S. 4–9
- Sabine Eickhoff und Franz Schopper (Hrsg.), 1636 – ihre letzte Schlacht. Leben im Dreißigjährigen Krieg, Berlin 2012
- Michael Kaiser, Politik und Kriegführung – Maximilian von Bayern, Tilly und die Katholische Liga im Dreißigjährigen Krieg, Münster 1999
- Mathias Rogg, Die Ursprünge: Ritter, Söldner, Soldat. Militärgeschichte bis zur Französischen Revolution. In: Karl-Volker Neugebauer (Hrsg.), Grundkurs deutsche Militärgeschichte, Bd 1: Die Zeit bis 1914. Vom Kriegshaufen zum Massenheer, 2., durchges. Aufl., München 2009, S. 1–121
- Berthold Seewald, Söldner, gequält von Hunger, Läusen, Syphilis. In: Die Welt, 11.7.2013, www.welt.de/geschichte/article 117939250
- Cora Stephan, »Der Kopf war zerschmettert, das Gehirn zerspritzt«, in: Die Welt, 9.2.2013, www.welt.de/geschichte/article113508510

Konfessionsgeschichte
- Martin Asche und Anton Schindling (Hrsg.), Das Strafgericht Gottes – Kriegserfahrungen und Religion im Heiligen Römischen Reich Deutscher Nation im Zeitalter des Dreißigjährigen Krieges, Münster 2001

- Petra Bahr, »Tiefer hängen?« – Warum Luther die Bilder unterschätzte. Überlegungen zu einer kritischen Theologie der Bilder, Vortrag in der Liebfrauenkirche Bremen, 5.6.2012
- Heinrich Lutz, Reformation und Gegenreformation, München, Wien 1979
- Heinrich Pleticha (Hrsg.), Deutsche Geschichte, Bd. 6: Reformation und Gegenreformation 1517–1618, 2. Aufl., Gütersloh 1987
- Wolfgang Reinhard und Heinz Schilling (Hrsg.), Die katholische Konfessionalisierung, Gütersloh 1995
- Heinz Schilling (Hrsg.), Konfessioneller Fundamentalismus – Religion als politischer Faktor im europäischen Mächtesystem um 1600, München 2007

Medien

- Frauke Adrians, Journalismus im 30jährigen Krieg, Kommentierung und »Parteylichkeit« in Zeitungen des 17. Jahrhunderts, Konstanz 1999
- Johannes Arndt, Das Heilige Römische Reich und die Niederlande 1566–1648. Politische Verflechtung und Publizistik im Achtzigjährigen Krieg, Köln 1998
- Walter Barton, Medienverbund und Propaganda am Ende des böhmisch-pfälzischen Krieges 1623/24, Siegen 1992
- Elger Blühm, Deutsches Zeitungswesen im 17. Jahrhundert. In: Wolfenbütteler Schriften zur Geschichte des Buchwesens, Sonderdruck aus Bd. 6, Wolfenbüttel 1980
- Wolfgang Duchkowitsch, Medien und Kommunikation vor 1848: Politik, Kontrolle, Nutzen und Nöte, Wien 1984
- Ulrich Eisenhardt, Die kaiserliche Aufsicht über Buchdruck, Buchhandel und Presse im Heiligen Römischen Reich Deutscher Nation (1496–1806), Karlsruhe 1970
- Kurt Koszyk, Vorläufer der Massenpresse, München 1972
- Stefan Mayer-Gürr, »Die Hoffnung zum Frieden wird täglich besser« – Der Westfälische Friedenskongress in den Medien seiner Zeit, Bonn 2007
- Julius Otto Opel, Die Anfänge der deutschen Zeitungspresse 1609–1650, Leipzig 1879

Musik, Malerei, Literatur

- Otto Brodde, Heinrich Schütz – Weg und Werk, Kassel 1979
- Hendrik Dochhorn, Artikel »Scheidt (Familie)«. In: Musik in Geschichte und Gegenwart, Bd. 14, Kassel 2005, Sp. 1217–1249
- Paul Gerhardt, Sämtliche Lieder, Neuausgabe, Zwickau 1906
- Karl-Heinz Göttert, Deutsch – Biografie einer Sprache, Berlin 2010
- Hans Jakob Christoffel von Grimmelshausen, Der abenteuerliche Simplicissimus Teutsch, Neuausgabe, Berlin 1978
- Thomas Borgstedt (Hrsg.), Andreas Gryphius, Gedichte, Stuttgart 2012
- Stefan Hanheide, Friedens-Seufftzer und Jubel-Geschrey, Musik zum Westfälischen Frieden, Aufsatz im Booklet zur gleichnamigen Doppel-CD, Köln 1998
- Stefan Hanheide, Kompositionen zum Dreißigjährigen Krieg und zum Westfälischen Frieden, Institut für Musikwissenschaft und Musikpädagogik der Universität Osnabrück, www.musik.uni-osnabrueck.de
- Michael Heinemann, Heinrich Schütz, Hamburg 1994
- Hans-Martin Kaulbach, Peter Paul Rubens: Diplomat und Maler des Friedens. In: Bußmann/Schilling (Hrsg.), 1648: Krieg und Frieden, Bd. 2, S. 565–574

- Alison M. Kettering, Gerard ter Borchs »Beschwörung der Ratifikation des Friedens von Münster« als Historienbild. In: Bußmann/Schilling (Hrsg.), 1648: Krieg und Frieden, Bd. 2, S. 605–614
- Ines Pasz, Musik aus der Zeit des 30jährigen Krieges, SWR2-Radioserie in vier Teilen, Stuttgart 2013 (= »Musikstunde mit Ines Pasz«)
- Herbert Pötter, Kunst und Kultur in Münster zur Zeit der Friedensverhandlungen, in: Hoppe, 30jähriger Krieg, Bd. 2, S. 60–63
- Arthur Prüfer, Johann Hermann Schein und das weltliche deutsche Lied des 17. Jahrhunderts, Leipzig 1908
- Wolfram Steude, Heinrich Schütz und der Dreißigjährige Krieg. In: Bußmann/Schilling (Hrsg.), 1648: Krieg und Frieden, Bd. 2, S. 423–430

Der Westfälische Frieden

- Claudia Becker und Bernd Thier, Der Frieden im Urteil der Nachwelt. In: Hoppe, 30jähriger Krieg, Bd. 2, S. 182–185
- Johannes Burkhardt, Der westfälische Friede und die Legende von der landesherrlichen Souveränität. In: Jörg Engelbrecht (Hrsg.), Landes- und Reichsgeschichte, Bielefeld 2004
- Fritz Dickmann, Der Westfälische Frieden, 7. Aufl., Münster 1998
- Heinz Duchhardt (Hrsg.), Der Westfälische Friede, Diplomatie – politische Zäsur – kulturelles Umfeld – Rezeptionsgeschichte, München 1998
- Volker Gerhardt, Zur historischen Bedeutung des Westfälischen Friedens – Zwölf Thesen. In: Bußmann/Schilling (Hrsg.), 1648: Krieg und Frieden, Bd. 1, S. 485–489
- Herbert Pötter, Die Friedensgesandten. In: Hoppe, 30jähriger Krieg, Bd. 2, S. 34–36
- Herbert Pötter, Der Post- und Friedensreiter. In: Hoppe, 30jähriger Krieg, Bd. 2, S. 92 f.
- Konrad Repgen, Die Westfälischen Friedensverhandlungen – Überblick und Hauptprobleme. In: Bußmann/Schilling (Hrsg.), 1648: Krieg und Frieden, Bd. 1, S. 355–372
- Georg Schmidt, Der Westfälische Friede als Grundgesetz des komplementären Reichs-Staats. In: Bußmann/Schilling (Hrsg.), 1648: Krieg und Frieden, Bd. 1, S. 447–454
- Brendan Simms, Michael Axworthy und Patrick Milton, Ein Westfälischer Frieden für Nahost. In: Die Zeit, 20/2017, S. 18 f.

Biografien

- Günter Barudio, Gustav Adolf der Große, Eine politische Biographie, Frankfurt a.M. 1998
- Jörg-Peter Findeisen, Der Löwe aus Mitternacht. In: Die Zeit, 49/1994, www.zeit.de/1994/49
- Jörg-Peter Findeisen, Der Dreißigjährige Krieg – Eine Epoche in Lebensbildern, Graz, Wien, Köln 1998
- Manfred Gindle, Wallensteins Bankier – der unglückliche Hans de Witte. In: GeschiMag (https://geschimagazin.wordpress.com), 2012
- Golo Mann, Wallenstein, Frankfurt a.M. 1971
- Bernd Warlich, Vere, Sir Horace de, Baron of Tilbury. In: Ders., Der Dreißigjährige Krieg in Selbstzeugnissen, Chroniken und Berichten, Volkach 2010

Bildnachweis

akg images: Umschlagabbildung, 8, 13, 19, 21, 23, 26/27, 28, 30, 34, 35, 38, 41, 48, 52, 54, 60, 63, 70, 95, 101, 103, 105, 107, 108, 110, 114, 115, 125, 129, 130, 132, 137, 150, 152, 156, 158, 172 **Album/Joseph Martin** 141 **André Held** 11 **De Agostini Picture Lib./G. Dagli Orti** 56 **Erich Lessing** 2, 36/37, 50, 53, 74, 96, 122, 124, 178 **historic-maps** 144/145 **Imagno/Austrian Archives** 16 **picture-alliance/dpa** 174 **Sotheby's** 93, 121

Brandenburgisches Landesamt für Denkmalpflege und Archäologisches Landesmuseum: 67 (Detlef Sommer)

Fotolia: 183 (mshch)

Herzog August Bibliothek Wolfenbüttel: 118 (IH 255)

Livrustkammaren, Stockholm: 112 (Erik Lernestål)

LWL-Museum für Kunst und Kultur (Westfälisches Landesmuseum), Münster: 182 (Carmen Hickstein)

Peter Palm, Berlin: 15, 32, 91, 149, 177

Schloss Skokloster, Håbo: 127 links (Jens Mohr)

Schwedisches Nationalmuseum, Stockholm: 75 **Erik Cornelius** 84/85, 98/99

Universitätbibliothek Heidelberg: 169 **FWHB Arolsen** 87, 127 rechts

Verlagsarchiv: 31, 45, 58, 62, 68, 77, 117, 119, 126, 167, 171, 180

Wikimedia Commons: 25, 42, 64, 78, 89, 134, 138, 144, 146, 147, 151, 160, 162, 164 **Hermann Junghans** 82 **K. Pacovsky** 65 **Laslovarga** 46 **Metropolitan Museum of Art** 90 **Norbert Aepli** 143 **Peace Palace Library** 14, 72, 79, 80, 116, 120, 127 mittig, 136, 140 **Wenceslas Hollar Digital Collection** 83 **Zairon** 22

Impressum

Der Palm Verlag ist ein Imprint des Elsengold Verlages, Berlin.
Copyright © 2017 Elsengold Verlag GmbH

Lektorat: Knud Neuhoff
Gestaltung und Satz: Felgner & Zierke, Berlin

Printed in Slovenia

ISBN 978-3-944594-85-9
www.palmverlag.de